CVEGT
成都旅游职业教育集团
Chengdu Vocational Education Group of Tourism

四川省中高职衔接旅游类专业系列教材

# 饭店服务与管理

主编◎成都旅游职业教育集团

中国旅游出版社

# 编委会名单

编　　　　者：成都旅游职业教育集团

编 委 会 主 任：

王　涛　成都职业技术学院

黄剑鲲　成都文化旅游发展集团有限公司

编委会副主任：

文春帆　成都市教育科学研究院职业教育与成人教育研究所

尹　毅　四川省教育科学研究所职业教育与成人教育研究室

李王英　成都职业技术学院

赖　斌　成都职业技术学院

陈临蓉　成都职业技术学院

鲍小伟　四川省旅游饭店行业协会、四川盛嘉饭店管理有限公司

王兆学　四川省旅行社协会

编 委 会 成 员：

黄晓菲　成都职业技术学院

张丽娟　成都职业技术学院

杨建辉　四川省成都市礼仪职业中学校

何吉永　成都天府新区职业学校

张　武　都江堰市职业学校

叶丰平　新津县高级职业中学

石薇奕　洲际酒店集团成都世纪城大饭店

杨　铸　成都康辉国际旅行社

# 前　言

《饭店服务与管理》是中等职业学校旅游服务类专业的核心课程，被列入四川省对口高职旅游一类考试系列教材，是中高职贯通、中本贯通衔接教材的重要组成部分。本书依据教育部《中等职业学校高星级饭店运营与管理专业教学标准》，针对中高职衔接人才培养目标编写而成。

## 一、编写背景

随着经济增长方式的转变，产业结构的调整，社会经济发展对人才需求结构的改变，人才需求趋向高层次已成为不争的事实，经济的发展对职业技术教育提出了新的要求。在大力发展职业技术教育的同时，如何做好中高职之间的衔接已经成为关系到职业教育健康发展的，重要而迫切的问题。

本书坚持“立德树人”的教育理念，立足中高职课程衔接，结合“产教融合、校企合作、工学结合”培养学生专业能力、职业素养和创新精神。本书共分四个模块，十个单元，按照学生的认知规律特点编排学习内容，采取课前活动、学习内容、知识链接、案例选读、前沿资讯等形式，使学生通过学习，了解饭店业的发展历程，掌握饭店餐饮服务、客房服务和管理基础，为从事饭店服务工作打好基础。

参考课时数 160 学时，其中理论学时为 96 节，实训学时为 64 节，具体实施中，建议周课时为 4 节，并可根据教学实际酌情增减，两学年授完全部学习内容。

## 二、编写特色

教材从实用、适用、够用的角度出发，为中等职业学校旅游一类专业学生掌握饭店服务与管理的基础知识提供借鉴。本书具有以下特色：

第一，在教材体系的确立上，依据中等职业教育饭店服务与管理专业能力要求，通过课程设置分析，形成项目课程体系，从而确立教材体系。

第二，在教材内容的筛选上，既放眼于国际、国内饭店业的发展历程也兼顾了四川饭店业和餐饮业的发展概况，激发学生投身家乡旅游业建设的热情，具有地方性特点。

第三，在教材结构的设计上，采用了项目课程、任务驱动教学的结构设计，这不但符合职业教育实践导向教学指导思想，还将职业素养培养渗透到专业能力教学当中。

第四，在教材素材的选择上，力求来源于饭店工作的实际情境，并充分考虑其前沿性、趣味性和迁移性，促进学生职业兴趣发展和职业能力的提升，为后续学习打下夯实的基础。

## 三、学时分配建议（按教学周 18 周计算）

### （一）理论课学时

<table>
<tr><th>模块</th><th colspan="2">单元及项目</th><th>课时</th><th>合计</th></tr>
<tr><td rowspan="6">模块一<br>导论</td><td rowspan="2">单元一　饭店业发展概述</td><td>项目一　中外饭店业发展概述</td><td rowspan="6">10</td><td rowspan="10">96</td></tr>
<tr><td>项目二　四川饭店业发展沿革</td></tr>
<tr><td rowspan="4">单元二　饭店概述</td><td>项目一　饭店产品及其特点</td></tr>
<tr><td>项目二　饭店的类型与等级</td></tr>
<tr><td>项目三　饭店的组织机构及职能</td></tr>
<tr><td>项目四　饭店服务人员职业素养</td></tr>
<tr><td rowspan="4">模块二<br>客房服务</td><td rowspan="2">单元三　认识饭店的“管家”</td><td>项目一　客房产品和种类</td><td rowspan="4">32</td></tr>
<tr><td>项目二　客房的功能及设备用品配置</td></tr>
<tr><td rowspan="2">单元四　知晓饭店设施设备的清洁保养</td><td>项目一　认识清洁器具和清洁剂</td></tr>
<tr><td>项目二　常见面层材料的清洁保养</td></tr>
</table>

续表

| 模块 | 单元及项目 | | 课时 | 合计 |
|---|---|---|---|---|
| 模块二<br>客房服务 | 单元五　进行细致的清洁保养 | 项目一　客房清扫准备 | 32 | 96 |
| | | 项目二　客房的清洁整理 | | |
| | | 项目三　客房的计划卫生 | | |
| | 单元六　提供温馨的对客服务 | 项目一　对客服务模式与特点 | | |
| | | 项目二　对客服务的内容与程序 | | |
| | | 项目三　个性化服务 | | |
| 模块三<br>餐饮服务 | 单元七　认知饭店的“美食中心” | 项目一　餐饮产品和种类 | 48 | |
| | | 项目二　餐厅空间设计 | | |
| | | 项目三　餐饮设备 | | |
| | 单元八　储备丰富的餐饮知识 | 项目一　中外菜肴 | | |
| | | 项目二　中外酒类 | | |
| | | 项目三　软饮料 | | |
| | | 项目四　四川餐饮文化 | | |
| | 单元九　提供周到的餐饮服务 | 项目一　餐饮服务基本技能 | | |
| | | 项目二　中餐服务 | | |
| | | 项目三　西餐服务 | | |
| 模块四<br>饭店管理<br>基础 | 单元十　探知饭店的“管理策略” | 项目一　安全管理 | 6 | |
| | | 项目二　质量管理 | | |
| | | 项目三　投诉处理 | | |

## （二）实训课学时

| 模块 | 实训内容 | 实训指导教师 | 学时 | 合计 |
|---|---|---|---|---|
| 模块一　导论 | 1. 饭店见习，认识饭店各部门 | 校内教师、企业教师 | 4 | 64 |
| | 2. 饭店服务人员职业素养培训 | 校内教师、企业教师 | 2 | |

续表

| 模块 | 实训内容 | 实训指导教师 | 学时 | 合计 |
|---|---|---|---|---|
| 模块二　客房服务 | 1. 客房清洁整理实操训练 | 校内教师、企业教师 | 4 | 64 |
| | 2. 中式铺床实操训练 | 校内教师、企业教师 | 16 | |
| | 3. 客房对客服务实操训练 | 校内教师、企业教师 | 4 | |
| 模块三　餐饮服务 | 1. 餐饮服务基本技能训练 | 校内教师、企业教师 | 16 | |
| | 2. 中餐服务实操训练 | 校内教师、企业教师 | 10 | |
| | 3. 西餐服务实操训练 | 校内教师、企业教师 | 8 | |

## 四、教学方法与建议

《饭店服务与管理》教学中注重学生的主体作用，强调“教”与“学”的交互式。通过提出问题引入教学内容，最终以完成任务和项目达到教学目的，培养学生的自主学习能力和知识运用能力。

### （一）情境模拟教学法

创设真实的职场情境，让学生对饭店工作有充分的感性认识。组织学生参观当地的星级饭店，在教师（含饭店行业教师）的引导下，由学生自己体验酒店服务员的角色，学习相关专业知识。

### （二）理实一体化教学

让学生在真实的情境中提升自身的综合职业能力。如在餐饮服务和客房服务内容教学中，既要掌握服务的相关知识又要学会实操，知识、技能和情感、态度在理实一体化教学中生成。

### （三）努力培养良好的职业素养

培养学生真诚友善、勤学乐思的职业习惯和团队协作意识，以饭店服务知识和技能为载体，塑造优秀饭店人形象。

参加本书编写的人员主要有林芳、廖建军、舒小朵、李玉梅、张莉、张希、周逻宏等七位老师。

在这里，我们特别感谢中国旅游出版社给我们这次编写机会，使此书的出版成为可能。由于编写时间仓促及编写水平有限，不足之处在所难免，请广大读者多加批评和指正，以便于改进。在此，希望本书成为教师和学生互动学习中的朋友和媒介！

成都旅游职业教育集团

2019 年 4 月

# 目 录
CONTENTS

## 模块一　导论



## 模块二　客房服务

## 模块三 餐饮服务

## 模块四 饭店管理基础

# 模块一

## 导论

旅游者在旅游过程中享受的是“食、住、行、游、购、娱”六大要素的综合配套服务，而饭店提供了多个服务要素。作为旅游业的三大支柱之一，饭店是旅游从业者必须要认知的旅游要素。通过本模块学习，了解饭店业发展历史，认识饭店及其产品，了解饭店机构及其职责，了解多种类型饭店的特点，争取早日成为了解饭店的饭店人，为饭店服务和管理打好基础。

## 单元一　饭店业发展

饭店是通过出售客房、餐饮及综合服务设施向客人提供产品和服务，从而获得经济收益的组织，在旅游业中有着重要的作用。世界饭店业经历了客栈、大饭店、商业饭店和饭店集团四个时期，我国饭店业的发展大致可分为古代、近代、现代三个大的阶段。四川饭店业在中华人民共和国成立前处于较低层次，到1987年基本满足旅游发展需要，1990年开始转入质量竞争阶段。四川的乡村旅游、农家乐、主题饭店一直走在全国前列。

### 【学习目标】

**1. 知识目标**

（1）了解中外饭店业发展历程，知晓中国饭店业现状和发展趋势。

（2）知晓四川饭店业发展现状并能正视与发达国家和地区的差距。

**2. 能力目标**

（1）能简述饭店业发展史。

（2）能借助网络完成信息查询和处理任务。

**3. 素质目标**

（1）热爱旅游事业。

（2）养成自主学习的习惯。

# 项目一　中外饭店业发展概述

## 【课前活动】

活动主题：搜索本市的星级饭店

活动步骤：

1. 利用网络查找本市星级饭店的名称、位置、星级
2. 同学分享
3. 小组汇总
4. 班上报告

## 【学习内容】

### 一、饭店定义

饭店（Hotel）一词起源于法语，原意是指法国贵族在乡下招待贵宾的别墅，又称为酒店、宾馆。它是以建筑物为凭证，通过出售客房、餐饮及综合服务设施向客人提供产品和服务，从而获得经济收益的组织。饭店必须同时具备以下四个条件。

（1）它是由建筑物及装备完好的设施组成的接待场所。

（2）它必须提供住宿、餐饮及其他服务。

（3）它的服务对象是公众。既有外地旅游者，也有本地居民，既包括某些特殊身份或阶层的人，也包括广大的普通消费者。

（4）它是商业性的服务企业，以营利为目的，所以其使用者一定要支付一定的费用。

## 二、饭店在旅游业中的地位

**1. 饭店是旅游业的重要组成部分**

传统的旅游“六要素”——食、住、行、游、购、娱，饭店是旅游的必备要素，提供餐厅（食）、客房（住）、停车场（行），有的还有游览的景观（游）、娱乐空间（娱）、购物空间（购）。从旅游业发展的角度，新的旅游“六要素”——商、养、学、闲、情、奇，打造更高层次的旅游吸引力，饭店要有休闲空间，要有情感交流的空间，要有值得猎奇探索的空间，要有商务空间，要有养生空间，要有让人学习进步和具有挑战成就感的空间。

**2. 饭店是一个国家旅游业的重要物质基础**

饭店的数量、层级是一个国家或地区接待能力强弱的重要指标，其发展水平一定程度上体现了旅游业的发展水平，影响当地旅游整体形象。

**3. 饭店是创造旅游收入和促进经济发展的重要部门**

2016 年全国旅游业对 GDP 的综合贡献为 8.19 万亿元，占 GDP 总量的 11.01%。

**4. 饭店提供大量就业机会**

饭店业是服务性行业，不仅自身提供大量直接就业机会，而且还能为与之相关的行业提供更多的间接就业机会。2016 年旅游直接就业 2813 万人，旅游直接和间接就业共 7962 万人，占全国就业总人口的 10.26%。2017 年国家旅游局发布的《“十三五”旅游人才发展规划纲要》指出，到 2020 年，旅游业直接就业人数将由“十二五”末的 2798 万人增至 3300 万人。

**5. 饭店本身也是旅游目的地**

饭店在多元化、差异化与创新发展中，以独具魅力的地域文化、历史文化等思想为引导，在设计、建造、经营、管理与服务中提供独特消费体验，将饭店打造成传承中华先进文化的载体，改变饭店属性，优化饭店功能，将星级饭店变成“旅游目的地”，让宾客在潜移默化中感受中华先进文化的力量。

## 三、世界饭店业发展简史

公元前 6 世纪时期，人们出行、传递信息的主要交通工具是马和畜力车，大量的军事消息和行政命令需要异地传播，许多国家就因为这种需要修建了专供士兵、信使和马匹过夜休息的驿站。可以说，客栈的前身就是官办的驿站。

### 1. 古代客栈时期

公元前 6 世纪至 19 世纪中叶，随着作为商业、文化和居住中心——城镇的快速发展，人们对住宿设施的要求日益增长，有钱人家和寺院庙宇等宗教机构对免费招待路人已经越来越难以应付，特别是中世纪后期，随着商业的发展，旅行和贸易兴起，外出的传教士、信徒、外交官吏、信使、商人等激增，于是，带有商业性质的收费住宿设施——客栈就产生了。

客栈大多设在古道边、车马道路边或是驿站附近。早期的英国客栈是人们聚会并相互交往、交流信息和落脚歇息的地方。

早期的客栈规模小，设施简陋，仅提供基本食宿。无非是一幢大房子，内有几间房间，每个房间里摆了一些床，旅客们往往挤在一起睡，并没有什么更多的要求，基本是家庭作坊式的。到了 15 世纪，有些客栈已拥有 20~30 间客房，有些比较好的客栈设有一个酒窖、一个食品室、一个厨房，为客人提供酒水和食品。还有一些客栈已开始注意周围环境状况，房屋前后辟有花园草坪，客栈内有宴会厅和舞厅等，开始向多功能发展。总的来看，当时的客栈声誉差，被认为是赖以谋生的低级行业。客人在客栈内缺乏安全感，诸如偷盗抢劫之类的不法事情时有发生。

### 2. 大饭店时期

18 世纪到 19 世纪，工业革命使客栈进入全面鼎盛时期。蒸汽机和载客公共铁路的出现加快了客栈的规模化发展。这时的客栈不仅仅是路人过夜的住所了，它已经成为城镇的社会活动中心和商业活动中心，这为客栈发展成大饭店奠定了基础。

由于火车、轮船的兴起和民众消费水平的提高，为方便贵族度假者和上层人物以及公务旅行者、商贾名流，大饭店应运而生。这些饭店全部修建在繁华的大城市，规模大、设施豪华、服务项目多、服务规范，具有一定的接待仪式，以皇室宫廷礼仪为标准，讲究接待规格和礼仪。

## 【扫码阅读1–1–1】

### 大饭店时期的代表

1829 年在波士顿建成的特里蒙特饭店（Tremont House），设有 170 套客房，被称为该时期的第一家现代化饭店。不仅客房多，而且设施设备比较齐全，服务人员亦经培训，客人有安全感，为整个新兴饭店行业树立了标准。

建于 19 世纪初的德国温泉疗养胜地巴登巴登的“巴登—巴登饭店”（Der Badische Hof），也称作“巴典国别墅”，它是欧洲第一个真正称得上豪华饭店的住宿设施。这个饭店规模宏大，设施齐全，装饰富丽堂皇，带有廊柱的门厅、活动舞台的音乐厅、环境优雅的餐厅、独立的图书阅览室、典雅的公共花园和通风良好的客房。饭店以接待各国王室显要为荣，在西方掀起了兴建豪华大饭店的热潮。

大饭店时期的代表人物恺撒·里兹（César Ritz，1850 年 2 月—1918 年 10 月），出生于瑞士，是一位出色的饭店管理者及创始人，创立了全球闻名的奢华饭店，最有名的是巴黎和伦敦的里兹饭店（见图 1–1–1）。他提出“客人永远不会错”的理论作为饭店的经营格言，被誉为“饭店之王者，王者之饭店”“现代饭店之父”，并且英文中代表豪华、奢华的单词“ritzy”，以及瑞士恺撒里兹饭店管理大学，正是源于他的名字、他的饭店和管理理念。“里兹”成了“奢华”的代名词。

图 1–1–1　恺撒·里兹

### （三）商业饭店时期

20 世纪初至 20 世纪 50 年代，西方资本主义社会发展最为迅猛，越来越多的人加入到外出商务旅行的行列。这类新型客人需要一种能提供更多服务且价格合理的新型住宿设施。价格低廉、设备简陋的客栈和价格昂贵、设施豪华的大饭店都不能满足他们的需求，这就出现了商业饭店。

商业饭店服务公务旅行者和普通大众，具有平民化、大众化的特点，且设施齐全、安全、方便、卫生、实用。其价格合理、物有所值，且注重饭店管理教育和饭店质量标准。

【知识链接】

#### 斯塔特勒与商业饭店

1908 年 1 月，当时世界上最大的饭店业主埃尔斯沃思·密尔顿·斯塔特勒（Ellsworth Milton Statler）（见图 1–1–2）为适应旅行者的需要，在布法罗城建造了一座以自己名字命名的斯塔特勒饭店（Statler Hotel），每间客房都设独立浴室、壁橱、24 小时的冰水供应、电话和门旁电灯开关，豪华电梯应用于饭店建筑，楼层设置安全防火门，门锁和把手配套安装在一起。对客房采取的新举措包括在每个床前设台灯和配文具的写字桌。楼层内的水、暖和电路管线集中设计在同一竖井（斯塔特勒井）。如今，垂直的用于走管线和其他设备的竖井在绝大多数高层建筑中已是司空见惯，这在当时却使他能够以有竞争力的价格出租客房。到 1927 年，他已在克利夫兰、底特律、圣路易斯拥有饭店。在纽约市，他建起了当时最大的、拥有 2002 间客房的宾夕法尼亚饭店（Pennsylvania Hotel）。

斯塔特勒制定统一的标准来管理他在各地开设的饭店，增加了不少方便客人的服务项目。提出了“饭店成功的三大要素，一是地理位置，二是地理位置，三还是地理位置”和“客人永远是正确的”的至理名言。斯塔特勒被公认为是现代饭店的创始人。他倡导的饭店服务哲学是：“生活即服务，谁给他人的服务多一点、好一点，谁就会走在前面。”

图 1-1-2　埃尔斯沃思・密尔顿・斯塔特勒

### （四）饭店集团化发展时期

20 世纪 50 年代至 21 世纪初期，第二次世界大战结束，和平是当时世界的主旋律，私人汽车、高速公路、大型客机和民用航空的空前发展，带来了旅游业的大发展，当然也为饭店业的大发展带来了契机。早期的国际饭店集团通过购买不动产方式达到扩张的目的（如 Hilton、Sheraton Hotel Group），20 世纪 80 年代后期，几乎所有饭店集团都把发展方向锁定在全球，通过交错运用委托管理、特许经营、带资管理、联销联营等手段实现集团大型化。集团与集团之间也出现强强联合、资产重组等行为，甚至出现了像洲际集团（Intercontinental Hotels）这样的饭店超级航母。一些以技术资源作为支撑的饭店联盟也以其独特的联销方式迅速崛起。

该时期饭店的品牌在市场竞争中越来越重要，成为饭店核心竞争力。饭店集团的规模、功能、豪华程度都超过了传统饭店。饭店提供住宿、餐食、商务、娱乐、健身等一体化服务，服务综合性强。此外，企业文化得到重视，管理制度得到进一步完善。

## 【扫码阅读1-1-2】

### 饭店集团

洲际饭店集团（Intercontinental），成立于 1777 年，多年排名世界饭店集团第 1 位，在全世界近 100 个国家和地区拥有 5300 家饭店，共有洲际饭店、皇冠假日饭店、假日饭店、假日快捷饭店、Stay bridge Suites、Candle wood Suites和Hotel Indigo等13个饭店品牌，超过660000间客房。特许经营约占88.9%、委托管理约占6%、带资管理及其他约占5.1%。洲际饭店集团亚太地区饭店数量位居国际饭店公司之首。在中国均委托管理，投资极少。洲际大中华区有51家饭店，是目前在华拥有饭店数量最多的集团。

除了洲际饭店集团以外，全球著名的饭店集团还有：希尔顿饭店集团、凯悦饭店集团、万豪饭店集团、香格里拉饭店集团、雅高国际饭店集团、温德姆饭店集团、四季饭店Four Seasons、凯宾斯基国际饭店集团、卡尔森国际饭店集团等。

饭店集团化具有经营管理、市场营销、人才、财务等方面的优势。

## 四、中国饭店业发展简史

### （一）古代饭店业

按经营者，可以分为官办和民营两种。

#### 1. 古代官办饭店主要指的是驿站和迎宾馆

驿站是为公差人员和信使提供食宿的场所。驿站始于商代中期，止于清光绪二十三年，沿袭了3000余年，是中国历史上最古老的官办住宿设施。商代中期，驿站仅接待公差和信使，秦汉以后开始接待过往官员，唐代广泛接待文人雅士，明清开始接待一般旅客。

迎宾馆是接待各国使者、各族代表及客商为主的食宿设施。春秋战国时期称“诸侯馆”和“传舍”，南北朝时称“四夷馆”，唐宋时称“四方馆”，元明时称“会同馆”，清朝才正式称为“迎宾馆”。早期的迎宾馆在宾客接待规格上，是以来宾的地位和官阶高低、贡物数量的多少来区分的。迎宾馆配有道士（翻译）、厨师和服务人员，遵从当时政府的指令，对各路使者待之以礼。

#### 2. 民营饭店

中国古代旅馆种类繁多，称谓不一。客栈是古代饭店的一种称号，是为了满足人们外出郊游或远行的需要而出现的、设备较简陋的旅馆，有时兼供客商堆货并代办转运。古代客栈的组成大概有前庭（客堂）、后堂（做饭和休息的地方统称）、客房、账房、杂物间等，除了老板还有伙计（跑堂的）、厨师、杂役。

“逆旅”，也是我国古代对旅馆的别称。逆，古语中为“迎接”。旅，旅人、行者。“逆旅”引申即为旅店的意思。专门供过往旅客在旅途中休息、住宿、饮食的场所。

“店”作为中国古代民间备宿供膳场所的名称，较之官办的“馆”“舍”等名称，则出现较晚。中国古代旅馆用“店”命名的，大致有邸店、客店、旅店、饭店四类。“邸店”名称首见于南北朝，为民间私人开设的、建于城镇内的一种备宿供膳场所。宋代以后，“邸店”这种称谓则逐步消失，民间旅馆名称则逐步被客店、饭店、旅店取而代之。“客店”名称始见于唐。

**【扫码阅读1–1–3】**

### 客栈文化

旧时客栈有它的标志，那就是悬挂在屋檐下的长方形白纸灯笼。灯笼两面一般都写有联语，最常见的是“未晚先投宿，鸡鸣早看天”，也有别出心裁、富于感性色彩的“日暮君何往？天明我不留”。这两句不仅对仗工稳，语言亲切温存，而且意境深邃。这样的客栈文化，不仅装点了客栈本身，也使服务员工受到了熏陶。他们在接待旅客时，常常也出语不凡，很有文化味。那时的四川地区服务员被称作“幺师”。每当夜深时分，客栈关门后，他们照例要站在账房的写号台前，声调悠扬地向客人宣布注意事项：楼上楼下客 / 听我幺师办交接 / 门窗请关严 / 灯火弄熄灭 / 嫖赌不许搞 / 小心防盗贼 / 住宿小店若满意 / 欢迎二回又来歇。瞧！四言八句，铿锵押韵，包括了“防火防盗”“禁赌禁嫖”的精神文明内容，活脱脱的住店有关事项的音像版，还表现出了值得嘉许的职业素质。

### （二）近代饭店业时期

#### 1. 西式饭店

1840 年第一次鸦片战争以后，随着一系列不平等条约的签订，西方列强纷纷侵入中国，设立租界地、划分势力范围，并在租界地和势力范围兴办银行、邮政、铁路和各种工矿企业，从而导致了西式饭店的出现。与当时的中式客栈相比，西式饭店规模大、装饰华丽、设备趋向豪华和舒适，服务日趋讲究文明礼貌、规范化、标准化，客房分等经营、按质论价。

西式饭店是西方列强侵入中国的产物，为其经济文化侵入服务。但在另一方面，西式饭店的出现，对中国近代饭店业的发展起到了一定的促进作用，把西方饭店的建筑风格和服务方式等带到了中国。

【知识链接】

## 中国第一家西式饭店

浦江饭店原名礼查饭店（Richards Hotel），始建于1846年（清道光二十六年），是中国第一家西商饭店（见图1-1-3）。一个名叫礼查的英国商人在上海建立了一座以他的名字命名的现代化旅馆。1857年旅馆移址到外白渡桥的东侧，1907年饭店扩建为巴洛克式的建筑，成为当时上海滩最豪华的西商饭店，扬名中国乃至于整个远东地区，这座饭店就是如今的浦江饭店。翻开浦江饭店170多年的历史，斯诺、爱因斯坦、萧伯纳等世界名流贤达都曾在此下榻。作为西方文明进入中国的窗口，浦江饭店见证了上海乃至于中国现代化进程中的许多“第一次”。1882年7月中国第一盏电灯在礼查饭店门口亮起，

图1-1-3 浦江饭店

1901年中国第一部电话在礼查饭店接通。1954年，上海市人民政府从英国人手中接管了礼查饭店，五年后礼查饭店更名为浦江饭店继续接待外籍和华侨旅客。1990年12月19日，中华人民共和国第一个证券交易所“上海证券交易所”在浦江饭店的孔雀厅开业。2002年，经过重新装修的浦江饭店成了三星级饭店，继续服务宾客，见证了上海的迅速发展。

**2. 中西式饭店**

西式饭店的大量出现，刺激了中国民族资本向饭店业投资，各地相继出现了一批具有“半中半西”风格的新式饭店。这些饭店在建筑式样、设备、服务项目、经营方式上都接受西式饭店的影响，一改传统的中国饭店大多是庭院式或园林式且多是平房的风格，营造楼房建筑，甚至纯粹是西式建筑。这类饭店多与银行、铁路等企业联营。

中西式饭店不仅在建筑上趋于西化，而且在设备设施、服务项目、经营体制和经营方式上也受到西式饭店的影响，饭店内有高级套房、卫生间、电灯、电话。餐厅、舞厅，高档菜肴应有尽有，还以供应西餐为时尚。

中西式饭店的出现，表现出西式饭店对近代中国饭店业的重要影响，它与中国传统饭店的经营方式形成鲜明对比。从此，中国饭店业开始逐步引入欧美饭店业的经营理念和方法，成为中国近代饭店业中引人注目的部分，为中国饭店业进入现代饭店时期奠定了良好的基础。

**【扫码阅读1-1-4】**

## 华夏第一店——天津利顺德大饭店

全国饭店业唯一的国家级文物保护单位——天津利顺德大饭店临海河而建。这座始建于1863年的饭店，是中国历史最悠久的饭店，以“华夏第一店”享誉海内外。这里，接待过众多政坛显要和国家总统，也见证了天津乃至中国近代史上许多标志性事件。

随着时间的迁移，20世纪30年代，饭店业的过度繁华一度导致了房多客少的“空房”现象。随着军阀割据、战争不断，全国饭店业开始走向萧条。

### （三）现代饭店业时期

**1. 招待所时期，此为中国现代饭店业第一阶段，1949 年—20 世纪 80 年代**

中华人民共和国成立初期，我国形成了以"五星级 + 招待所"的基础住宿体系。五星级饭店多针对外宾和涉外旅游者，国内差旅需求通过"招待所 + 宾馆"形式解决。当时的 137 家饭店成为主要的接待设施。

这一时期的饭店不是独立的法人企业，多为单位办的社会产物，管理制度和经营方式带有鲜明的计划经济的特征，既没有现代化的经营，也没有现代化的管理，更不追求经济效益。这些饭店功能单一、设施陈旧，只为客人提供简单食宿。

这一时期比较著名的有北京饭店、友谊宾馆、民族饭店、华侨大厦等。

**2. 涉外宾馆时期，此为中国现代饭店业第二阶段，1978—1985 年**

（1）引资兴建。改革开放以来，外国游客如潮水般涌入中国。1978 年入境游 180 万人，1979 年入境游 420 万人。从 1978 年到 1985 年入境游人数年增长率为 37.6%。当时饭店数量与规模已不能满足游客的需要。鉴于当时我国的财政状况和经济发展阶段，中央采取了利用外资、侨资在重点旅游城市兴建大的旅游饭店（见表 1–1–1）的办法。

到 1985 年，我国饭店数量已达 710 家，客房 76944 间。

**表 1–1–1　1978—1985 年外资建造的主要涉外饭店**

| 饭店名称 | 坐落城市 | 筹建时间 | 建成/开业时间 | 外资来源 |
|---|---|---|---|---|
| 建国饭店 | 北京 | 1979 年 10 月 | 1982 年 4 月 28 日 | 陈宣远（美国） |
| 兆龙饭店 | 北京 | 1980 年 1 月 | 1985 年 10 月 25 日 | 包玉刚（香港） |
| 昆仑饭店 | 北京 | | 1986 年 | |
| 金陵饭店 | 南京 | | 1983 年 10 月 4 日 | 陶欣伯（新加坡） |
| 白天鹅宾馆 | 广州 | 1979 年 4 月 | 1983 年 2 月 6 日 | 霍英东（香港） |
| 中国大酒店 | 广州 | 1980 年 4 月 | 1984 年 6 月 10 日 | 胡应湘（香港） |
| 花园酒店 | 广州 | 1980 年 5 月 | 1985 年 8 月 28 日 | 利铭泽（香港） |

（2）经营转型。1982 年开业的建国饭店首次引进了境外管理公司（香港半岛酒店管理集团），这不仅成为我国饭店业发展的里程碑，也是我国旅游业

改革开放的标志。1983 年，中国第一家中外合作的五星级饭店——白天鹅宾馆开业。1984 年 3 月，组建锦江集团对饭店集团管理，成为我国第一家国际性的饭店管理公司。1984 年，假日集团进入中国，1984 年 12 月，明确了旅游经营单位由事业单位转变为企业化经营。1985 年，雅高集团进入中国。1985 年，白天鹅宾馆成为中国首家“立鼎世酒店集团”成员。

**3. 旅游饭店时期，此为中国现代饭店业第三阶段，1986—1990 年**

1986 年，我国掀起了自建饭店的高潮，投资主体由侨资、外资改变为政府和旅游部门。1990 年，我国饭店数量已达到 1987 家，客房数 29 万间。中高端饭店服务对象仍以海外客源为主，观光型饭店居多，饭店配套设施逐步完善，开始出现音乐厅、舞厅、小型艺术表演、咖啡座、健身房、游泳池、网球场、小卖部等综合设施。

在全国掀起了旅游饭店学“建国”的浪潮，饭店集团开始初创，开始向现代经营型饭店过渡。政企分开和饭店内部企业改革是这一时期饭店管理体制改革的大事。经过 10 年的发展，我国饭店的建设速度和建设档次已达到当时先进国家的水平，饭店市场体系开始形成，饭店也从 1978 年旅游业的主导产业成为旅游业的基础产业，为我国旅游业的发展奠定了坚实基础。

**4. 星级饭店时期，此为中国现代饭店业第四阶段，1991—2012 年**

1988 年 8 月 22 日，国家旅游局发布了《中华人民共和国旅游涉外饭店星级标准》，1989 年 6 月 2 日，公布了第一批星级饭店名单。1990 年 2 月 8 日，公布了第三批星级饭店名单，出现了首批五星级饭店。1991 年，我国星级饭店评定工作在全国推广，当年星级饭店 852 家，占整个饭店数的 40%，星级饭店成为我国饭店的主体，从此我国进入星级饭店时期。这一时期的显著特征是星级标准的实施和饭店集团化管理，饭店业进入标准化时代。

1993 年，《旅游涉外饭店星级的划分与评定》（GB/T 14308—93）正式成为国家标准，批准 16 家饭店管理公司。到 2012 年年底，我国统计共有 12807 家星级饭店。

**5. 饭店市场化时期，此为中国现代饭店业第五阶段，2013 年至今**

“党的十八大”以后，中国饭店市场发生了非常剧烈的变化，加之产品同质化诱发的价格竞争，和全球市场的开放，由政府主导模式建立起来的中国饭店业集体出现了寒冬。2013 年以后，领导需求和真正的市场需求开始分离，我国饭店业开始了真正的市场化运行时期。

开始发现、挖掘、分析和经营客户，有了 OTA[①] 这个独立部门或者联合经营者。深刻理解传统的饭店 SOP[②] 和那些程序在新时代的应用程度，提供人性化的服务、差异化服务，注重客人的消费体验。围绕饭店的衍生业态逐渐增多。

## 五、饭店业发展趋势

2016 年，全国纳入星级饭店统计管理系统的饭店共计 11685 家，数据与 2012 年基本相同，但总营业额反倒降低了。非标准住宿等业态开始争夺市场份额，多样化的住宿产品纷纷入市。

### （一）业态多元化

随着住宿功能的生活化理念被重视，中国饭店产业在不断细化，从经济型饭店开始，诞生出多种基于市场需求而定位的饭店类型，业态多元化成为新常态下的必然要求。除了连锁饭店、经济型饭店、精品饭店、洋家乐、农家乐、藏家乐、民宿、客栈、度假木屋、主题酒店、长租、短租等新住宿业态。今后，随着消费者细分成多个领域，饭店业态会呈现出多姿多彩的趋势，住宿还能被重新定义，衍生新意。

### （二）行业整合加快

在资本运作和消费体验的时代背景下，由共享经济、规模经济的催生，我国现代饭店业迎来了一场投资方式、营运流程、管理模式、商业模式的洗牌与重构。单体饭店之外出现了众筹饭店中国饭店业国内外收购兼并加剧，如首旅如家、华住完成整合潮后跻身全球十大饭店集团。锦江收购维也纳、铂涛，万达转让酒店给富力。以市场竞争的绝对优势，实现规模经济；一部分集团及饭店则通过组建联盟、跨界融合、收购兼并、战略合作等方式搭建发展平台抱团取暖，如互联网酒店品牌“AARoom”“中国酒店联盟”“中国精品酒店联盟”等。

### （三）服务走向体验经济

作为经济提供品的体验过程满足了客人自我实现和个性化消费的需求。众

---

① OTA 在线旅游服务代理商的意思。

② 饭店 SOP 是 Standard Operation Procedure 三个单词中首字母的大写，即行业服务细节量化标准操作程序。饭店 SOP 主要分三个阶段：饭店服务标准的制定、饭店服务标准的执行、饭店服务标准的保持。

多饭店企业开始借助新技术、“互联网＋”和“酒店＋”的机会，采取了各种形式的供给侧改革。文化驱动、技术创新、互联网渗透和大数据的利用，关注顾客群体的核心体验和附加体验，注重场景打造、空间拓展、内涵挖掘、生活方式经营和生态圈营造。如华住酒店集团采取去前台化、推出0秒退房、自助入住，如铂涛的产品定位由“睡个好觉”转变为“连接美好体验”，亚朵酒店产品功能从侧重产品的床、物的住宿起居功能转向于人文、阅读与摄影的住客人文精神功能。

### （四）共享经济推动业务发展

中国饭店供给侧结构做出了调整。饭店大堂变大卖场、酒吧、咖啡厅、共享办公场地……这样的饭店空间重塑成为一股潮流，这股潮流让住宿需求逐渐延伸出更多的线下消费场景。国内住宿分享平台“小猪短租”2017年业务数据情况显示，平台房源增长幅度达350%，同时平台整体的订单增长幅度也超过320%。与2016年相比，成交总额的增幅超过350%。2015年8月，Airbnb进入中国，改变了人们的租住意识。共享经济倒逼传统饭店业变革。

### （五）非饭店企业结合饭店业发掘新市场

Expedia作为全球最大的OTA（注释：在线旅游服务代理商）之一，也在不断向饭店业上游延伸，为饭店业提供收益管理和营销等方面的解决方案。万豪与阿里巴巴的深度合作，将会对整个业界的未来发展影响深远；宜家在长沙将自身的购物、家居与饭店集合一起打造综合类项目等都是跨界饭店业的鲜明事例。作为中国领先的综合性旅行服务公司，携程成功整合了高科技产业与传统旅行业，向超过3亿会员提供集无线应用、饭店预订、机票预订、旅游度假、商旅管理及旅游资讯在内的全方位旅行服务，被誉为互联网和传统旅游无缝结合的典范。

### （六）创新技术应用到饭店业

目前，饭店业现已有人工智能机器人，以及营销端的客户数据等，这些技术都会改变未来饭店业的发展。这些饭店业的发展技术是当前业内人士能预见的，但更多无法想象的技术会在未来数年出现，并对饭店业界产生深刻影响。传统饭店在自身创新求变中跨界融合，嫁接新技术，在资本推动下加快饭店产品的迭代，饭店才能快速形成新的商业生态圈。

### （七）“新中产”成为旅居 3.0 时代[①]的消费主力军

预计到 2020 年，中国消费总量增长的 81% 将来自于中产阶层。但是就目前的情况而言，新中产阶级的消费存在多个困境。新中产阶级们所追求的“独创性”“品质”“文化基调”等消费模式却一直没有被国人重视起来。如品牌选择的困境，缺少带有明显的中产符号或阶层区隔意义的品牌。新中产时代，需要更有竞争力的产品，不是最便宜的，而是更具品质的。品牌懂得创造品质才能从价格战中脱身，赢得更广阔的未来。

## 【前沿资讯】

### 饭店与其他行业的融合

万豪国际集团旗下的丽思卡尔顿酒店集团宣布进军奢华游艇与邮轮领域，这是奢华酒店进军邮轮游艇行业的首例。邮轮和游艇是漂浮的、可移动的度假村，不受传统酒店发展的局限，市场上，运营的小型奢华邮轮为数不多，而且服务期超过 20 年。对丽思卡尔顿品牌来说，现在是进入奢华邮轮和游艇行业的契机。

日本 7–11 便利店将与旅行社 JTB 合作，将全国的便利店变为民宿的“前台”，可受理入住手续办理服务。民宿往往通过网络预订、结算，但钥匙的交接仍需要有实体店的存在，24 小时便利店便成为一个理想的场所。

首旅如家酒店集团旗下的 YUNIK HOTEL 基于多元化社交的理念，将科技、活动与宾客联动起来，在酒店场景中打造充满魅力的“社交场”。黑科技装备潮流一线：AI 服务员，VR 眼镜和平板都是 YUNIK HOTEL 客房的标配。VR 眼镜中包含了上万部电影及游戏，给住客提供沉浸式娱乐体验，而平板不仅可以操控房间硬件设备，还是智能娱乐终端，可以聊天、购物、玩游戏。公共区域颠覆传统设计：YUNIK HOTEL 的公共区域是一个智能社交娱乐区，VR 单车、mini 练歌房、娃娃机、陀螺椅、飞镖机，在这里，畅爽娱乐停不下来；它是一个潮品展示区，智能产品、旅行套装、护肤组合、玩偶、服装、背包、餐具，喜欢即买随心购物；它是一个电竞 PK 区，三五住客相约，即可组

① “观光游 1.0时代”，国民旅游主要是以景点参观为主，“上车睡觉、下车撒尿、到景点拍照，回来一问啥都不知道”。“旅行 2.0 时代”，背包式自助旅游。“旅居 3.0 时代”，体验式度假休闲旅游。

局上王者；它还是一个全天候的休息区，看书、小憩，或是享受磨呗空间提供的精品餐食。

# 项目二　四川饭店业发展沿革

## 【课前活动】

活动主题：了解周边的星级饭店星级乡村饭店和农家乐

活动步骤：

1. 查找、走访周边的星级饭店星级乡村饭店和农家乐
2. 了解星级饭店或星级乡村饭店和农家乐的服务项目和特色
3. 用 PPT 展示活动成果

## 【学习内容】

### 一、新中国成立前四川传统住宿业的基本情况

秦代以后，四川地区“水旱从人，不知饥馑”，作为南方丝绸之路的起点和必经之地，传统住宿业产生的时代久远。尤其是隋唐以后，素有“扬一益二”之称的四川地区更是经贸发达，商旅繁荣，各种“宾舍”“客馆”“客栈”“鸡毛店”如雨后春笋般蓬勃发展起来。

进入 20 世纪后，出现了先是外国资本，随后是民族资本兴建旅馆的热潮，逐渐扩散至中西部地区，影响和改造了近代中国人的食宿观念和旅馆经营观念。20 世纪 30 年代前后，出现了旧式旅店和新式旅馆并存以及旅馆业中民族资本与外国资本竞争的繁荣局面，带动了近代中国的旅馆建设和经营规模的迅速扩大，奠定了中国近代旅馆业的基础和框架。

正是在这样的背景之下，四川的旅馆业也开始了近代化的步伐，出现了一批经营规模大、管理水平较高的新式旅馆。其中较为著名的、条件相对较好的新式旅馆有位于少城东街的“沙利文饭店”、位于骡马市街的“中国旅行社

成都招待所”、位于提督西街的“四川旅行社成都招待所”和位于春熙西路的“春熙饭店”等。

抗战时期，随着政府机关、工矿企业、文化团体和居民大量内迁，四川地区大型旅馆的增长幅度超过了战前30年间的总和。按照旅馆客房数的多少确定旅馆的等级，1944年，成都有特等旅馆9家，甲等旅馆46家，乙等旅馆54家，丙等旅馆121家，丁等和戊等旅馆436家。处于内地的四川虽然在旅馆等级划分方法上与北京和上海等城市相类似，但规模却相差很大，成都基本没有房间数在100间以上的大型旅馆，可见当时四川旅馆业的发展水平尚处于较低阶段。

## 二、中华人民共和国成立后四川住宿业的发展情况

### （一）招待所时期

自中华人民共和国成立到1978年之前，四川大部分饭店属于事业型单位，成都较有名的是建于1957年的金牛坝招待所和建于1959年的锦江宾馆，重庆较有名的是建于1951年的市交际处第一招待所（后改为人民宾馆）和新中国成立后改为西南军政委员会交际处第一招待所（重庆宾馆的前身）等。这些招待所主要承担地方大型会议、当地重要客人和部分外事接待任务。

### （二）旅游饭店时期

#### 1. 住房危机

改革开放后，四川旅游业发展迅速，但饭店接待能力明显不足。为此，1978年确定由国家投资在成都和重庆两市各建一座500张床位的旅游饭店。同时，在成都、乐山、灌县、峨眉山和重庆、大足等地选定一些住宿点进行改造和扩建。到1980年上半年，全省可供国际旅游接待的床位达到1230张。到1984年全省可供外宾住宿的床位已超过2000张，但是仍跟不上旅游业发展的速度，1985年，全省接待国际旅游者人数首次突破10万人次，“住房危机”更加凸现。

#### 2. 基本满足

1984年以后，由于改革开放的深化，地方和部门筹资新建高档次宾馆饭店的积极性普遍高涨。在四川，除重庆扬子江饭店和成都岷山饭店外，其他部门和地方修建的宾馆数量日益增多，档次也越来越高。省内原有的旅游饭店，

如锦江宾馆、重庆人民宾馆、乐山嘉州宾馆等也先后进行了改造，提升了档次。到 1987 年，全省仅川东、川西两条旅游线上可用于国际旅游者接待的饭店已有 31 家，总床位超过 11000 张，基本满足了当时旅游业的发展需要。

**3. 充分满足**

1987 年以后，成渝两市一批新建的饭店先后开业，省内其他对外开放的城市和旅游景区也陆续新建或改造出一批可供外宾下榻的宾馆与饭店，海外旅游者住宿难的问题在大部分地区得到缓解，发展到 1990 年，全省涉外饭店共有 93 家，总床位近 3 万张，几乎遍及省内各市、地、州的对外开放县和主要旅游景区。饭店业供过于求的趋向开始显现，旅游饭店经营进入质量竞争的阶段。

### （三）星级饭店时期

1990 年，四川建成了首批星级饭店，这是四川饭店史上具有划时代意义的事件。

1995 年，四川省建成的第一家四川锦江宾馆（四川锦江宾馆有限责任公司）荣膺五星，成为中国西南地区首家五星级饭店（见图 1-1-4），填补了没有高星级饭店的空白，也标志着四川省星级饭店的现代化步伐逐渐加快。

**图 1-1-4　四川锦江宾馆**

1998 年，四川省委、省政府制定了《关于发展旅游业的决定》，明确提出将旅游业作为全省六大支柱产业之一。2000 年，四川省委、省政府又出台了《关于加快培育旅游支柱产业建设旅游经济强省的决定》，要求努力实现四川省从旅游资源大省向旅游经济强省的跨越。旅游业开始越来越引起各级政府的高度重视，在政府主导下，四川旅游从2000年开始真正进入了良性发展的轨道。

到2000年，四川星级饭店总数达到179家，占当年旅游饭店总数的43.87%，其中五星级2家，四星级3家，三星级51家，二星级102家，一星级21家；客房数发展到34183间，实现营业收入20.7亿多元，占当年全省旅游总收入的8%，平均每间客房收入为6.08万元，较1991年增长了1倍多，表明四川省星级饭店的规模、档次和综合竞争能力均有了较大幅度的提高。

## 三、多元发展的四川饭店业

截至2016年年底，四川省全省星级饭店共427家，实现总营收80.23亿元。

### 【前沿资讯】

#### 巨幅蜀绣落户成都棕榈泉费尔蒙酒店

2016年12月底，在来自北美的百年奢华饭店品牌成都棕榈泉费尔蒙酒店呈现于世（见图1–1–5）。经历了180天的创意碰撞，360天的纯手工制作，前后历时两年方得完成，长10.5米，宽8.5米，为国内现存最大的蜀绣作品。《千里烟霞锦水头》这幅作品凝聚了陆军和杨德全两位大师对于水墨画及蜀绣

图1–1–5 成都棕榈泉费尔蒙酒店大厅的蜀绣

的工艺传承，让国际品牌与四川地域文化特色完美地结合在一起，淡雅而恰到好处，内敛中蕴含磅礴荡气。

饭店业依旧存在总量过剩、传统业态绩效相对较低，结构不足的问题。面对中产阶层的不断壮大，要求饭店业向更加多元化、个性化的方向发展。

**（一）中档饭店异军突起**

国际连锁高端饭店在全省仍保持强大的竞争力，但同时中档饭店快速发展，积极参与竞争。中档饭店分成了“小而全”的完全服务饭店和“小而精”的有限服务饭店。如洲际的“智选假日”、如家“精选”、亚朵的“亚朵”等非星级中档饭店，以精品、智能、便捷为卖点，对传统星级中档饭店（三四星级）构成了一定的经营挑战。二十世纪 80~90 年代，人们的消费需求包括体面、品质、经济，希望有安静、时尚、高品质的私人空间。传统星级饭店与主体消费群体的实际需求存在较大的供需差异，导致了较为火爆的非星级精品饭店的高出租率、高房价现象。

**（二）主题饭店是四川饭店业的贡献**

2001 年，四川省旅游局在对九寨沟国际大饭店进行五星评定时，首次提出了饭店特色化的概念，被国家旅游局正式纳入了新的国家星评标准之中。之后，都江堰鹤翔山庄、成都京川宾馆、西藏饭店、雅安西康大酒店等乘势而上，推进主题饭店建设，在全国起到了良好的示范效果。

2002 年 12 月，都江堰鹤翔山庄被国家旅游局评定为四星级特色主题饭店。2004 年，中国国际主题饭店研究会筹备会议在京川宾馆隆重召开。2006 年，国际主题饭店研究会落址京川宾馆。2009 年 2 月，《四川省主题旅游饭店的划分与评定（试行）》被国家旅游局作为主题旅游饭店的标准进行审定，这标志着主题旅游饭店的创建从此有了正式的标准规范；2010 年 5 月 10 日，四川省星评委对三家申请主题旅游饭店的饭店进行了全国首次主题旅游饭店评定检查；2011 年 11 月，四川旅游标准评定委员会正式公告成都西藏饭店被评定为五级主题旅游饭店，成都京川宾馆、四川岷山安逸大酒店被评定为四级主题旅游饭店。至此，中国饭店业正式拥有了一批以主题旅游饭店命名的主题饭店。

如果说深圳的华侨城威尼斯大酒店等作为中国主题饭店的启蒙之作，那么四川诞生的这三家为代表的一大批主题旅游饭店则呈现出四川饭店业主题饭店创建的欣欣向荣之势，四川被业内专家称赞为中国主题饭店的龙兴之地。

**（三）文化旅游饭店行业标准的四川试点**

在文旅融合发展的时代背景下，旅游被越来越多地注入文化内涵，人们愿意花更多的时间去深度感受旅行中的文化深意。饭店作为旅游途中的重要一环，也早已不是吃喝住宿这么简单，尤其是近年来涌现的文化主题旅游饭店，已然成为深度体验旅行中不可或缺的载体，成为弘扬传统文化的新阵地。2017 年 10 月 1 日，由原国家旅游局监督管理司和原四川省旅游发展委员会主导起草的《文化主题旅游饭店基本要求与评价》行业标准在全国正式实施。2018 年 3 月，四川作为全国唯一试点省份，全面启动了文化主题旅游饭店创评试点工作，确定了历史文化、民族地域文化、红色文化、生产生活文化、艺术工艺文化等几大类文化特征鲜明、受众基础良好的主题进行创评试点，涌现出了三国文化、藏文化、纸文化、盐文化、道教文化、茶文化、三线文化、金沙文化、茶马古道文化、图书文化及养生文化等多类型主题饭店。饭店自打造文化主题旅游饭店以后，经营业绩持续增长，2018 年以来，主题饭店平均房价高于全省旅游住宿设施平均房价 98%，客房出租率高于全省旅游住宿设施客房出租率 5.3%，取得了良好的经济效益，成为四川饭店业一道亮丽的风景线。

2016 年，四川省饭店业总结的关键词有：营改增、分享住宿、并购、人工智能、非标住宿、饭店 +X、中档饭店、精细服务，说明四川饭店业已经把握时代脉搏，紧跟全球饭店业发展步伐，研究新举措，走出自己的特色之路。

**【扫码阅读1-1-5】**

## 中国第一家农家乐

位于郫县友爱镇农科村的徐家大院是中国农家乐发源地，国家 4A 级景区。占地 40 余亩，始建于 1986 年的“徐家老宅”，是中国农家乐第一家。现已是集饭店、会议、茶楼、酒吧等为一体的综合性五星级乡村饭店。院内环境优美，不同风格的楼宇建筑和川西庭院精美的山水亭台搭配，再有盆景松竹廊院簇拥，形成了典雅的品茗休闲佳苑。漫步大院内，参观农家乐的发展史，落座在整洁的室外草坪茶座，晒着暖洋洋的太阳，摆着暖心的“龙门阵”，这样的品茗休闲真是好惬意。

农家乐把农事活动、乡村田园风光、乡土民俗文化、乡村民居和聚落文化与现代旅游度假、休闲娱乐相结合，形成了一种全新的旅游形式。随后如雨后春笋般涌现，后来发展到整个成都平原，四川盆地，直至全国。

## 【思考与练习】

### 一、单选题

1.（　　）提出“客人永远不会错”的理论作为饭店的经营格言。

A. 特里蒙特　　B. 恺撒·里兹　　C. 斯塔特勒　　D. 希尔顿

2.（　　）被称为世界上第一家现代化饭店。

A. 巴登—巴登饭店（Der badische hof）　B. 里兹饭店（Ritz hotel）

C. 斯塔特勒饭店（Statler hotel）　D. 特里蒙特饭店（Tremont house）

3. 中国历史上最古老的官办住宿设施是（　　）。

A. 驿站　　B. 迎宾馆　　C. 逆旅　　D. 客栈

4.1982 年开业的（　　）首次引进了境外管理公司，这不仅成为我国饭店业发展的里程碑，也是我国旅游业改革开放的标志。

A. 中国大酒店　　B. 白天鹅宾馆　　C. 金陵饭店　　D. 建国饭店

5.（　　）年《旅游涉外饭店星级的划分与评定》（GB/T 14308—93）正式成为国家标准。

A. 1988　　B. 1989　　C. 1990　　D. 1993

### 二、判断题

1. 饭店（Hotel）一词起源于德语，原意是指德国贵族在乡下招待贵宾的别墅。（　　）

2. 饭店本身也是旅游目的地。（　　）

3. 迎宾馆是接待各国使者、各族代表及客商为主的食宿设施，唐宋时称“四夷馆”。（　　）

4. “逆旅”，也是我国古代对旅馆的别称。逆：古语中为“送别”。（　　）

5. 在经营饭店业时，主题化是饭店加入体验要素的最好形式。(　　)

## 三、多项选择题

1. 作为饭店必须具备的条件，下列说法正确的是（　　）。

A. 由建筑物及装备完好的设施组成的接待场所

B. 提供住宿、餐饮及其他服务

C. 服务对象是公众，指的是外地旅游者，不包括本地居民，既包括某些其他特殊身份或阶层的人，也包括广大的普通消费者

D. 它是商业性的服务企业，以营利为目的

2. 下列（　　）属于大饭店的特点。

A. 修建在繁华的大城市，具有规模大，设施豪华

B. 以皇室宫廷礼仪为标准，讲究一定规格的礼貌礼仪

C. 服务公务旅行者和普通大众，平民化、大众化

D. 饭店的品牌在市场竞争中越来越重要，成为饭店核心竞争力

3. 对于饭店业发展趋势，下列叙述正确的有（　　）。

A. 非饭店企业正积极运用自身优势产业结合饭店业发掘新市场

B. 为顾客提供优质的服务和满意的体验，供给侧改革成为现代饭店企业发展的必然

C. 中国饭店业产业在不断细化，诞生出多种基于市场需求而定位的饭店类型

D. 传统酒店在自身创新求变中跨界融合，嫁接新技术，酒店才能快速形成新的商业生态圈

4. 关于四川省旅游主题饭店的叙述，(　　) 是正确的。

A. 2002 年 12 月四川成都鹤翔山庄被国家旅游局评定四星级特色主题饭店

B. 2004 年中国国际主题饭店研究会在京川宾馆召开

C. 2009 年 2 月《四川省主题旅游饭店的划分与评定（试行）》被国家旅游局作为主题旅游饭店的标准进行审定

D. 2011 年 11 月，四川旅游标准评定委员会正式公告成都西藏饭店被评定为五级主题旅游饭店

5. 在中国饭店发展过程中，下列说法（　　）是正确的。

A. 中国大酒店是中国首家“立鼎世酒店集团”成员

B. 旅游饭店时期（1986—1990 年），我国饭店从旅游业的基础产业发展成为旅游业的主导产业

C. 四川省的第一家五星级饭店是建于 1957 年的金牛宾馆，被誉为四川国宾馆

D. 广东广州是中国主题饭店龙兴之地

## 四、拓展作业

课外活动：认识饭店集团

活动目的：了解国内外饭店集团

活动形式：网络收集、整理资料

学习任务：

1. 利用互联网，收集整理全球和我国主要饭店集团的相关资料

2. 填写表格

（1）全球十大饭店集团。

| 序号 | 集团中文名称 | 集团英文名称 | 简写 | 徽标 | 客房数 |
|---|---|---|---|---|---|
| 1 | | | | | |
| 2 | | | | | |
| 3 | | | | | |
| 4 | | | | | |
| 5 | | | | | |
| 6 | | | | | |
| 7 | | | | | |
| 8 | | | | | |
| 9 | | | | | |
| 10 | | | | | |

（2）中国主要饭店集团。

| 序号 | 集团中文名称 | 集团品牌 | 徽标 | 客房数 | 门店数 |
| --- | --- | --- | --- | --- | --- |
| 1 | | | | | |
| 2 | | | | | |
| 3 | | | | | |
| 4 | | | | | |
| 5 | | | | | |
| 6 | | | | | |
| 7 | | | | | |
| 8 | | | | | |
| 9 | | | | | |
| 10 | | | | | |

3. 将上述表格通过邮箱发给老师

# 单元二　饭店概述

饭店产品是饭店赖以生存的基本条件。饭店产品是有形产品和无形产品的综合。满足不同阶段的需求、发展产品的个性和特色，也就成了饭店产品最大的目标。全服务饭店和有限服务饭店共存给消费者创造了更多选择。饭店产品不仅不同于一般商品，也与其他服务业产品有较大的区别。

传统标准饭店和非标准的新型住宿业态共存，相互影响、竞争中求发展。旅游饭店通常分五个等级，即一星、二星、三星、四星、五星。还存在绿色饭店、乡村饭店、主题饭店等划分类型。

我国饭店普遍采用一线——后勤制组织形式，把部门分成一线部门和后勤部门两大类，随着服务外包和技术进步，饭店管理可能面临新的挑战和机遇。

## 【学习目标】

### 1. 知识目标

（1）熟悉饭店产品，认知饭店产品特点。

（2）掌握饭店类型及其等级划分方法。

（3）了解饭店组织机构，掌握饭店各主要组成部门的职责。

### 2. 能力目标

（1）能阐述饭店产品，能分清饭店的类型和层级。

（2）能简述饭店业的发展趋势。

### 3. 素质目标

（1）对饭店的类型、产品、机构和趋势有初步的把握。

（2）激发热爱饭店和学习兴趣。

（3）自主学习，协作完成任务，并使用恰当的方式表达。

# 项目一　饭店产品及其特点

## 【课前活动】

活动主题：了解饭店提供的服务项目

活动步骤：

1. 分别进入一个高星级饭店和经济型饭店网站
2. 查看提供的服务项目
3. 分析两者服务项目差异的原因
4. 用 PPT 展示成果

## 一、饭店产品的定义

饭店产品是指饭店提供的，用于市场交换、宾客或社会大众所感受到的，能够满足其需要的场所、设施、有形产品和无形服务的使用价值的总和。

饭店产品主要在饭店内提供，也有可能在饭店之外提供，如送餐、美食节免费品尝、外卖服务等。

## 【扫码阅读1-2-1】

### 饭店外提供的产品——空中餐膳

国泰港龙航空与上海锦江汤臣洲际大酒店东方食苑餐厅、外滩三号的上海 Jean-Georges 法国餐厅、北京东方君悦大酒店等合作，携手推出全新空中餐膳。搭乘国泰港龙航空从上海、北京前往香港的旅客，于万尺高空中也可臻享世界级的珍馐美食体验，品味由饭店精心准备的美味中式佳肴。

饭店产品是饭店赖以生存的基本条件，是饭店经营者精心设计的待售作品。

## 二、饭店产品内容

### （一）饭店营销意义上的产品

从消费者角度讲，完整的饭店产品应由核心产品、形式产品、期望产品、延伸产品和潜在产品五个层面构成。

#### 1. 核心产品

它是指消费者购买一种饭店产品时所获得的利益或基本效用。这是饭店整体产品概念中最基本、最主要的部分。例如，饭店的基本功能是满足客人的食宿需要，客人下榻一家饭店，租住客房是为了得到休息、安于睡眠，购买餐饮产品是为了满足其饥渴需求。

#### 2. 形式产品

它是核心产品借以实现的形式，即产品实体和服务的形象，消费者可以凭借实体和服务来感知的产品。例如，饭店的建筑特色、地点位置、客房（客房种类和提供的设施设备）、餐厅（提供的菜肴、酒水、服务方式）、会议室、各种服务项目及其服务质量等。饭店产品的基本效用必须通过某些具体的形式才得以实现，饭店形式产品的设计必须以饭店核心产品为指向。

#### 3. 期望产品

它是指顾客在购买某一饭店产品时随之产生的种种期望。例如，干净的客房和床上用品、安静的环境、安全感，得到关心，受人尊重，优质服务等。还有享受特色菜肴时良好的环境、餐饮的仪式感和良好的体验。

#### 4. 延伸产品

它是指顾客购买饭店产品时所获得的全部附加服务和利益。延伸产品是一个饭店能同其他饭店区别开来，形成特色，保持竞争优势的重心所在。饭店的商务中心、娱乐设施、免费停车场、质量保证、配有宽带接口的客房等均属于此范畴。

#### 5. 潜在产品

它是指包括现有饭店产品的所有延伸和演进部分，可能发展成为未来产品的潜在状态的产品，也可指为个别客人提供的个性化服务。

饭店产品在上述五个层面相互独立、各具特点，又紧密相连，共同构成整体产品的全部内容。在五个层面上，确保核心产品、形式产品和期望产品的质量，是使客人满意的前提条件。延伸产品和潜在产品是产品灵活性的具体表现，同时也是该产品在现有价值之外的附加价值，它们能提高客人的满意程度。饭店整体产品的五个层次，十分清晰地体现了以客人为中心的饭店现代营销观念，其也说明没有客人的需求就没有饭店产品，饭店产品就是满足客人需求的载体。

### （二）饭店运行意义上的产品

从饭店运行的角度讲，饭店产品是饭店有形产品和无形产品的综合。有形产品和无形产品的有机结合，才能使饭店产品的品质得到体现。

#### 1. 有形的实物产品

（1）设备设施。

饭店是凭借其设备设施来为客人提供服务的，设备设施是饭店赖以生存的基础，是劳务服务的依托，它反映出该饭店的接待能力。同时，饭店设备设施质量也是服务质量的基础和重要组成部分，是饭店服务质量高低的决定性因素之一。

饭店设备设施包括客用设备设施和供应用设备设施。

客用设备设施也称为前台设备设施，是指直接供客人使用的设备设施，如客房、餐厅、康乐的各种设备设施等。客用设备设施的舒适程度是影响饭店服务质量的重要方面，舒适程度的高低一方面取决于设备设施的配置，另一方面取决于对设备设施的维修保养。因此，随时保持设备设施的完好率，保证各种设备设施正常运转，充分发挥设备设施效能，是提高饭店服务质量的重要环节。

供应用设备设施是指饭店经营管理所需的生产性设备设施，如洗衣房设备设施、厨房设备设施等。供应用设备设施也称后台设备设施，要求做到安全运行，保证供应，否则也会影响服务质量。所以，饭店只有保证设备设施的质量，才能为客人提供多方面的舒适服务，进而提高饭店的声誉和服务质量。

（2）饭店实物产品。

饭店实物产品可直接满足饭店客人的物质消费需要，通常包括：

客房产品：房间大小、床及其床上用品规格、盥洗设备、互联网及移动办公设备、会客与商务设施等。

餐饮产品：菜点酒水、客用品、服务用品等。

康乐产品：饭店的保龄球、网球场、健身房、游泳池、壁球和棋牌室等康乐设施能使客人享受到丰富的精神娱乐、锻炼身体、增加知识。

商务产品：行政楼层、高速互联网、大小会议室、打印、影印与传真、翻译与口译等商务产品，为满足客人的商务活动需要所提供的服务行为。商务楼层从服务项目设计到商务客房的装修摆设，都尽量考虑客人的商务活动需要，力争为客人提供方便快捷的服务。大型的商务饭店往往以先进的商务设备、设施作为其服务的基础和标志，比如远程会议系统、同声翻译系统、网络设备等。

（3）服务环境。

服务环境质量就是指饭店设施的服务气氛给客人带来感觉上的享受和心理上的满足。它主要包括独具特色的饭店环境、建筑和装潢，布局合理且便于到达的饭店服务设施和服务场所，充满情趣并富有特色的、鲜明个性且富有文化品位的装饰风格，以及洁净无尘、温度适宜的饭店环境和仪表仪容端庄大方的饭店服务人员。所有这些构成饭店所特有的环境氛围。它在满足客人物质需求的同时，又可满足其精神享受的需要。

**2. 无形产品**

无形产品是指饭店提供劳务服务生产的产品，主要是满足客人心理上、精神上的需求。如餐厅服务员有针对性地为客人介绍其喜爱的菜肴和饮料，前厅问讯员圆满地回答客人关于饭店内各种服务项目信息的询问，客房服务员周到的迎客服务、洗衣服务都会使客人感到愉快和满意。

无形产品它主要包括以下几个方面：礼貌礼节、职业道德、服务态度、服务技能、服务效率、安全卫生、员工的劳动纪律、服务的方式方法、服务的规范化和程序化等内容。例如，客人在餐厅品尝色、香、味、形、器俱佳的颇具特色的风味菜肴时，需要语言文明、态度文明、动作文明和热情、主动、耐心、周到的服务相伴，才能真正体会到赏心悦目的含义，使宾客在生理上、心理上的需求能够得到最大程度的满足，最终树立起自己心目中的饭店形象。

除以上的标准化的规范产品外，饭店对提供的产品进行拆分、重组，并按宾客的各种个性需求做出细节改良，使服务的末端环节更多融入对宾客需求的考虑中，设身处地地为他们预置多种备选方案，提供个性化服务，让客人真正成为饭店服务的主人，在欣然接受饭店投其所好的服务时享受到物超所值的乐趣。

## 【扫码阅读1-2-2】

### 饭店个性化产品例举

个性化声、光、电服务项目：光线唤醒，由于许多人习惯根据光线而不是闹铃声调整起床时间，新的唤醒系统将会在客人设定的唤醒时间前半小时逐渐增强房间内的灯光，直到唤醒时刻时，灯光亮得像白天一样；无匙门锁系统，以指纹或视网膜鉴定客人身份；虚拟现实的窗户，提供由客人自己选择的窗外风景；自动感应系统，光线、声音和温度都可以根据每个客人的喜好来自动调节；“白色噪声”，客人可选择能使自己感到最舒服的背景声音等。

个性化娱乐健身服务项目：客房内设置虚拟娱乐中心，客人可以在房间内参加高尔夫球、篮球等任何自己喜爱的娱乐活动；客房内提供健身设备，以供喜爱单独锻炼的客人使用等。

个性化食宿服务项目：电子控制的床垫，可使不同的客人都得到最舒服的床上感觉；营养餐食，营养学家根据客人身体状况专门设计的食谱；老人客房，客房将被设计得更适合老年人，如触摸式可调节的灯光、更方便使用的把手、更好的淋浴设备等。

### （三）饭店产品的升级

#### 1. 消费者需求升级

饭店业的产品一直以来代表了社会人群对食宿需求的最高愿望，它的产品也向来以专业周到、细腻体贴为核心印象。而今天消费者对于产品的需求，正在沿着“马斯洛需求理论”的金字塔，由温饱型消费逐渐向小康型消费、个性化消费过渡。

马斯洛的需求理论表明，从基本的生理需求、安全需求到社交需求、尊重需求，最后到自我实现需求，印证了消费升级的各个阶段。消费升级不仅包括价格、品质，还包括产品功能向体验化、社会化方向发展。从饭店业产品升级来看，最初适配大多数商旅客人的经济型饭店产品，已经慢慢向具有人文科技娱乐精神的中高端主题饭店产品延伸和变化；针对家庭出行为主的儿童乐园类产品、乡野旅行类产品响应商旅客人的休闲度假需求；而公寓类产品、联合办公空间等新兴项目，则是对城市年轻人生活状态精准观察的产物。饭店业对客人群体的传统定义包括商务、旅游、会议、团体的概念，也将更多地被以人群特征来区分的社群类别所替代，漫画人口、游戏人口、驴友、空中飞人……每一个概念都有可能成为饭店营销精度的新型经纬标记。

**2. 有限服务饭店快速发展**

目前饭店从提供的产品种类上看，可以分为全服务饭店（full service hotels）和有限服务饭店（limited service hotels）（见图 1–2–1）。全服务饭店是传统意义上的高星级饭店，包括客房、餐厅、酒吧、会议、健身、娱乐、商务等多功能，为各种类型客人提供周到的全方位服务。有限服务饭店是和全服务饭店相对应的饭店类型，一般是指只提供 B&B（有的写作 F&B）服务的饭店（早餐 breakfast 和床 bed 服务）。后者一般包括客房和餐厅，或者就只有客房功能。

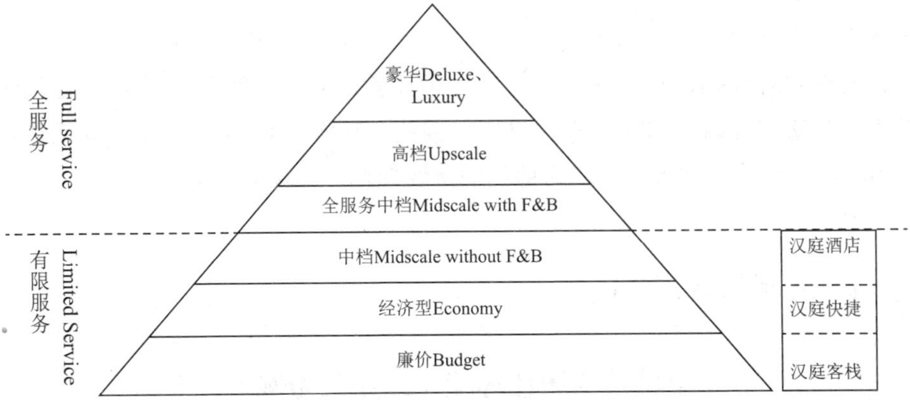


**图 1–2–1　饭店按服务项目的多少分类图**

全服务饭店的客人们仍然期待饭店拥有卓越的服务，但是随着人们生活方式的改变，客人们对服务类型的渴望也在改变。全服务饭店正随着时代的变化而变化，但业内人士认为它依然表现良好。

随着中国经济的飞速发展，中国中产阶级的队伍也在不断壮大，有人估计，到 2020 年，这一数字将达到 7 亿。中产阶级将成为一个庞大的群体，人们尝试通过各种方式来彰显自己的与众不同。早期是炫耀式的奢侈品消费，从名贵首饰、箱包到豪车，这些商品正在逐渐失去标榜社会阶层的功能。今天能区分人们社会地位的变成了“谈资”，也就是人们身上沉淀的文化资本。

1996年，上海锦江集团旗下的“锦江之星”作为中国第一个有限服务饭店品牌问世。经过近20年时间的发展，已经诞生了包括锦江之星、如家、7天、尚客优、汉庭等一大批快捷饭店品牌。

中国饭店协会联合盈蝶咨讯发布的《2017中国酒店连锁发展与投资报告》显示，截至2017年1月1日，我国有限服务饭店总数已达到24150家，客房总数为2134690间，增长幅度为8.41%，其中中端饭店2342家，增长幅度为33.91%；经济型饭店21808家，增长幅度为10.52%。

中端饭店属于有限服务型饭店范畴，一方面重点关注客人关于“住”的核心需求，另一方面提供比经济型饭店更舒适、更精致的居住环境，性价比高，较好地满足了居民消费升级的需求。迈点研究院发布的《2016年度中国酒店品牌发展报告》显示，55岁以上的“60后”和26~35岁之间的“80后”在中高端饭店上的消费明显高于平均水平。对于“60后”来说，他们消费能力较强，消费观念成熟，追求高性价比的住宿体验；对于“80后”来说，他们追求生活品质的提高，同样注重性价比。因此，随着“80后”逐渐成为饭店住宿市场的主体，中端饭店将成为他们的重要选择，市场成长空间较大。

### 【扫码阅读1-2-3】

## 更精致的居住环境（以亚朵为例）

亚朵酒店（Atour Hotel）是以「阅读」和「摄影」为主题的人文饭店。为高品质的客房产品设施、细致温馨的服务注入浓厚的人文氛围，独具“舒适、简约、朴实、静谧”的气质，为中高端商旅人士打造理想的住宿体验。亚朵着力打造属于中产阶级这个群体的第四空间——“在路上”，这也是继星巴克提出的家（第一空间）、办公室（第二空间）、星巴克（第三空间）的再次延伸，将亚朵打造成人们在外路途中与其陪伴的伙伴、第四空间。采用跨界思维，除将顾客的睡觉、洗澡、上网三大核心需求做到极致以外，融入了阅读和摄影两大文化主题，精心设计顾客的人文生活体验。

每个亚朵都有一个超大 7×24 小时阅读会友书吧，名为“竹居”，提供 24 小时借阅服务。“书”式体验融入亚朵，让顾客的心多了几分宁静与思考（见图 1–2–2。）

摄影是亚朵的另一大文化主题。具有“属地文化”的摄影作品展示在亚朵的每一个角落。顾客在每一个城市的亚朵，都能通过摄影作品开启一段不同的历史。

入住亚朵，你还能免费品尝到送到房间内的美食。随食物会一起附送一张小卡片，卡片上介绍了美食的制作方法和功效。一杯羹、一张卡片正是亚朵人追求生活品质，认真对待生活、认真体验生活的态度。这也正是吸引消费者，让消费者产生思考的一种生活方式。

因此，亚朵提供的不仅是一个可休憩的场所，更是一个可学习、可社交、可放松心境的，有温度、有颜色的空间。与大部分饭店不同的是，亚朵提供给消费者的不仅是外在的产品和服务，更重要的是内在的体验，所以当这样一个目标群体遇上亚朵时，神奇地产生了情感的共鸣和归属感，并成功地引发了消费者对生活方式的思考。

图 1–2–2　亚朵 · 竹居

饭店产品个性化、多样化，给消费者创造了更多选择。但饭店产品的根本是继续保有饭店坚实的共性，清洁、舒适、安全、方便的环境，主动、热情耐心、周到、专业的服务，不忘初心地实践专业的内核，才能牢牢把握住更复杂产品组合背后的关键所在。

## 三、饭店产品的特点

饭店产品不仅不同于一般商品，也与其他服务业产品有较大的不同。饭店产品的特点主要表现为以下几个方面。

### （一）饭店产品构成的综合性

饭店产品的存在形式很复杂，宾客购买之后，同时享受饭店的有形产品和无形服务，享受饭店的外观、设施、气氛、服务等一套复合型的整体产品。饭店产品是物质与精神的综合；软件与硬件的综合；享受、知识、艺术、信息、智能等多方面的综合。为了满足顾客食、住、行、购、娱等多种需要，饭店产品往往同时具有生存、享受和发展三种功能。因此，饭店产品必须是能够满足顾客多层次消费的综合性商品。

### （二）饭店产品价值的不可储存性

一般商品的买卖活动会发生商品所有权的转移，而饭店出租客房、会议室和其他综合服务设施，同时提供服务，并不发生实物转让。顾客买到的只是某一段时间的使用权，而不是所有权。饭店里的客房、娱乐设施等一天不出租，就不能创造价值，它们作为饭店产品的组合部分，不能像工业品那样储存起来，日后再卖。客人在购买产品之后，只是买到了产品的时间性很强的使用权，若不及时消费，其价值也就立即消失，无法携带和储存。比如，一家饭店的一件标准客房每天可以售价 400 元，如果今天该客房没有销售出去，那么今天的价值就损失掉了，不可能储存到明天去卖，因为明天还有明天的价值。所以，饭店业的行家把客房比喻为“易坏性最大的商品”“只有 24 小时寿命的商品”。这就是为什么饭店业普遍以“顾客第一”为经营信条。

### （三）饭店产品的生产、销售和消费同时性

一般商品由生产到消费要经过商业流通环节才能到达消费者手中。商品的生产过程与顾客的消费过程是分离的，一般商品是先生产后消费。饭店产品却不存在这样“独立”的生产过程，饭店服务的生产过程、销售过程、消费过程同时或几乎是同时进行的，即当场生产、当场销售、客人当场消费。其生产过程和消费过程几乎是同步进行的。只有当顾客购买并在现场消费时，饭店的服务和设施相结合才能成为饭店产品。这是服务产品与有形产品最核心的区别。这种特殊性决定了饭店生产经营必然受到区域的限制，市场范围受到一定的局

限。因为这一特点，增加了饭店质量控制的难度。

### （四）饭店产品质量的不可预见性

饭店服务是无形的，服务质量的好坏不能像其他商品那样用机械或物理的性能指标来衡量。旅游者对服务质量的感受往往带有较大的个人色彩和特点。饭店提供的服务质量的好坏在一定程度上取决于旅游者各自的需要和自身的特点。饭店的服务人员和管理人员不能忽视这一点，不能以自己的想象或自己的服务质量标准来对待各国旅游者。

一般的商品可以摆在柜台里，让顾客自由选择购买，而饭店产品却具有不可捉摸性。旅游者在购买前对饭店产品看不见、摸不着，通常不可能对这一产品的质量和价值做出准确的判断，往往产生“担风险”的心理，因而不利于饭店产品的销售。饭店服务也不像其他产品那样，做得不好可以重新返工，饭店的任何一个环节和服务人员出了问题，对饭店所造成的损失常常是难以弥补的。

### （五）饭店产品的无专利性

饭店产品同其他旅游产品的组成部分一样，通常具有非专利性。非专利性是指一家饭店不可能为自己设计的客房装饰、菜肴、服务方式等申请专利。饭店只能为自己的标记和名称申请专利。正是因为饭店产品的非专利性，当某一家饭店创新出某一新产品，如新的服务形式或新的菜肴等，而这种新产品为饭店带来很好的经济收益时，其他饭店就会很快效仿。其结果是新产品或服务方式被竞相模仿，使创新者失去优势，各饭店的产品趋于雷同。这样，一般宾客缺乏固定在一家饭店消费的动力。而且，由于宾客具有追新求异的消费心理，换一家新饭店，可能会为宾客带来满足感。因此，大多数饭店产品的品牌忠诚度较低。这种情况就要求饭店管理者充分理解宾客需求，在饭店管理过程中能够不断创新，保持饭店产品的竞争优势，提高宾客的品牌忠诚度。

### （六）饭店产品的信息依赖性

许多饭店的客源主要来自外地，甚至国外，因此要事先向宾客提供各种准确、及时的饭店产品信息，才有可能促进产品销售。这就要求饭店从业人员能够及时了解各种饭店信息，并给宾客以适当的介绍和推荐，从而使更多的宾客了解并购买饭店产品。饭店还应加强宣传，通过提高自己的形象和声誉，给每位来消费的宾客留下美好的回忆，创造良好的口碑。

在信息量丰富、实时沟通、市场呈加速度变化的资讯时代，饭店通过互联网宣传企业形象，比以往的宣传方式更快捷、更清晰、更全面、更互动，使无形服务有形化。饭店可以利用多媒体技术，把饭店整体的设施设备、内部环境装饰、各种特色服务等在互联网上动态地表现出来。客人可以更快、更便捷地了解饭店，他们足不出户便可以在自己的家里或办公室里得到视觉上的形象化的享受，获得身临其境的感觉。饭店也可以更细致、更周到地在第一时间反馈客人所需要的信息，双方达成互动。

移动互联时代，手机上的这些 APP（如微博、微信）左右着饭店产品的传播。移动化、智能化、管理平台化会成为饭店业的驱动因素。在移动化方面，推出了移动的饭店管家，把每个人的工作管理模型与后台的大数据大系统相连接，每个人可以真正地使用工具，实现工具化移动化管理。智能化方面，阿里未来饭店刷脸入住就是智能化。对于平台化集中化的过程，今天行业中的一些工具，如成本管理系统、饭店管理系统、收益管理系统，都可以集中变为基于移动云端的管理平台，如 SAAS（Software-as-a-service 软件即服务）。

### （七）饭店产品的服务差异性

来自不同国家、地区的不同类型的旅游者，由于他们所处的社会经济环境不同，民族习惯、经历、消费水平和结构不同，对服务接待的要求也不尽相同。

饭店的服务包括大量的人工劳动，缺少生产的统一标准和控制。由于工作人员的工作方式方法、工作态度、技能技巧各不相同，因此各饭店之间、同一家饭店不同的服务人员之间，甚至同一位服务员在不同的时间对待不同的客人都会有所差异。

饭店管理者一方面应通过制定并执行严格的质量标准，对员工进行职业培训，推行以人为中心的管理方式，培养良好的企业精神和激励员工士气等来保证服务的质量。另一方面要了解认识客人，准确把握不同客人的个性化需求，提供针对性服务。

### （八）饭店产品的供应季节性

因旅游受季节、气候等自然条件和各国休假制度的影响，饭店产品的消费又具有明显的季节性。在旺季需求旺盛，淡季需求疲软。此外，饭店产品经常直接受到饭店业无法控制的外部因素的影响，如国家政策、经济发展、汇率变动、签证方式、自然灾害、社会治安等，而导致饭店产品具有淡旺季。

饭店要在旺季时保证足够的人力和设备保障，提供优质产品，挖掘潜力，做到旺季更旺。而在淡季时通过刺激需求、开发需求，挖掘开发更多客源对象，发现客人新需求，开发新产品，甚至跨界经营，这样不仅降低了饭店产品的季节性影响，更会为饭店找到发展新机遇。

# 项目二 饭店的类型与等级

## 【课前活动】

活动主题：谈谈你身边的饭店。

活动步骤：

1. 收集整理你身边的饭店
2. 从饭店的地理位置、客房数、服务项目等方面进行比对
3. 分享交流

## 【学习内容】

### 一、饭店的种类

饭店类型很多，各国并无统一的划分标准。一个饭店可以有多重标签和称呼。

根据地理位置可将饭店划分为：城市饭店、城郊饭店、乡村饭店、景区饭店、公路饭店、机场饭店。根据经营方式可将饭店划分为：独立经营饭店、集团经营饭店、联合经营饭店。根据价格形式可将饭店划分为：欧式报价饭店、美式报价饭店、修正美式报价饭店、欧陆式报价饭店、床位与早餐式报价饭店。根据客房数量可将饭店划分为：600 间客房以上为大型饭店、300 间至 600 间为中型饭店、300 间以下为小型饭店。根据客源市场和接待对象可将饭店划分为：商务型饭店、长住型饭店、会议型饭店、度假型饭店。根据建筑投资费用可将饭店划分为：经济型饭店、舒适型饭店、豪华型饭店、超豪华型饭

店。根据建筑物、设备实施和服务的标准化程度可将饭店分为两大类：标准的星级饭店和非标准特色饭店。

### （一）传统标准饭店的常见种类

根据饭店客源市场及宾客的特点，可以将标准星级饭店或依据标准进行建造和服务的饭店主要分为下列几种。

#### 1. 长住型饭店

为租居者提供较长时间的食宿服务。此类饭店客房多采取家庭式结构，以套房为主，房间大者可供一个家庭使用，小者有仅供一人使用的单人房间。它既提供一般饭店的服务，又提供一般家庭的服务，饭店与宾客之间鉴订租约。针对性强，饭店的组织、设施、管理较为简单。

#### 2. 会议型饭店

以接待会议旅客为主的饭店，除食宿娱乐外还为会议代表提供接送站、会议资料打印、录像摄像、旅游等服务。通常设在大都市和政治、文化中心，或交通方便的游览胜地。要求有较为完善的会议服务设施（大小会议室、多功能厅、同声传译设备、投影仪等）和功能齐全的娱乐设施。

#### 3. 观光型饭店

主要为观光旅游者服务，多建造在旅游点，经营特点不仅要满足旅游者食住的需要，还要求有公共服务设施，以满足旅游者休息、娱乐、购物的综合需要，使旅游生活丰富多彩、得到精神上和物质上的享受。

#### 4. 商务型饭店

主要以接待从事商务活动的客人为主，是为商务活动服务的。这类客人对饭店的地理位置要求较高，要求饭店靠近城区或商业中心区。其客流量一般不受季节的影响。商务性饭店的设施设备齐全、服务功能较为完善，适应性广，在饭店业中占有较大的比例。

#### 5. 度假型饭店

度假型饭店又称为度假村。主要是为宾客旅游、休假、开会、疗养等提供食宿及娱乐活动的一种饭店类型，此类饭店一般都建在风景优美的地方。以接待休假的客人为主，多兴建在山区、海岛、森林、海滨、温泉、风景区附近。其经营的季节性较强。度假型饭店要求有较完善的娱乐设备。饭店业是旅游业发展的三大支柱之一，度假饭店更是与旅游密切相关的一种饭店形式。

#### 6. 经济型饭店

经济型饭店多为旅游出差者预备，其价格低廉，服务方便快捷，功能简化。特点是快来快去，总体节奏较快，实现了住宿者和商家互利的模式。例如各种快捷饭店、连锁饭店等。

### 【扫码阅读1-2-4】

## 四川省旅游业十三五规划（节选）

旅游住宿：创新推进旅游住宿目的地化，采用专业、系统、创新的设计手法和理念，注重独特性、文化性和体验性，重点建设一批自然风光饭店、历史文化饭店、时尚精品饭店、设计饭店、生活方式饭店、艺术特色饭店等概念型饭店，以独特的住宿体验吸引游客。推动旅游住宿业态多元化，以市场为导向，积极发展客栈、民宿、公寓、精品饭店、度假别墅、小木屋、帐篷、房车等非标准住宿，加快发展会展饭店、温泉饭店、度假饭店、商务型饭店、汽车旅馆、汽车营地等多形式住宿设施，形成多样化、多层次的旅游住宿设施体系。加大网络信息技术、智能化技术、节能环保技术在住宿设施中的应用。加强对非标准住宿的指导和服务，提高整体服务水平。深入实施星级饭店、绿色饭店、主题饭店、精品饭店和饭店管理公司等系列国家、行业和地方标准，研究制定四川省智慧饭店、精致饭店地方标准，加快推进旅游饭店业规范化、标准化、品牌化、国际化发展。

### （二）非标准的新型住宿业态

#### 1. 主题饭店

主题饭店是指以饭店所在地最有影响力的地域特征、文化特质为素材，设计、建造、装饰、生产和提供服务的饭店。其最大特点是赋予饭店某种主题，并围绕这种主题建设具有全方位差异性的饭店氛围和经营体系，将某种文化主题与现代饭店产品有机融合，并渗透到饭店的整个价值链当中，使饭店的产品、服务、环境、造型以及生产经营活动等都充分体现文化主题，始终使主题成为顾客容易识别的饭店特征和产生消费行为的刺激物，从而营造出一种无法模仿和复制的独特魅力与个性特征，实现提升饭店产品质量和品位的目的。

世界上最早的主题饭店兴起于1958年加利福尼亚的MadonnaInn，首先推出12间主题客房，随后发展到109间，成为当时最早、最具代表性的主题饭店。目前世界上的主题饭店以美国的“赌城”拉斯维加斯最为集中和著名。世界最大的16家主题饭店中，拉斯维加斯就有15家，主题饭店是拉斯维加斯饭店业的灵魂和生命。拉斯维加斯的主题饭店具有规模大、层次多、变化快的特点，它们充分利用空间和高科技的手段，配以大型的演出，使饭店增色不小。拉斯维加斯是饭店之都，更是主题饭店之都。

主题饭店的主要类型有下列几种。

（1）自然风光饭店。

此种饭店超越了以自然景观为背景的基础阶段，把富有特色的自然景观搬进饭店，营造一个身临其境的场景。比如位于野象谷热带原始雨林深处的西双版纳树上旅馆，它的主题创意来源于科学考察队为了更深入地观察野象的生活习性。

（2）时尚精品饭店。

这种饭店也将是中国未来时尚消费新潮流，主要以超视觉设计将时尚进行到底且具有创新的体验消费模式。以私密、个性、温馨、浪漫为设计风格，每一个细节都融入了人性化、细微化、特色化的服务，如薇爱时尚精品饭店。

（3）历史文化饭店。

设计者在饭店建筑了一个古代世界，以时光倒流般的心理感受作为吸引游客的主要卖点。顾客一走进饭店，就能切身感受到历史文化的浓郁氛围。如玛利亚饭店推出的史前山顶洞人房，抓住“石”做主题性文章，利用天然的岩石做成地板、墙壁和天花板，房间内还挂有瀑布，而且沐浴喷洒由岩石制成，浴缸也是石制的。

（4）城市特色饭店。

这类饭店通常以历史悠久、具有浓厚的文化特点的城市为蓝本，以局部模拟的形式和微缩仿造的方法再现城市的风采。如我国首家主题饭店——深圳威尼斯饭店就属于这一类，饭店以著名水城威尼斯的文化进行包装，利用了众多可反映威尼斯文化的建筑元素，充分展现了地中海风情和威尼斯水城文化。

（5）名人文化饭店。

以人们熟悉的政治或文艺界名人的经历为主题是名人文化饭店的主要特色，这些饭店很多是由名人曾经工作生活过的地方改造的。如西子宾馆推出了名人套房，房间里保留着名人最爱的物品和摆设。

（6）艺术特色饭店。

凡属艺术领域的音乐、电影、美术、建筑特色等都可成为这类饭店的主题所在。Madonna Inn 就有以电影《美国丽人》为背景的一种美国丽人玫瑰房可供选择。位于八达岭长城脚下的公社饭店则以独特建筑取胜，它是由亚洲 12 名建筑师设计的 11 幢别墅和 1 个俱乐部组成的建筑群，公社每栋房子均配有设计独特的家具，训练有素的管家随时可以为客人提供高度个性化的服务，住客可以在此充分体验亚洲一流建筑师在这里展现的非同寻常的建筑美学和全新的生活方式。

主题饭店是集独特性、文化性和体验性为一体的饭店。独特性要与众不同，是饭店的战略出发点，最终要成为饭店的核心竞争力；文化性体现了饭店对内涵的追求，文化是主题，是饭店执行的具体战术和手段，饭店要通过文化来获得竞争优势；体验性是饭店所追求的本质，饭店最后要实现给顾客独特的体验来获得高回报的利润，这是饭店的最终目标。差异性、文化性、体验性三者相互渗透：少了差异性和文化性就没有体验性；少了体验性，差异性和文化性就脱离了主题。饭店经营的目的是给顾客独特的体验从而获得高回报的利润。

我国第一家真正意义上的主题饭店，是 2002 年 5 月在深圳开业的威尼斯饭店，它融合了文艺复兴和欧洲后现代主义的建筑风格，以威尼斯文化为主体进行装饰。2002 年 12 月，四川成都鹤翔山庄被国家旅游局评定为四星级特色主题饭店。广州番禺的长隆饭店是一家以回归大自然为主题的主题饭店。在景德镇，2008 年开业的青花主题饭店是世界上第一家以陶瓷文化为主题的主题饭店，宾客不仅可以通过饭店的走廊、挂画等了解陶瓷知识，还可以在青陶坊亲手制作陶艺作品，并免费参加饭店不定期举办的陶艺专题讲座。据不完全统计，目前我国已有 400 多家主题饭店，且其发展态势良好。四川省是主题饭店最多的省份，知名的饭店有：以巴蜀文化为主题的布衣客栈、以三国文化为主题的京川宾馆、以藏文化为主题的西藏饭店，以及充分利用青城山的地理文化优势打造的，全国首家道家文化主题旅游饭店的都江堰鹤翔山庄等。

## 【前沿资讯】

### 文化主题旅游饭店是发展的一种方式

2018 年 5 月 18 日，四川省旅游饭店行业协会第一届四次会员大会在成都召开。“作为饭店多元化、差异化与创新发展的一种产品形态，文化主题旅游饭店已成为行业发展的一种方式。”协会常务副会长鲍小伟代表该协会动员四川全省各会员饭店和各旅游住宿企业，创建文化主题旅游饭店，以独具魅力的地域文化、历史文化等思想为引导，在设计、建造、经营、管理与服务中提供独特消费体验，将饭店打造成传承中华先进文化的载体，让宾客在潜移默化中感受中华先进文化的力量。

**2. 乡村旅游饭店（农家乐）**

乡村旅游饭店是传统乡村旅游接待设施引入现代饭店管理模式，融合休闲、餐饮、娱乐、会议等多种功能的一种新型饭店业态，它既有传统农家乐的乡村景观环境，又有现代饭店或度假村的良好服务设施及品质，是乡村旅游升级的必然产物，也是当代饭店业与乡村旅游休闲产业发展相结合的新方式。

由于城市近郊区域具有良好的自然生态景观和乡村人文环境，同时在交通联系、接受城市产业辐射、市场适应性等方面具有明显的地缘区位优势，所以乡村旅游饭店具有巨大的市场潜力。在地理条件上，乡村旅游饭店具有清净闲适的“乡村”特质，有供游客进行休闲旅游活动的特色乡村景点，强调与自然环境、乡村生活和民俗文化的融合，同时具有与生态农业、特色种植业、养殖业等现代化农业生产联动的特征；在旅游产品上，乡村旅游饭店有提供乡村主题特色旅游商品；在旅游体验上，有供游客进行乡村体验的活动场地，能以“天”为时间单位向游客提供饭店服务。

【扫码阅读1-2-5】

## 四川乡村饭店

百花园乡村饭店位于三圣乡江家菜地景区，距成都市区仅9公里，是三圣乡新兴旅游文化产业推出的“五朵金花”新模式的样板之一，是成都独具川西乡村民居风格的四星级饭店，饭店由19栋四合院组成，每栋约400平方米，共拥有160间客房和套房，可一次性容纳300余人。饭店还拥有最大面积为600平方米的宴会厅、会议厅，以及各式大小不一的多功能厅，拥有健身中心、馨苑茶厅以及酒吧等配套设施。饭店比较注重自身环境的打造，房屋与农田生态景观相互借景，努力凸显乡村朴素自然的休闲气息。饭店设计以生态承载力为依据，利用周围良好的自然环境条件，大力营造优雅、宁静的乡村旅游氛围；因饭店临近东篱菊园景区，依托菊花艺术的独特魅力，饭店专注于走绿色经营路线，注重营造菊文化氛围，让游客感受到“采菊东篱下，悠然见南山”的闲情逸致，着重给客人营造返璞归真、回归田园的心理感受；江家菜地景区农耕文化深厚，饭店着重采取突出休闲娱乐趣味性的经营策略：客人可以亲自动手种植下单，或到菜地采摘下厨，享受劳作的情趣与绿色时令蔬菜带来的健康与快乐，饭店还出售蔬菜盆栽，客人可以将蔬菜带回家种植。

2018年1月，根据《四川省农家乐旅游服务质量等级划分与评定标准（修订）》《四川省乡村饭店等级划分与评定标准（修订）》及《四川省农家乐/乡村饭店旅游服务质量等级评定管理暂行办法》的要求，经四川旅游标准评定委员会审定，认定21家单位为2017年度四川省五星级农家乐/乡村饭店。同时，认定468家农家乐/乡村饭店为四川省2017年度星级农家乐/乡村饭店。

### 3. 民宿

民宿（B&B、Guest House或者Home stay，多种叫法），最早起源于19世纪30年代的欧洲“乡村旅游”，结合当地人文、自然景观、生态、环境资源及农林渔牧生产活动等资源，民宿主人参与接待，为游客提供体验当地自然、文化与生产生活方式的小型住宿设施。根据所处地域的不同可分为：城镇民宿和乡村民宿。民宿有别于旅馆或饭店的特质，民宿不同于传统的饭店旅馆，也许没有高级奢华的设施，但它能让人体验当地风情、感受民宿主人的热情与服务、并体验有别于以往的生活。民宿在世界各国会因环境与文化生活不同而略有差异，欧陆方面多是采农庄式民宿（Accommodation in the Farm）经营，让民众能够舒适地享受农庄式田园生活环境，体验农庄生活；加拿大则是采假日农庄（Vacation Farm）的模式，提供假日享受农庄生活；美国都多见居家式民宿（Homestay）或青年旅舍（Hostel），不刻意布置的居家住宿，价格相对饭店便宜的住宿选择；英国则惯称 Bed and Breakfast，意为提供睡觉的地区以及简单早餐，当然价格会比一般旅馆便宜许多。

【扫码阅读1-2-6】

## 民宿平台

Airbnb 是 AirBed and Breakfast 的缩写，中文名：爱彼迎，是一家联系旅游人士和家有空房出租的房主的服务型网站，它可以为用户提供多样的住宿信息。Airbnb 成立于 2008 年 8 月，总部设在美国加州旧金山市。通过爱彼迎，预订入住全球 191 个国家、65000 个城市为旅行者们提供 450 多万个当地人家独特入住选择。

途家，全球公寓民宿预订平台，于 2011 年 12 月 1 日正式上线。作为中国领先的民宿短租预订平台，现已覆盖国内 345 个目的地和海外 1037 个目的地，在线房源超过 100 万套。

小猪，2012 年 8 月正式上线，是中国房屋分享经济领域的代表企业。目前拥有超过 350000 套房源，遍布全球 620 多座城市，引发了国内“诗意地短租”的潮流。

### 4. 生活方式饭店（Lifestyle Hotel）

是指从单一住宿服务向生活方式跨界，通过饭店住宿空间链接衣食娱行购等服务，为用户打造不同的生活方式体验，将生活中的元素融入饭店的功能化设计以及标准个性化服务中，令客人有更多探索的机会并获得更丰富的住宿体验。

生活方式饭店提倡标准化基础上的个性服务，饭店员工在保证标准服务技能达标的基础上，针对每一个用户的性格特点提供个性化增值服务。注重研究人们的生活习惯、喜好，尽可能在饭店内最全面地满足人们的生活需求，不仅提供优质的饭店用品，更直接实现“可用即可购”的功能，用户可先体验，后购买，住饭店的过程也是一次产品体验和购物的过程。与装修奢华的饭店不同，生活方式饭店的设计风格常主打自然、轻奢风格，多以摄影、阅读等日常生活方式作为主题，期待用户能在饭店体验到人文、有品质的生活方式，获得身心共鸣。

【扫码阅读1-2-7】

## 生活方式饭店

2018 年 1 月 18 日，全球首个 MUJI 无印良品深圳深业上城店铺、MUJI Diner 无印良品餐堂、MUJI HOTEL SHENZHEN 无印良品饭店·深圳三合一项目盛大启幕。在深圳首次引入 MUJI BOOKS、Open MUJI、Found MUJI、IDE 四项业态·商品群，精彩的互动体验以及多样的商品群将在此带来更加丰富的生活空间。将“衣、食、住、行、育、乐”六大主题，书籍和商品一起编辑，为生活带来更多有趣的方式和可能。秉承“探索生活”的宗旨，提供最有代表性的原创家具、生活杂货和艺术作品，设有居住空间、床上用品、家居及厨房用具等生活用品，以及女装、女士内衣、护肤品，配饰、童装、男装，文具及 MUJI Yourself 印章展台和刺绣工坊服务。

**5. 其他非标准住宿**

行业发展到今天，标准的星级饭店已经无法满足现代消费者的细分市场需求，多样化的住宿产品纷纷入市，除了前面几种，还有客栈、公寓、短租、房车及营地、集装箱、小木屋、帐篷等新型住宿业态。

非标住宿本身应该体现个性化，不宜过多地用标准去衡量、考核。但是非标住宿由于一些基础服务难以形成标准化也成了非标住宿的一个弊病。为了保障消费者的体验，在卫生、服务、消防、安全、环保等层面还是应该出台相应的制度去规范，必须执行国家和行业的强制性标准，达到相关的基本要求，不能因为盲目追求夸张的个性和绝对的自由而抛弃了安全、卫生等底线，威胁或损害住客的安全健康等权益。努力将星级饭店的标准化服务与民宿的个性化风格统一起来，实现最佳的住宿体验，这样才能使非标住宿行业健康有序发展。2009 年四川省地方标准《农家乐旅游服务质量等级划分与评定》出台（2015 年修订），标志着四川农家乐进入一个标准化建设时期，并被全国各地效仿。2017 年三亚市对非标住宿实施门锁、系统等统一运营管理，以此快速推进全域旅游落地三亚，提升民宿运营标准和品质。

## 二、饭店的等级

### （一）国内星级划分

为了促进旅游业的发展，保护旅游者的利益，便于饭店之间有所比较，按照饭店的建筑设备、饭店规模、服务质量、管理水平，逐渐形成了比较统一的等级标准。国家技术监督局于 1993 年 9 月 1 日正式发布了《旅游涉外饭店星级标准的划分》国家标准，自 1993 年 10 月 1 日起执行（以后进行了多次修订，现在执行《旅游饭店星级的划分与评定》GB/T 14308—2010，)。按一星至五星划分饭店等级，其中五星级标准最高（见图 1-2-3）。标准规定了旅游涉外饭店的星级分类和评定的原则、方法、要求。

通行的旅游饭店的等级共分五等，即一星、二星、三星、四星、五星级饭店。

图 1-2-3　星级饭店标志

一星饭店：设备简单，具备食、宿两个最基本功能，能满足客人最简单的旅行需要，提供基本的服务。

二星饭店：设备一般，除具备客房、餐厅等基本设备外，还有商品部、邮电、理发等综合服务设施，服务质量较好，收费低廉，经济实惠。

三星饭店：设备齐全，不仅提供食宿，还有会议室、游艺厅、酒吧间、咖啡厅、美容室等综合服务设施。每间客房面积约 20 平方米，家具齐全，并有电冰箱、彩色电视机等。服务质量较好，收费标准较高。能满足中产以上旅游者的需要。这种属于中等水平的饭店因设施及服务良好且售价相对较便宜，在国际上最受欢迎，数量较多。

四星饭店：设备豪华，综合服务设施完善，服务项目多，服务质量优良，讲究室内环境艺术，提供优质服务。客人不仅能够得到高级的物质享受，也能得到很好的精神享受。这种饭店国际上通常称之为一流水平的饭店，收费一般较高。

五星饭店：这是旅游饭店的最高等级。设备十分豪华，设施更加完善，除了房间设施豪华外，服务设施也齐全。其有各种各样的餐厅，较大规模的宴会厅、会议厅，综合服务比较齐全。是社交、会议、娱乐、购物、消遣、保健等活动中心。环境优美，服务质量要求很高，收费标准也很高。

据中华人民共和国文化和旅游部发布的 2017 年第四季度全国星级饭店统计公报显示，全国星级饭店共有 10962 家，其中五星级酒店 822 家。以下为 2015 年四川省星级饭店规模及占比（见表 1–2–1）。

**表 1–2–1　2015 年四川省星级饭店规模及占比**

| 星级 | 数量（家） | 占比（%） | 较2014年增减 |
|---|---|---|---|
| 五星 | 31 | 6.9 | – |
| 四星 | 112 | 24.94 | –1 |
| 三星 | 173 | 38.53 | –16 |
| 二星 | 130 | 28.95 | –14 |
| 一星 | 3 | 0.68 | –1 |
| 总计 | 449 | 100 | –32 |

【扫码阅读1-2-8】

## 2010星级标准

《旅游饭店星级的划分与评定》(GB/T 14308—2010),本标准与GB/T 14308—2003相比,主要技术内容变化如下:(a)增加了对国家标准GB/T16766、GB/T 15566.8的引用;(b)更加注重饭店核心产品,弱化配套设施;(c)将一二三星级饭店定位为有限服务饭店;(d)突出绿色环保的要求;(e)强化安全管理要求,将应急预案列入各星级的必备条件;(f)提高饭店服务质量评价的操作性;(g)增加例外条款,引导特色经营;(h)保留白金五星级的概念。

### (二)国际上星级饭店划分

以北美市场为例,连锁饭店主要分为以下等级。

— Luxury:奢侈级饭店,对应五星级、四星级,有丽兹卡尔顿、四季等。

— Upper Upscale:超高档饭店,对应四星级,有Kimpton、万豪、威斯汀等。

— Upscale:高档饭店,对应三星级,大家熟悉的有希尔顿逸林、福朋喜来登、皇冠假日。

— Midscale Full Service:全服务中档饭店。有假日、华美达、豪生等。

— Midscale:中档饭店。如智选假日、最佳西方。与全服务的区别一般是不提供餐饮服务。

— Economy/Budget:经济饭店,如速8、戴斯。

另外,还有在国外比较流行的长住型饭店。

— Upper Extended Stay:高端型,如希尔顿的Homewood suites、洲际酒店集团的StayBridge Suites,硬件上和(Upper)Upscale饭店类似。

— Extended Stay:如洲际酒店集团的CandleWood Suites,硬件上和Midscale差不多。

### (三)绿色饭店等级

原国家旅游局批准的行业标准《绿色旅游饭店》(LB/T 007—2015),于

2016 年 2 月 1 日起实施。标准的出台让那些真正以可持续发展为理念，坚持清洁生产、维护饭店品质、倡导绿色消费、合理使用资源、保护生态环境、承担社区与环境责任的饭店能够脱颖而出。

绿色旅游饭店分为金叶级和银叶级两个等级。金叶级应达到评定细则 240 分及以上，银叶级应达到评定细则 180 分及以上。标志的有效期为五年。

### （四）农家乐（乡村饭店）等级

四川省农家乐（乡村饭店）根据环境、景观与建筑，住宿设施，餐饮设施，配套设施，服务质量，安全管理，管理绩效七大项将旅游服务质量分为五个等级。用五角星“★”标识，颜色为黄色。即一颗星表示一星级，两颗星表示二星级，三颗星表示三星级，四颗星表示四星级，五颗星表示五星级。星级越高，表示农家乐（乡村饭店）的旅游服务质量等级越高。

乡村饭店首先达到七大项基础分值最低得分线，分别是：环境、景观与建筑 13 分，住宿设施 35 分，餐饮设施 20 分，配套设施 8 分，服务质量 20，安全管理 10 分，管理绩效 8 分；其次应达到总分值最低得分线，分别是：一星级乡村饭店 115 分，二星级乡村饭店 130 分，三星级乡村饭店 145 分，四星级乡村饭店 160 分，五星级乡村饭店 180 分。

### （五）民宿等级

2017 年 8 月，国家旅游局发布中华人民共和国旅游行业标准 LB/T 065—2017《旅游民宿基本要求与评价》，从环境与建筑、设施和服务、特色和其他三个方面将旅游民宿分为二个等级：金宿级、银宿级。金宿级为高等级，银宿级为普通等级。等级高表示接待设施与服务品质高。

### （六）精品饭店的特征

2017 年 8 月，国家旅游局发布中华人民共和国旅游行业标准 LB/T 066—2017《精品旅游饭店》，确定了精品饭店的基本特征：精致（建筑规模较小，硬件设施精良，运营管理精细，服务专业精心），独特（建筑外观独特，服务内容新颖，文化创意鲜明，住宿体验别致）、高端（地理位置优越，环境氛围高雅，消费体验尊贵，市场美誉度高）、专业（员工培训到位，管理手段科学，管理体系完善，运营能力高效）、绿色（倡导绿色消费，合理利用资源，有可持续发展的理念、节能减排的措施和良好的社会责任意识）。从建筑与环境、设施与设备、管理与服务等必备要求和饭店一般要求两个方面来逐一评定，饭店应逐项符合必备要求，并同时符合 80% 的一般要求才能取得精品饭店资格。精品饭店标识使用有效期为三年

**（七）主题旅游饭店的划分**

四川省质量技术监督局于 2014 年 5 月 16 日 发布，2014 年 6 月 1 日实施的《主题旅游饭店的划分与评定》（DB51/T 1786—2014），按照饭店服务功能，主题化建设分为主题环境与建筑、主题前厅、主题客房、主题餐饮、主题康乐五个区域。根据旅游饭店主题化建设的程度与水平，分为一级、二级、三级、四级和五级主题旅游饭店。最低为一级，最高为五级。级数越高，表示旅游饭店的主题化程度越高。以三星堆青铜人面像为素材形成的符号（金色）作为主题旅游饭店的标志。等级标志有效期为五年。

# 项目三 饭店的组织机构及职能

## 【课前活动】

活动主题：班级的组织机构

活动步骤：

1. 班级的组织机构
2. 绘图展示
3. 分析成立组织机构的意义

## 【学习内容】

### 一、饭店组织机构设立的原则

**（一）精简原则**

因事设岗，因岗配人。

### （二）统一原则

（1）饭店从最高层管理层到最底层管理层所发布的指令、精神应保持一致，各种指令之间不应有矛盾冲突。

（2）饭店的任何指令不管经过多少级别都应逐级指挥，不能越级指挥。饭店的每一个员工只有一个顶头上司，只听命于一个直接上级。

### （三）责权对等原则

职权和职责是组织的两个基本要素。在组织管理中，行使权力者就必须承担相应的责任，职权与职责相符是必然的。

### （四）分工协作原则

分工是将各种不同性质的工作分配给专业部门去完成，同时将职工安排到与自身优势有关的工作岗位上，以提高工作效率。协作就是规定各部门和各岗位之间的协作关系和配合方法。

### （五）管理跨度与层次原则

管理跨度是指一个管理者（或机关）直接管辖的下属的人数或机构数。一般而言，饭店高层的管理跨度的最佳人数为2~6人，基层管理跨度可达10人以上。

现代饭店一般包括决策、管理、执行、操作四种层级。每一个组织必须有一个最高权威，同时从最权威到组织的每一个人之间，要有一个明确的权利层次，即所谓的"指挥链"或"等级制"。

根据饭店规模大小，常见有三级管理、四级管理和五级管理三种管理层级。

三级管理：经理—主管—领班。

四级管理：总经理—部门经理—主管—领班。

五级管理：董事会—总经理—部门经理—主管—领班。

饭店组织设立后，评价该组织效能如何，一般从适应能力、工作效率、经济效益、员工对工作的满足感、组织目标与个人目标的一致性、员工发展、生存能力七个方面来衡量。

## 二、饭店常见的组织机构

我国饭店普遍采用一线—后勤制组织形式，即由垂直的生产、服务指挥系统和按专业分工的横向后勤系统相结合而成的组织形式（见图1-2-4、

图 1-2-5、图 1-2-6）。

特点：把部门分成两大类，一类是一线部门，另一类是后勤部门。

一线部门（业务部门）：部门的员工与饭店的客人保持着经常的接触，负责向顾客提供产品和服务，负责饭店的收入。

后勤部门（参谋部门）：一般是做幕后的支援工作，并在多数情况下与客人没有太多或根本没有接触。不直接参与生产和服务，不产生收入。

### （一）饭店一线部门

包括：前厅部（Front Office）、客房部（Housekeeping Department）、餐饮部（Food & Beverage Department）、康乐部（Recreation Department）、商品部（Shopping Arcade）、旅游部（Tourism Department）等。

### （二）饭店后勤部门

包括：人事部（Personnel Department）、销售部（Sales Department）、工程部（Engineering Department）、安全部（Security Department）、财务部（Financial Department）等。

### （三）饭店其他机构

党组织的领导机构、工会、共青团、妇女组织机构。

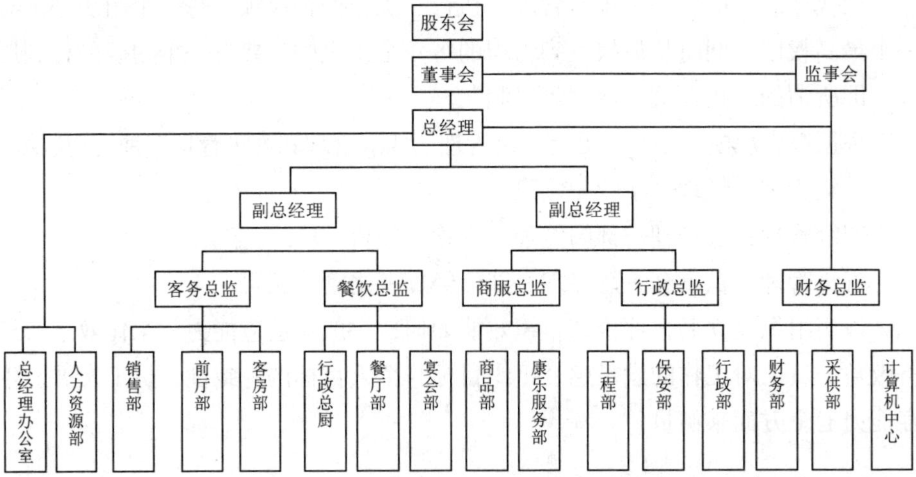


**图 1-2-4 大型饭店三权分立组织形态**

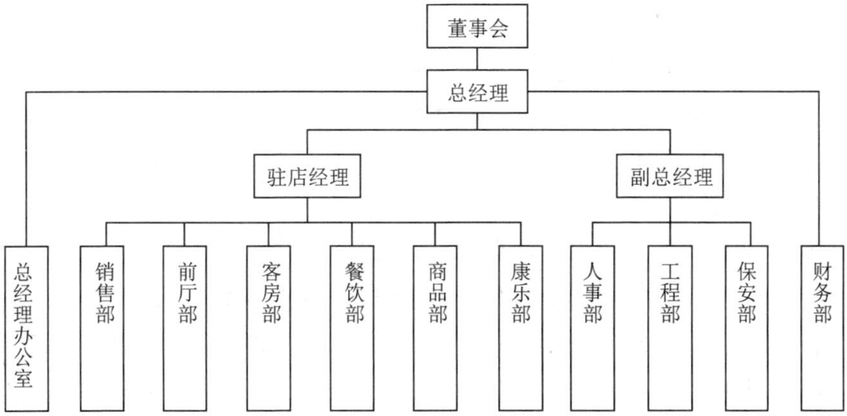


**图 1-2-5 中型饭店两权分立组织形态**

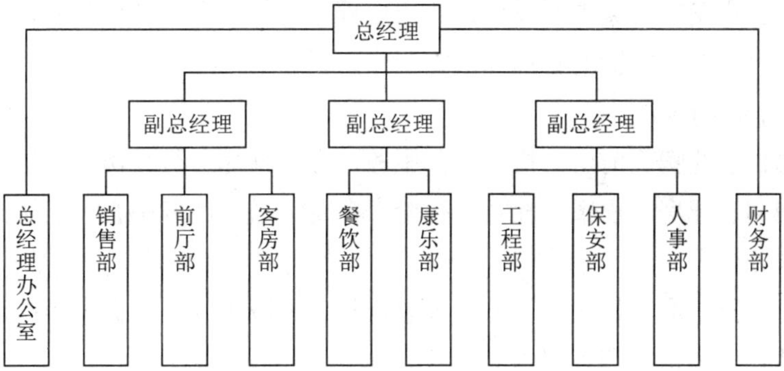


**图 1-2-6 业主直接管理饭店组织形态**

## 三、饭店常见部门的职责

饭店类型不同，提供的产品不同，内部设立的部门也不同。饭店常设主要部门是“八部一室”，即：总经理办公室、前厅部、客房部、餐饮部、公关销售部、工程维护部、人力资源部、财务部、保卫部。其他还包括商场部、康乐部、采购部等。

### （一）总经理办公室

一般由文员、后勤、档案管理员、车队等组成。

（1）传达、贯彻、执行饭店的各项指示，按要求抓好检查、督办、反馈执行情况，做好有关方面的协调和上传下达工作。

（2）参与策划饭店内的各项重大活动，督促各部门执行饭店决策，跟班落实各项具体事宜，及时向饭店领导班子反馈信息。

（3）收集同行业信息和国家有关政策，参政议政，及时为饭店领导班子提供参考意见，起到了参谋助手作用。

（4）负责起草饭店对内、对外的各类文件，并做好文件的传阅、归档工作。

（5）负责饭店内部各类会议的会务工作，并做好会议记录。

（6）按照原国家旅游局颁布的各项标准、集团下发的各项要求以及饭店自有的各类规章制度，全面负责饭店的质量检查和考核工作；奖勤罚懒，奖优罚劣。

（7）组织或参与饭店的各类检查，针对出现的问题提出整改要求，并跟进落实整改情况。

（8）负责受理各类内部投诉，并依据程序进行调查、处理及回复。

（9）负责饭店车辆的管理和采购工作。

### （二）前厅部

由总台、礼宾、前台总机、商务服务、大堂副理、行政楼层等组成。提供预订、问询、开房、收银、礼宾、行李寄存及运送、商务中心、机场接送等各类前厅服务。

（1）积极获取市场信息，统计客源资料，为饭店的经营提供依据，最大限度地提高客房出租率和客房营业收入。

（2）掌握特别团队、会议的动态，随时通知相关部门客房预订的走势。

（3）建立客人账户、对客人消费及时入账，监督检查客人信用状况，处理好各种账务并及时办理结账手续。

（4）加强与宾客的联系，做好对客销售、沟通、接待等工作，主动征求对饭店的意见、建议，及时改进工作，提高服务质量。

（5）控制客房状况，收集、加工、处理和传递有关经营信息。

（6）出具前厅部各类报表，提取重要数据并科学分析，为经营工作提供合理依据。

（7）建立健全并管理宾客历史档案。

（8）检查VIP客人抵店前接待准备工作，并关注VIP客人在店期间居停生活。

（9）负责接受并处理客人投诉。

### （三）客房部

由客房服务、洗衣房、PA 卫生及客房中心等组成。

（1）客房部是接待入住宾客的主要部门。其主要职能是为宾客提供安全、舒适、清洁、便利的居停环境和配套设施以及相关的服务。是一个具有策划、组织、指挥和协调功能的服务中心。

（2）严格按照服务的规范、标准和程序进行服务；关注 VIP 贵宾房的清洁卫生和物品配备工作，迎送贵宾，随时关注 VIP 贵宾住宿状况，检查 VIP 房；监控工程房或维修房施工进度、抽查客房及空房，巡查楼层公共后勤区域，保持房间布置、服务和清洁卫生符合标准。

（3）负责建立和完善客房各种物品、用品的消耗、管理、控制制度，严格控制日常用品的消耗，减少不必要的浪费。制订能源节约方案和定期维修方案。

（4）负责落实客房设施的维护保养、家具翻新、大清洁等工作安排；跟进客房的装修进度、质量。

（5）负责洗涤客房和餐厅的所有织品、客人衣物以及全店员工的制服。

### （四）餐饮部

由宴会预订、餐厅服务、会议服务、厨房、客房送餐、酒吧等组成。

（1）为宾客提供餐食、各式饮料、酒品，具有多项服务功能。不但为宾客提供宴会、酒会、自助餐、送餐等服务，同时要为宾客提供会议、展览等服务，具有很强的综合性、协作性和服务性，是饭店的重要窗口之一。

（2）负责对食品原材料进行采购、验收和储存的管理、控制和盘点工作，控制经营成本。

（3）负责对厨房出品、卫生安全进行科学管理，控制好食品标准、规格和食品安全。

（4）举办各种美食节和时令、节日特选等餐饮活动，不断推出新菜，吸引更多的客人来店用餐，为饭店创造良好的声誉。根据市场情况制订市场营销计划，调整饮食价格，参与新菜品的推出和价格的制定，组织做好餐饮促销推广工作，确保完成餐饮收入预算。

### （五）公关销售部

由策划、美工、信息处理、公关等组成。

（1）分析研究饭店的营销环境，根据市场和饭店自身的条件选择合适的目标市场。制定合理的价格政策，研究、预测和拓展客源市场。

（2）积极开展市场调研，根据目标市场的需要，设计饭店最佳产品组合，选择合适销售渠道，制定合理的价格策略，招徕、开拓客源市场，全面完成饭店下达的经营工作指标。

（3）负责做好饭店对外宣传工作，组织多种营业推广和促销活动；代表饭店接待重要客人，出席有关社交活动和同行组织的活动。

（4）为饭店对外宣传的窗口，提高饭店知名度，获得良好的经济效益和社会效益，树立在公众心中良好形象。是饭店和外界客源联系的枢纽。负责编制和实施年、季、月度市场销售、市场拓展、品牌形象推广。

### （六）工程维护部

由运行组、暖通组、维修组、强电组、弱电组等组成。

（1）负责饭店设施设备的维修、保养，根据饭店对客服务要求和设备运行规范，经济合理地安排、调度各系统设备运行，为宾客提供舒适、优雅、安全的环境。并确保水、气、电、暖、空调、电梯及所有设施设备正常运转。

（2）对设备、设施进行合理装置，择优选购，指导其他部门正确使用，精心维护，科学检修，并适时更新，保持设备完好，不断挖掘饭店的技术潜力，充分发挥设备效能，保证饭店的服务质量，保持饭店的硬件档次，维护饭店的形象。

（3）牵头组织全店的节能降耗工作。

### （七）人力资源部

由人事管理、劳动工资福利和员工培训、质检员等组成。

（1）认真贯彻执行国家劳动部门的有关方针、政策、法令和指标，组织制订人力资源计划。

（2）组织制定、修改、充实各项人事管理规章制度，做到管理规范化、科学化。

（3）根据用工计划，制订调整组织机构、定员定编方案，组织人员招聘工作，负责员工的调入、招聘、辞退、调出的审核，并负责组织实施。

（4）按照有关政策，结合同行业标准和饭店实际制定饭店工资、奖金、劳保、福利标准，并负责工资、奖金、劳保福利、加班费及各种津贴的结算报表审核。

（5）为保障饭店经营，培训、开发合格人员，创建和谐、健康、体现企业文化的员工关系，改善员工的福利和工作环境，为饭店经营提供组织和人力保证。

（6）建立健全人事、劳动工资、福利、奖惩、考核、培训等项规章制度，并组织实施。

（7）加强与劳动保障有关政府部门的联系与沟通，为各部门提供人事政策法规方面的咨询和指导。

（8）负责饭店各类证照的保管和办理相关因公借用手续。

（9）负责更衣室管理、员工伙食管理、员工后勤等工作。

### （八）财务部

一般由结账组、审核信用组、成本控制组、会计组等组成。负责向客人提供结账收银服务。审核饭店当天的营业情况，并编制成营业日报表供总经理室参考。

（1）建立饭店的会计核算体系，负责组织财务人员做好会计核算，向饭店经营决策者提供正确、及时、完整、真实的会计核算资料，以确保饭店资产保值、增值。定期进行经营分析报告给饭店领导提供决策依据。

（2）负责饭店各项经济指标的预算，做好资金的计划平衡和运用，合理掌握、控制成本和费用水平；控制饭店各个环节的财务收支情况，督导检查现金管理，加强外汇收支监督，杜绝套汇、贪污等违法乱纪行为，核定各类价格并负责实施，有效控制资金的使用。

（3）建立有效的物资采购与保管制度，负责饭店从采购、验收到仓库物流的控制，建立适合饭店的物资流程，核定各部门的物资消耗指标，提高物资利用率。

（4）负责与财政、税务、金融部门的联系，处理好与相关部门的关系，及时掌握财政、税务、金融及外汇动向。

（5）督促、检查饭店固定资产、低值易耗品、物料用品等财产的使用、保管情况，及时发现存在的问题，确保饭店财产物资的合理使用和安全管理。

### （九）保卫部（安全部）

由内保、警卫、门卫及消防等组成。

（1）既是饭店的职能部门，也是公安机关在饭店安全防范工作的辅助力量。与当地公安、消防等部门保持良好的工作联系。

（2）保障宾客安全，维持饭店治安秩序，配合消防机关进行防火检查，指导并协助饭店各部门采取措施，做好防盗、防火、防灾等安全保卫工作，逐步健全安全防范规章制度，积极推行安全工作责任制，确保饭店宾客和员工的生命、财产安全。

（3）督促检查安保规程和各项制度的落实，保障各消防设施用品的有效。

（4）对饭店员工开展安全教育，进行安全工作程序及技术的培训。

（5）执行日常的安全巡逻和监视工作。

### （十）康乐部

由桑拿中心、KTV、健身房、台球室、棋牌室等组成。

（1）营造良好的康乐氛围和环境，为客人提供一流的娱乐、健身服务。

（2）不断推出新的娱乐活动和娱乐项目，增强饭店对客人的吸引力。

### （十一）采购部

由物资采购、食品采购及总仓库等组成。

（1）负责饭店物资、食品等的供应。

（2）负责饭店总仓库的管理，保持合理的库存。

（3）采购物品做到价格适中、质量上乘、供货及时。

（4）及时了解市场行情，保持与各供应商的联系。

## 四、饭店组织机构变革

随着经济与社会分工的发展，行业垄断被打破，专业服务公司层出不穷。估计会有越来越多的饭店服务外包项目，一些主要的业务部门，如客房部整体清洁房间工作、工程部的所有计划维保工作、厨房的某些工程环节、保安工作都有可能逐渐外包。

### （一）饭店管理瘦身，资源外包

企业必须把主要精力集中在公司的主要业务上，才能促进企业核心竞争力的提高。企业“瘦身”，非核心业务实行外包，成了管理的新趋势。业务外包管理在国外饭店中应用比较普遍，许多饭店把业务外包作为重要的管理内容和提高核心竞争力的一项战略措施。

外包（Outsourcing），又称资源外包，是指企业在充分发挥自身核心竞争力的基础上，整合利用外部最优秀的专业化资源，从而达到降低成本，提高生产效率，增加资金运作效率和增强企业对环境的迅速应变能力等目标的一种经营管理模式。外包就是把不属于自己核心竞争力的业务包出去，通俗点说，是把自己做不了或做不好或别人做得更好更便宜的事交由别人做。非核心业务外包，不仅不影响企业的经济实力，而且可以通过外包，整合社会资源，利用外部优势，降低企业运营成本，增强企业的竞争实力。

外包概念于 20 世纪 80 年代中期提出，它源于这样一种观点，即企业应该从总成本的角度考察企业的经营效果，而不是片面地追求诸如人事、行政、生产、后勤等事务的优化。

【扫码阅读1-2-9】

### 饭店外包业务的范围

目前饭店可采用的各类外包业务类型有：IT 外包、供应链外包、人力资源外包、财务外包、保安服务外包、业务流程外包（如室外和室内绿化、洗衣、公共卫生清洁（PA）、管事（餐具清洗）、生物防控（白蚁等生物防控））、设备维护外包（如消防控制、中央冷气的维保、电梯的维保、洗涤机械维保、空调水处理、二次供水箱的清洁、电话交换机维保、前台系统 PMS 的维保）等。

### （二）饭店产品的直销与分销，OTA 技高一筹

长期以来，饭店销售渠道的形式多为直销和分销并存。通常，饭店管理者希望来自直销渠道的顾客比例大于分销渠道，目的是降低运营成本和市场风险，掌握产品定价的主动权和出售的话语权。然而，OTA 技高一筹的专业化运营，如客人在线点评、大数据分析、收益管理、转化率分析、顾客流失率分析和良好的售后服务等，让更多的顾客趋向选择 OTA 订房，返现政策更是增加了 OTA 与顾客之间的黏性。

【扫码阅读1-2-10】

## 饭店的网络预订

携程发布的《2017年第一季度财务业绩》显示大住宿业务营收高达21亿元人民币，可见在网络预订俨然成为市场主流，且多数消费者会选择在OTA订房。“便利”和“多选择”是主要原因，另一个重要的原因是，大多数饭店缺少自己的线上预订渠道！这更迫使客户不得不从OTA预订。

### （三）饭店服务的延伸

由机场、旅行社、火车等客源相关单位代为完成部分服务。

【扫码阅读1-2-11】

## 饭店外的check-in

日本7-11便利店与旅行社JTB合作，将全国的便利店变为民宿的“前台”，可受理入住手续办理服务。民宿用户可以到指定的便利店，通过店内专用的“seven check-in机”办理入住手续，7-11店员并不参与接待服务。用户通过终端上的摄像头拍摄护照及本人照片、输入姓名、住址等。JTB运营的受理中心通过远程确认入住信息，然后打开终端保险箱，交接钥匙。退房的时候用户将钥匙返回到终端即可。

有一些工作由于工业4.0[①]的运作，采取无人操作，如前台入住、身份识别、结账等。所以，饭店管理将来可能要重新定义，饭店管理可能面临新的挑战和机遇。中国互联网发展迅速，所以中国饭店业将迎来一场变革。

---

① 工业4.0，工业四代（Industry4.0）是指利用物联信息系统（Cyber—Physical System简称CPS）将生产中的供应，制造，销售信息数据化、智慧化，最后达到快速、有效、个人化的产品供应。

# 项目四 饭店服务人员的职业素养

## 任务一 饭店服务人员的基本素质

### 【课前活动】

活动主题：描述心目中的饭店服务人员

活动步骤：

1. 学生分组交流
2. 小组代表在全班分享

### 【学习内容】

饭店服务人员的基本素质包括遵守基本的职业道德规范、具备健康的身体素质、保持良好的仪容仪表仪态和使用礼貌的服务语言。

### 一、职业道德

为了能更好地为顾客提供优质的服务，饭店服务人员必须遵守一定的职业道德规范。

#### （一）热情友好，顾客至上

"热情友好，顾客至上"是饭店职业道德规范中最基本的一项，它不仅是饭店企业真诚欢迎顾客的直接表现，也是饭店服务人员首要掌握的职业道德标准。

#### （二）真诚公道，信誉第一

"真诚公道，信誉第一"是正确处理饭店企业与顾客之间利益关系的一项行为准则。任何行业，诚信为先，企业的公共形象才能得以维护。

### （三）文明礼貌，优质服务

“文明礼貌，优质服务”是饭店业一项极其重要的道德规范和业务要求，也是饭店服务人员职业道德的一个显著特点。文明十字用语“请，谢谢，您好，对不起，再见”要随时挂在嘴上。

### （四）团结协作，顾全大局

“团结协作，顾全大局”是饭店经营管理成功的重要保证，也是饭店企业处理内部同事、岗位及部门之间，以及局部利益与整体利益、眼前利益与长远利益等相互关系的一项行为准则。

### （五）遵纪守法，廉洁奉公

“遵纪守法，廉洁奉公”是饭店服务人员正确处理个人与集体、个人与国家之间相互关系的行为准则，既是行政和法律的要求，也是道德规范的要求。

### （六）钻研业务，提高技能

“钻研业务，提高技能”不仅是饭店服务人员搞好本职工作的关键，也是职业道德规范的基本要求。

### （七）平等待客，一视同仁

每一位饭店服务人员都应自觉尊重顾客，主动热情地去满足顾客的合理要求。在提供服务时，饭店服务人员要摒弃“看人下菜碟”的不良习气，禁止以貌取人和以职取人。

## 二、身体素质

从事饭店服务工作的人员必须具备健康的身体素质，这是做好饭店服务工作的基本保证。

### （一）身体健康

据《食品卫生法》第二十六条规定：凡患有痢疾、伤寒、病毒性肝炎等消化道传染病（包括病原携带者）、活动性肺结核、化脓性或渗出性皮肤病以及其他有碍食品卫生的疾病的，不得参加接触直接入口食品的工作。饭店餐饮部工作人员必须参加每年一次由卫生防疫部门组织的体检，体检合格证当年有效。

### （二）体格健壮

饭店服务工作劳动强度很大，工作时必须长时间站立接待或四处走动服务，操作设备用具打扫房间，而且还要与不同类型的顾客打交道，记住顾客各自的要求，满足客人的各项需求。接待、行李服务、铺床、吸尘、托盘等都要一定的腿力、臂力和腰力。有健康的体魄才能胜任此项工作。

## 三、仪容仪表仪态

### （一）饭店服务员的着装标准

饭店服务员的着装不仅要体现本企业的规格和经营特色，同时也体现着企业经营管理的水平。饭店服务员着装的效果和着装的整洁程度直接影响着本企业在社会上树立的形象。因此，饭店服务员的着装应符合以下要求：整洁、大方、合体、方便工作，统一协调；不卷袖筒，不光脚穿鞋，不穿非正式场合所穿的鞋子；着装无破损，无异味，无污点（见表 1-2-2）。

**表 1-2-2 服务员着装标准**

| 内容 | 基本要求 |
| --- | --- |
| 男服务员 | 1. 领扣、衣扣严谨，领花或领带佩戴端正 |
| | 2. 裤线挺直，皮鞋光亮，脚穿黑色或深色袜子 |
| | 3. 衣袋中不放与工作无关的物品 |
| | 4. 胸卡应该佩戴于左前胸，与衬衫第三枚扣子平齐，胸卡端正，字迹清晰 |
| 女服务员 | 1. 合体，衣扣严谨，领花、飘带系结端正 |
| | 2. 裤装应配穿肤色短袜，裙装应配穿肤色长袜，袜口不得外露出裙装，袜子完好，无跳丝，无破损；脚穿黑色鞋子，裙装不宜穿布鞋；穿着旗袍时必须合体且方便工作 |
| | 3. 围裙系于腰间，裙带长短适度，系结式样统一 |
| | 4. 胸卡应该佩戴于左前胸，与衬衫第三枚扣子平齐，胸卡端正，字迹清晰 |

饭店服务人员因为长期工作在饭店企业的第一线，其良好的仪容、仪表、仪态及亲和力会给顾客留下美好的第一印象，令顾客在住店过程中感到愉快和舒心，从而进一步加深对饭店的好感。所以，服务人员一定要明白，自己所表现出来的形象不仅代表个人，同时也代表整个饭店企业。

### （二）面部表情

表情是表达人们内心思想感情的面部姿态，在服务中，对表情的要求就是微笑。微笑可以拉近服务人员和客人的心理距离。面带微笑、精神饱满，既体现了服务人员发自内心的热忱，给客人以温暖和尊重，也体现了自身的人格魅力，使客人一见到你就产生一种亲切感。

表情有如下两个突出的因素。

**1. 眉目神情**

眉目神情是人们常说的眼神、眼睛和眉毛有许多种动作表情，其微妙变化可以传递很多信息。如“目光闪烁、目光和蔼、目不转睛、挤眉弄眼、横眉冷对、眉开眼笑、眉目传情”等词汇，都是描述眉眼动作的。又如“使个眼色，让对方心领神会”等短语，就是描述人们借助眉眼表情来实现自己的目的。

**2. 笑容笑貌**

笑容笑貌是人们在相互交往时，受到客观事物的某种刺激所引起的主观反应，是一种社会性反应。笑容有着重要的作用，它所传递的信息是十分丰富的，如“笑容可掬”“笑逐颜开”等，就是形容内心喜悦的自然流露。笑的形式多种多样，如微笑、大笑、嬉笑、欢笑、冷笑、假笑等。不同的笑声在不同的场合有不同的效果和作用，饭店服务中，要倡导“微笑服务”，使客人在微笑中受到欢迎、受到尊重，从而感受到亲切和愉快的气氛。

**【扫码阅读1-2-12】**

## 门童的微笑

某公司经理王先生，近段时间运气特别差，导致心情非常郁闷。当王先生奉上级领导之命前去某市时，由于天气原因，飞机晚点，到饭店时已是晚上十点，比预期间晚了两个小时，他的心情就更糟糕了。

王先生等出租车停稳，付了款，正想拉车门时，车门已经打开了，一位英俊高大的门童站在车前，一面为他护顶，一面微笑着向他问候：“先生，您好，欢迎光临。”王先生看着门童主动帮他车里将行李拿出，微笑中透着真诚，他感到自己被尊重，心情一下子好了很多。

### （三）站姿

优雅的站姿是优秀饭店服务员礼貌待客的重要标准之一。饭店服务员为客人服务时保持优雅的站姿，是形成不同质感动态美的起点和基础。站立时要直立站好，从正面看，身体重心线应在两腿中间，向上穿过脊柱及头部，重心放在两个前脚掌上，具体要领如下（见表 1–2–3 和图 1–2–7）。

表 1- 2–3　优美站姿的养成

| 内容 | 基本要求 |
|---|---|
| 站姿 | 1. 抬头挺胸，目光平视前方，以双眼余光注意巡视工作区域内的情况，不可东张西望 |
| | 2. 双肩平齐，手臂自然下垂，双手轻握于身前，手中不握任何物品。双手若是交叉，右手放在左手上，保持随时为客人提供服务的姿态 |
| | 3. 女性服务员站立时，双脚略微张开呈“V”字形，双膝靠紧，两个脚后跟靠紧；男性服务员站立时，双脚距离与肩的宽度大概相等 |
| | 4. 站立时，要防止重心偏左或偏右 |
| | 5. 站立时，双手不能环抱在胸前，更不可双手叉于腰间 |
| | 6. 站立时，身体不能东倒西歪。站累时，脚可以向后撤半步，但上体仍需保持正直；不可把脚向前或向后伸过多，叉开很大 |

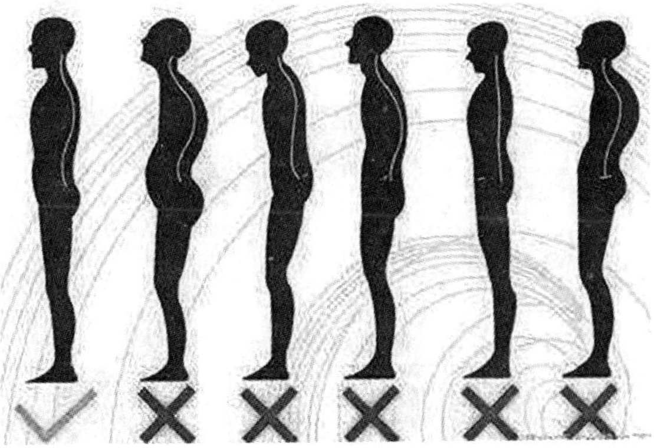

图 1–2–7　站姿

### （四）坐姿

日常工作中，饭店服务员的坐姿要端正，这是体态美的重要内容之一。饭店服务员的正确坐姿如下。

**1. 平坐在椅子上的要领**

（1）走到座位前，首先应转身，右脚稍往后挪，左脚再跟上，然后轻稳地坐下，切不可过快过急，一定要略为轻缓才好。着裙装的女服务员，入座前应先整理裙装。

（2）坐下后上身保持挺直，面带笑容。

（3）双肩平正放松，挺胸立腰。双臂自然弯曲，双手放在膝上，掌心向下（女服务员可以一手握另一手腕，置于身前）。

（4）两腿自然弯曲，双膝并拢，双腿正放或侧放（男服务员坐时双腿可略分开）；双脚平落地上，可并拢，也可交叠，但是不论怎样坐，都不能前俯后仰或抖动腿脚，也不能跷二郎腿或拍打扶手，把脚放在椅子、沙发扶手或茶几上更是禁止的行为。服务员就座时的禁忌姿态如下（见图 1–2–8）。

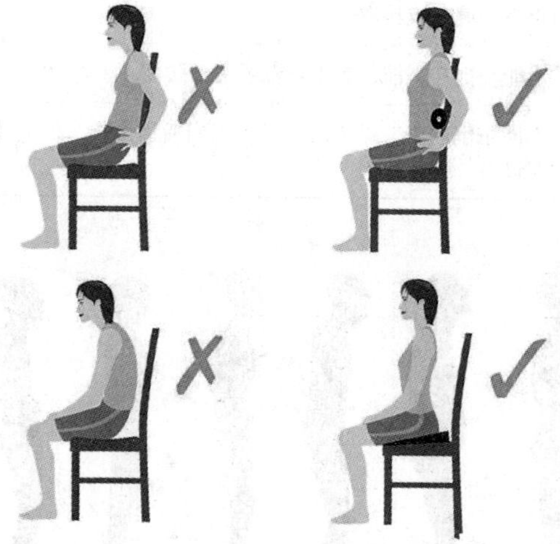

图 1–2–8 服务员就座时的禁忌姿态

（5）应至少坐满椅子的 2/3，脊背轻靠椅背。服务员在谈话时如果需要侧转身体，腿与身体的步调应一致，并且转动的幅度不能过大。

（6）起立时，应先向后微收右脚，站起时动作亦应轻缓，不可过猛。

**2. 入座的注意事项**

（1）从座位左侧就座，毫无声息就座，减慢速度、放松动作、避免乱响。

（2）从座位左侧离开；离开前以动作、语言向别人示意，随后站起身来，动作轻缓，避免弄响座椅；离座后先采用基本站姿，站好再走。

（3）他人入座之后再入座，地位低于对方的稍后离座，身份相似允许同时起身。

（4）公共场合，要想坐在别人身旁应先征求对方同意。

（5）以背部接近座椅的做法：先侧身走近座椅，背对其站立，右腿后退一点以确认座椅位置，然后随势坐下，可以一手扶把手。

## （五）走姿

行走是饭店服务员的动态造型之一，是饭店服务员基本素质的体现。通过观察人的行走姿态，可以看出人的不同心理状态和情绪变化。标准、规范的行走姿态能充分体现出饭店服务员勤奋、热情和高效的精神面貌（见图1–2–9）。

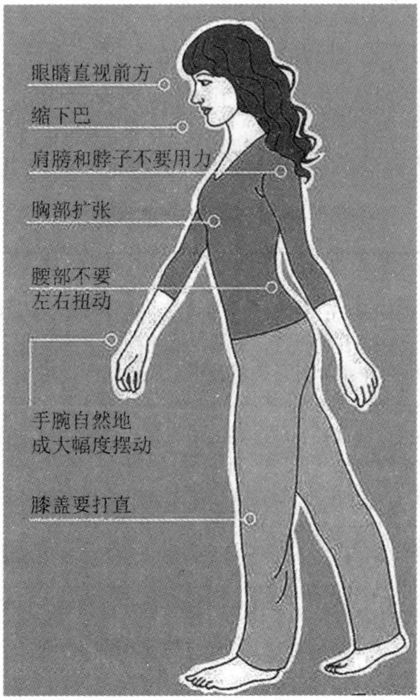


**图 1–2–9　走姿**

行走时，上体要正直，身体重心略向前倾，头部要端正、双目平视前方、肩部放松、挺胸立腰，两臂自然前后摆动（摆动幅度为35厘米左右），双臂外开不要超过30°角。男子走时步伐要轻稳、雄健，女子要行如和风。两脚行走线迹应是正对前方成直线，不要两脚尖向内形成“内八字”或是脚尖向外形成“外八字”。步幅均匀、步速不要过快，行走时不要碰撞饭店陈设或花木。行进间不能将手插在口袋里，也不能勾肩搭背、拉手搂腰。不跑动，相对而行，应主动让道，尽量走右边；相向而行，不抢道；穿行时，宾客之间在地方狭小的通道、过道或楼梯间谈话时，不能从中间穿行，应先道一声：“对不起，请让一下”，待对方挪动后再从侧面或背面通过。如果无意中碰撞了宾客，应主动道歉，说声“对不起”方可离开；超越客人时，也要礼貌致歉，说声“不好意思”或“打扰一下”。引领客人时，让客人、上级走在自己的右侧；三人同行时，中间为上宾；在人行道让女士走在内侧，以便使她们有安全感；与上级、宾客相遇时，要点头示礼致意。

### （六）手势

手势是最有表现力的一种体态语言，是一种动态美。运用得体适度时，会在交际中起到锦上添花的作用，而且可以在服务中增强感情的表达（见表1-2-4）。可以说，得体适度的手势能给饭店服务员的服务锦上添花。

**表1-2-4 手势的基本要求**

| 内容 | 基本要求 |
| --- | --- |
| 手势 | 1. 给客人指方向时，要把手掌伸直，手指自然并拢，手掌向上，以肘关节为轴，指向目标，同时眼睛要看着目标并兼顾客人是否看到指示的目标，切忌用一个手指指点 |
| | 2. 谈话时手势不宜过多，幅度不宜过大，否则会有画蛇添足之感 |
| | 3. 在介绍、引路、指示方向时，都应掌心向上，上身稍前倾，以示敬重 |
| | 4. 在谈到自己时，可以用手掌轻按自己的左胸，那样会显得端庄、大方、可信 |
| | 5. 鼓掌也属手势范围，如欢迎客人到来，他人发言结束或观看体育比赛、文艺演出时，应用右手手掌拍左手掌心，但不要过分用力、时间过长 |
| | 6. 使用手势要注意各国的不同习惯 |

**【前沿资讯】**

## 饭店服务职业形象基本要求

1. 头发：干净、整齐，着色自然，发型美观大方
2. 面部：男生不留胡须及长鬓角，女生淡妆
3. 手部及指甲：干净、不涂有色指甲油，指甲修剪整齐
4. 服装：整齐干净，无破损、无丢扣
5. 鞋：符合饭店工作要求的黑颜色皮鞋或布鞋，干净整洁，无破损
6. 袜：男深色、女浅色，干净、无褶皱、无破损
7. 饰物：不佩戴夸张的首饰和装饰品
8. 总体印象：举止大方、自然、优雅，注重礼节礼貌，面带微笑

## 四、服务语言

饭店要想提升服务水平，很重要的一个环节就是要提升饭店服务员的素质，而服务语言则是饭店服务人员素质的最直接体现。如：客人来店有欢迎声，客人离店有道别声，客人帮忙或表扬时有致谢声，遇见客人有问候声，服务不周有道歉声，服务之前有提醒声，客人呼唤时有应答声等。

礼貌服务用语是服务性行业的从业人员在接待客人时需使用的一种规范语言。它是服务人员为客人提供服务或传递服务信息的必要手段。同时，礼貌服务用语是一种既有规范而又比较灵活的口头语言。

### （一）常用的礼貌服务用语

常用的礼貌服务用语："请""您好""谢谢""对不起""欢迎光临""请慢走""小心脚下""小心烫""请稍等""打搅了"。

### （二）礼貌服务用语的运用技巧

#### 1. 称谓语

饭店服务员常用的对客称谓有：女士、先生、夫人、太太、阿姨、老师、大哥等。

在对客人进行称呼时要做到以下四点：称谓要恰如其分；称呼要清楚亲

切；在不确定的情况下，一般对男士称先生，女士称女士；工作中要懂得灵活变通。

饭店服务员必须记住老客人的姓氏和职称、职务，并以此相称呼。

**2. 问候语**

饭店服务员常用的问候客人的语句有："您好！""早上好！""中午好！""晚上好！""新年好！"等。

**3. 征询语**

饭店服务员在征求客人意见时需要用到征询语，常用的征询语有："先生，您看现在可以上菜了吗？""先生，您的酒可以开了吗？""先生，这个盘可以撤了吗？"等。

（1）注意客人的形体语言。例如当客人东张西望、从座位上站起来或招手的时候，都是在用自己的形体语言表示他有想法或者要求了。这时服务员应该立即走过去说："先生／女士，请问我能帮助您做点什么吗？""先生／女士，您有什么吩咐吗？"

（2）用协商的口吻。服务员应经常将"这样可不可以？""您还满意吗？"之类的征询语加在句末，显得更加谦恭，服务工作也更容易得到客人的支持。

（3）应该把征询当作服务的一个程序，先征询意见，得到客人同意后再行动，不要自作主张。

**4. 拒绝语**

饭店服务员常用的拒绝语有："好的，谢谢您的好意，不过……""承蒙您的好意，但恐怕这样会违反餐厅的规定，希望您理解。"饭店服务员在使用这类拒绝语的时候，通常要注意以下几个要点。

（1）使用拒绝语时一般应先肯定后否定。

（2）用拒绝语时要客气委婉，不简单拒绝。

**5. 答谢语**

饭店服务员在服务时少不了要对客人的配合、合作、帮助等使用答谢语，常见的答谢语有："谢谢您的好意！""谢谢您的合作！""谢谢您的鼓励！""谢谢您的夸奖！""谢谢您的帮助！""谢谢您的提醒！"饭店服务员在对客人使用答谢语时要清楚爽快。

### 6. 提醒道歉语

饭店服务员常用的提醒道歉语有："对不起，打扰一下""对不起，让您久等了！""不好意思，请稍等"。

### 7. 告别语

饭店服务员常用的告别语有："先生，再见！""女士，一路平安！（客人要远去时）""希望再次见到您！""女士，您走好！"

在使用告别语时，饭店服务员要做到以下两点：声音响亮有余韵，配合点头或鞠躬。

## （三）对客人使用礼貌服务用语的要求

### 1. 使用礼貌服务用语要主动

服务人员要善于与客人交谈，这是服务过程中不可缺少的。不能只顾干活，一言不发。接待服务工作有一套基本用语，见了客人要打招呼，介绍情况，征求意见，这些都不能省略，省略了就是一种失职的表现。一定要学会大胆、心细地与客人打交道，谦卑有礼，不卑不亢。

### 2. 灵活使用礼貌服务用语

服务用语是一种特殊的口头用语，虽然有一套规范，但它终究不能包罗万象，严格地说也没有固定的模式。礼貌服务用语既可以触景生情、随机应变，又可以灵活运用，应酬千万。客人来自四面八方，要根据不同的对象、运用不同的语言进行接待服务，防止千篇一律，闹出笑话。我们要以自然、亲切、和蔼、流畅且有感染力的灵活多变的服务语言，来接待各国、各地众多的客人和朋友。

### 3. 使用礼貌服务用语要求声情并茂

好的服务用语应是声音、表情、动作的相互烘托。如果只有言语，不以动作表情相配合，即"有言无形、有声无色"，那就失去了服务用语的特色。我们应以生动的面部表情、动作和声音这些流露在外的情感去表达对客人的体贴和关心，从而有效地感染客人，引发客人的消费情绪，发挥语言艺术的魅力，在客人中产生强烈的共鸣。

### 4. 使用礼貌服务用语讲究职业规范

服务语言，是一种职业用语，它的语言主体由职业词汇构成，在接待服务中所使用的语言，是反映服务工作特点的敬辞、谦词等文明用语，随着人们生活水平的提高，服务用语也不断丰富扩大。

#### 5. 使用礼貌服务用语要体现时代气息

服务用语具有时代的烙印，反映时代气息，是整个社会文明的体现。要注意讲究语言美，切忌不能用已经过时的庸俗用语，要跟上社会进步的步伐。

### 【扫码阅读1-2-13】

## 礼貌服务内容及要求

对于服务行业来说，没有什么比礼貌待客更重要的了。因此，饭店服务员要把握好服务基本要求，这样才能够使自己的服务更能被客人接受，得到客人的认可。礼貌服务的主要内容是：主动、热情、耐心、周到（见表 1–2–5）。

表 1– 2–5　礼貌服务内容及要求

| 内容 | 要求 |
| --- | --- |
| 主动 | 不分客主，一样照顾；不论闲忙，持客不误；不嫌麻烦，方便宾客；不怕困难，优质服务 |
| 热情 | 待客礼貌，面带微笑；态度和蔼，不急不躁；言语亲切，积极关照；工作热心，热忱周到 |
| 耐心 | 面色和善，态度友善；客多人杂，安排不乱；百问不烦，百答不厌；遇事不躁，处理果断 |
| 周到 | 一视同仁，待客诚恳；安排细致，有条不紊；想在前面，服务热心；照顾周全，达到标准 |

# 任务二　饭店服务人员的职业能力

### 【课前活动】

活动主题：了解饭店员工的某项职业能力，如：观察能力，随机应变能力

活动步骤：

1. 以小组为单位，走访饭店或网上搜索，了解饭店员工的职业能力
2. 以小组为单位排练成情景剧展示分享交流某项职业能力
3. 各小组互评，讨论

## 【学习内容】

饭店服务人员除具备基本素质外，还应具备优秀的专业素质，这一点对提高饭店服务质量和工作效率、降低成本、增强企业的竞争力等具有重要作用。想要成为一名优秀的饭店服务员，更好地为客人提供令其满意的服务，就需要不断地提升自己的从业能力。饭店服务员需要掌握的从业能力主要由观察能力、应变能力、社交能力、记忆能力、营销能力几个方面构成。

### 一、观察能力

观察能力就是站在客人的立场上，想客人之所想，急客人之所急，设身处地地为客人考虑；及时、周到地送上客人还未开口言明的服务。要具备敏锐的观察能力，饭店服务员应该做到以下几个方面。

#### （一）善于观察客人的行为，从中寻找客人的需求

不同年龄、不同性别、不同职业的客人对服务的需求是不同的。客人在不同的场合、不同的情绪状态下，其需求也是不一样的。饭店服务员应根据客人年龄的大小、性别的不同提供相应的服务。

#### （二）善于领会客人的语言，从中捕捉客人的服务需求

饭店服务员通过对客人言语的领会，可以进一步捕捉到客人的真实需求。从与客人的交际谈话、客人之间的谈话或客人的自言自语中，也能辨别出客人的心理状态、喜好、兴趣及不满意的地方。

#### （三）善于观察客人的情绪

既要使客人感到饭店员工的服务无处不在，又要使客人感到轻松自如，这样使客人既感到自由空间的被尊重，又时时能体会到饭店关切性的服务。

#### （四）善于揣摩客人的心理状态

客人的心理非常微妙地体现在客人的言行举止中，饭店服务员在观察那些有声的语言的同时，还要注意通过客人的行为、动作、仪态等无声的语言来揣摩客人细微的心理变化。

### 二、应变能力

在饭店服务中，突发事件时有发生。遇到突发事件，饭店服务员应做到以

下几点。

（1）竭尽所能满足客人的合法、合理要求。

（2）用礼貌的方式劝说客人。

（3）采取各种可行的方法迅速平息客人的不满。

（4）在维护饭店声誉的基础上，站在客人的角度，设身处地地为客人着想。

【案例选读】

### 龙虾背后的故事

一天下午五点左右，住某饭店8021房间的某公司总经理李先生打电话到餐饮部，说他今晚想宴请一批客人，要求预订一桌3000元标准的宴席，要求七点半准时开餐，并指名一定要有龙虾，因为其中一位非常重要的客户特别喜欢吃龙虾。

餐饮部张经理接到电话后，立即通知采购员去采购，谁知跑遍了整个市场，也找不出一只龙虾，张经理又联系了邻近的几家饭店，想先借用一下，可是恰巧都没有货。这时，有人建议向客人解释一下，上别的高档菜，但张经理觉得不妥，因为李先生特地说明是他的一位重要客户特别喜欢吃龙虾，换别的菜，李先生肯定会不满意的，而且也会影响饭店的形象，让客人觉得连一只龙虾都不能供应。

正当张经理非常焦急之时，有位朋友告诉他，邻县的市场上应该有龙虾，张经理当机立断，立即通知采购员开车去采购。此时指针已接近六点半。当采购员拿着新鲜龙虾赶回饭店时，时间已是七点十分。

七点半，当李先生带着客人走进餐厅之时，一切皆已准备就绪。当李先生看到鲜美的龙虾上桌后，不禁露出满意的微笑。

## 三、社交能力

### （一）饭店员工在与客人的交往中，首先应把客人当作“熟悉的陌生人”

尽管对于饭店服务员来说，每一位新来的客人都是陌生的，但在交往时，饭店服务员则要把客人当作已经相处很长时间的老朋友来看待。这样，饭店服务员在提供服务时，便会摆脱过于机械的、客套和被动的应付状态，使客人感觉到一种比较自然但又出自真心的礼遇。

### （二）给客人留下美好的第一印象

第一印象对人际交往的建立和维持是非常重要的，给人记忆最深的常常是第一次接触所留下的印象。而优美的仪表、仪态，真诚的微笑，无微不至的关怀则是给客人留下美好第一印象的关键。

人际关系的建立还应当有始有终，持之以恒。每一个饭店服务员都应当持之以恒地与客人建立良好的人际关系，不能因自己一时的失误和思考的不周而使客人感到怠慢，从而断送自己在其他时候以及其他员工与客人所建立的良好人际关系。

## 四、记忆能力

饭店服务员如果有着超群的记忆能力，能够为自己的工作带来很多方便：使客人所需要的服务得到及时、准确的提供；使饭店服务员在服务过程中表现自如，不出差错；使饭店的服务资源能够得到最大限度的挖掘利用；使客人能够得到个性化、有针对性的周到服务；使客人能够从饭店服务员的细节记忆中感受到自己的重要性。

**【扫码阅读1-2-14】**

### 常用的记忆方法

| 常用的记忆方法 | 具体说明 |
|---|---|
| 重复式的强化记忆 | 记忆是多次重复、不断强化脑神经细胞的结果，一般来说，重复记忆的次数越多，一样东西就容易被记住。这就要求餐饮服务员不仅要在平时服务中记忆，在休息或待命状态时，也要不断地重复强化 |
| 理解式的记忆 | 当一样东西被理解之后，记忆就变得深刻。对那些一时难以记住的复杂事物，可以先弄清楚它是凭什么原理工作，为什么要这样，搞清楚了以后，“骨头”就会很快地被啃下来 |

续表

| 常用的记忆方法 | 具体说明 |
| --- | --- |
| 特征式的记忆 | 当人们把握了某一事物的特点时，记忆就会比较深刻。例如，一位客人的鼻梁比较高，或者像自己认识的某个人，这位客人的其他附属特征就容易被顺带记住 |
| 实践中的校错记忆 | 有一些东西确实不是一下子就能记住的，而是需要与实践结合起来。通过几次实际操作，再对照服务程序、规范，看有哪些与之不相符合，然后再校正过来，这样的记忆印象就比较深刻 |

## 五、营销能力

除了做好例行性服务外，作为一名优秀的饭店服务员还应当善于抓住机会向客人推销饭店的各种产品，充分挖掘客人的消费潜力。为此，饭店服务员应当对各项服务有一个通盘的了解，并善于观察、分析客人的消费需求、消费心理，在客人感兴趣的情况下，使饭店产品得到充分的宣传和销售。

### 【案例选读】

### 客人成功入住

中秋节后的一个下午，某店司机小唐送走一位客人回到饭店大堂等候客人。

这时，一辆出租车在饭店门口停了下来，从车上下来三个人，直奔总台，似乎在与总台接待员商量着什么，但好像没有谈成，便准备离开。小唐不禁有些好奇，只听到其中一人对另外一位客人说："这饭店房价太高了，还是到别处看看吧！"小唐连忙跑过去，自我介绍后，简单介绍了饭店的硬件、软件，以及客人最关心的价格，并告诉客人饭店有关中秋节的促销活动还未结束，餐饮、客房、娱乐都有些额外的优惠。客人有些将信将疑，小唐就对他们说："我是司机，带你们四处看看。"客人一听，便欣然答应。

看完回到饭店大堂后，小唐带着客人来到总台，客人仔细询问了饭店的各种优惠活动和房价，在大堂副理的陪同下参观了客房，终于决定住下。

## 【思考与练习】

### 一、单选题

1. （　　）是中国第一个有限服务饭店品牌。

A. 锦江之星　B. 如家　C. 7 天　D. 汉庭

2. 根据客房数量（　　）客房为大型饭店。

A. 200 间以上　B. 300~600 间　C. 300 间以上　D. 600 间以上

3. "多建造在旅游点，不仅要满足旅游者食住的需要，还要求有公共服务设设施，以满足旅游者休息、娱乐、购物的综合需要"。这是（　　）的特征。

A. 商务型饭店　B. 度假型饭店　C. 观光型饭店　D. 会议型饭店

4. 我国首家主题饭店是（　　）。

A. 八达岭长城脚下的公社饭店　B. 深圳威尼斯饭店

C. 广州番禺的长隆饭店　D. 西双版纳树上旅馆

5. （　　）源自 19 世纪 30 年代的欧洲"乡村旅游"，利用自用住宅空闲房间，结合当地人文、自然景观、生态、环境资源及农林渔牧生产活动等资源，民宿主人参与接待，为游客提供体验当地自然、文化与生产生活方式的小型住宿设施。

A. 生活方式饭店（Lifestyle Hotel）　B. 民宿（B&B 或者 Home stay）

C. 乡村旅游饭店　D. 主题饭店

### 二、判断题

1. 饭店产品是指饭店提供的，能够满足宾客需要的场所、设施、有形产品和无形服务的使用价值的总和，饭店产品是在饭店内提供的。（　　）

2. 饭店业的产品一直以来代表了社会人群对食宿需求的更高愿望。（　　）

3. 有限服务饭店提供客房、餐厅、酒吧、会议、健身、娱乐、商务等多功能，为各种类型客人提供周到的全方位服务。（　　）

4. 世界上最早的主题饭店兴起于 1958 年美国的"赌城"拉斯维加斯。（　　）

5. 乡村旅游饭店是传统乡村旅游接待设施引入现代饭店管理模式的一种新型饭店业态，它既有传统农家乐的乡村景观环境，又有现代饭店或度假村的良好服务设施及品质，是乡村旅游升级的必然产物。（　　）

## 三、多项选择题

1. 作为饭店必须具备的条件，（　　）是正确的。

A. 由建筑物及装备完好的设施组成的接待场所

B. 提供住宿、餐饮及其他服务

C. 服务对象是公众，指的是外地旅游者，不包括本地居民，既包括某些其他特殊身份或阶层的人，也包括广大的普通消费者

D. 它是商业性的服务企业，以营利为目的

2. 下列（　　）属于大饭店的特点。

A. 修建在繁华的大城市，具有规模大，设施豪华

B. 以皇室宫廷礼仪为标准，讲究一定规格的礼貌礼仪

C. 服务公务旅行者和普通大众，平民化、大众化

D. 饭店的品牌在市场竞争中越来越重要，成为饭店核心竞争力

3. 对于饭店业发展趋势，下列叙述正确的有（　　）。

A. 非饭店企业正积极运用自身优势产业结合饭店业发掘新市场

B. 为顾客提供优质的服务和满意的体验，供给侧改革成为现代饭店企业发展的必然

C. 中国饭店业产业在不断细化，诞生出多种基于市场需求而定位的饭店类型

D. 传统酒店在自身创新求变中跨界融合，嫁接新技术，酒店才能快速形成新的商业生态圈

4. 关于四川省旅游主题饭店的叙述，（　　）是正确的。

A. 2002 年 12 月，四川成都鹤翔山庄被国家旅游局评定四星级特色主题饭店

B. 2004 年，中国国际主题饭店研究会在京川宾馆召开

C. 2009 年 2 月，《四川省主题旅游饭店的划分与评定（试行）》被国家旅游局作为主题旅游饭店的标准进行审定

D. 2011 年 11 月，四川旅游标准评定委员会正式公告成都西藏饭店被评定为五级主题旅游饭店

5. 饭店服务人员的职业能力包括（　　）。

A. 沟通能力　　B. 记忆能力　　C. 谈判能力　　D. 应变能力

## 四、拓展作业

课外活动：调查本地星级饭店

活动目的：认识本地星级饭店

活动形式：查找资料，走访当地旅游主管部门和一家星级饭店。

学习任务：

1. 完成表格填写

表 1　星级饭店数量与比例

| 星级 | 本市州数量 | 本市州占比 | 与上年相比 |
|---|---|---|---|
| 五星 | | | |
| 四星 | | | |
| 三星 | | | |
| 二星 | | | |
| 一星 | | | |
| 总计 | | | |

表 2　饭店的组织结构层次

| 序号 | 组织结构层次 | 包含部门 | 组成人数 |
|---|---|---|---|
| 1 | 决策层 | | |
| 2 | 管理层 | | |
| 3 | 执行层 | | |
| 4 | 操作层 | | |
| 5 | 合计 | | |

2. 将资料整理后通过 E-mail 发给老师

# 模块二

# 客房服务

饭店是以“夜”为时间单位向旅游客人提供配有餐饮及相关服务的住宿设施。在我国旅游饭店的建筑结构中，客房的建筑面积一般占总面积的 60% 以上，是饭店的基本设施和存在的基础，又是饭店档次和服务质量的重要标志。

# 单元三　认识饭店的“管家”

客房是饭店的主要产品之一，其基本的使用价值是满足宾客住宿及相关活动的需要。人们常说客房是客人的“家外之家”“第二办公室”。从产品概念来讲，客房产品不仅包括客房的设施设备，还包括相关的服务。本单元我们将学习“客房产品和种类”和“客房的功能及设备用品配置”。

## 【学习目标】

**1. 知识目标**

（1）掌握消费者对客房产品的基本要求。

（2）理解客房产品的特点和种类。

（3）掌握客房的功能布局设计。

（4）了解客房的设备用品配置。

**2. 技能目标**

（1）能根据客人需求介绍不同种类的客房。

（2）能够按酒店要求做好客用物品的配置。

**3. 素质目标**

（1）具有团结协作、爱岗敬业、吃苦耐劳的品德和良好的职业道德。

（2）养成善于动脑、勤于思考，及时发现问题并解决问题的学习习惯。

# 项目一　客房产品和种类

## 【课前活动】

活动主题：走进客房

活动步骤：

1. 分小组实地走访酒店或通过网络查找，了解酒店客房的种类、收集客房房价表

2. 小组讨论总结，制作“走进客房”PPT 课件

3. 课前 5 分钟分享

## 【学习内容】

产品是指能引起人们注意、收藏、使用或消费，在满足人们需要的同时能在市场上出售的任何东西。客房是饭店出售的主要满足客人休息、睡眠需要的产品。

### 一、客房产品的基本要求

从现代市场营销和客人对客房产品共同需求的角度看，客房产品的基本要求有下列几种。

#### （一）清洁

清洁、卫生是现代文明的标志，是所有客人对客房产品的基本要求。它不仅对人类有生理上的意义，还关系到人的身体健康，更具有精神、审美的意义。客人在饭店客房停留时间最长，对客房的清洁卫生要求最高。无论饭店及客房档次高低，都必须保证清洁卫生。客房部应制定详细的清洁卫生质量标准，并严格执行。

### （二）舒适

饭店主要是一个休息场所，作为旅游者的家外之“家”，每个客人都希望住得舒适。舒适并不一定是高档，而是能满足客人休息和心理上的需要。因此，在硬件上要求家具设备要齐全、完好，客用物品的品种齐全，质量过关；软件上客房服务要配套、各项服务要优质高效，保证客人的各种合理要求都能得到满足。

### （三）安全

保障客人的安全是酒店一项非常重要的任务，也是客人对饭店的最基本要求。一家酒店无论其客房如何豪华，如果客人的安全都得不到保障，就不会有人入住了。因此，饭店必须高度重视并切实做好安全工作，包括人身安全、财物安全、隐私安全。许多星级酒店在客房内配备了可存放手提电脑的小型保险箱，在卫生间设有紧急呼救按钮，有的酒店还采用了IC卡电梯控制管理系统，客人凭借房卡进出电梯，防止外来人员进入，确保入住客人的安全。

### （四）方便

客人选择酒店时考虑的一个重要因素就是方便。如酒店的地理位置便利，设施设备适合自己的需要，客用物品的品种齐全、质量过关，布置摆放方便客人使用，还有服务项目及效率要满足客人的各种合理要求。随着社会的发展，客人对“方便”的要求会越来越多，酒店应对客人的需求变化加以预测，以便为客人提供更多的便利服务。

### （五）特色

在激烈的侧供给市场竞争中，千篇一律的客房产品和装饰布置已经无法满足客人求新求异的需求。客房产品的设计和装饰布置在保证实用功能的基础上具备一定的特色是当代客人的首要选择。特色是客房产品的卖点和亮点，是客房产品的生命力。客房产品的特色可以从多方面加以体现，如建筑造型、设计风格、房间布局、文化氛围、员工的服饰打扮等。

【案例选读】

## 成都钓鱼台精品酒店

——“一条路、一个人、一家店”

成都钓鱼台精品酒店（见图 2-3-1）坐落于有 300 年历史的都市风情街区——宽窄巷子，由法国殿堂级大师 Bruno Moinard 主持设计，16000 平方米的两座中式庭院，布置出 45 间具有极致奢华设计风格的客房。一排排青竹巧妙地将酒店与喧嚣的街道隔离，酒店的装修风格、房间布局、文化打造都透露出大繁至简的雅趣。宽敞舒适的客房配置齐全，窗外一览无余的宽窄风景让您的停留自在静谧。

图 2-3-1　成都钓鱼台精品酒店

## 二、客房产品的特点

随着现代旅游业的迅猛发展，现代酒店市场竞争更加激烈。到酒店的客人已不仅仅满足于能有一个栖身之地，而且对客房环境、客房的设施设备、清洁卫生质量以及服务质量等都提出了更高的要求；同时，客房业务又必须在保证客房规格和满足客人需求的前提下，加强客房费用的控制，这就给客房服务与管理提出了新的课题。

### （一）价值不能贮存

一般产品都是可以贮存的，如一架照相机、一台电视机，今天没有卖出，可以贮存起来待来日再出售。客房产品却是不可贮存的，没有客人的消费，客房的使用价值和价值就无法实现。客房产品的时间性很强，以每晚租金 388 元的酒店房间为例，如果今天此房间租不出去，那么这 388 元的价值就无法实现。也就是说它的价值具有不可贮存性。实现价值的机会如果在规定的时间内丧失，便一去不复返。所以业内人士把客房比喻为“易坏性最大的商品”“只有 24 小时寿命的商品”。这就是为什么酒店业普遍以“顾客第一”为经营信条，有时甚至以低于成本的价格销售酒店商品而不愿酒店设施设备闲置的根本原因。

### （二）所有权相对稳定

客房作为一种特殊产品，和一般产品不同。主要表现在它是出租客房和提供服务，而不发生实物转移。客人付出房租获得的仅仅是房间暂时的使用权和居住权，而房间的所有权仍然归酒店。因此客房在运转过程中，服务人员一方面要尊重客人的使用权和居住权，以设备、供应物品为凭借，通过接待服务，不断向客人提供使用价值和服务；另一方面又要做好对客房物资用品的保管和使用过程的控制，以达到增收节支的目的。

### （三）以“暗”为主的服务

客房作为客人的私人领域，客人是不愿让别人干扰自己的私生活的。客人住店期间，喜欢按自己的习惯安排起居，有需要的情况下才求助于酒店的服务员。因此，客房服务不能像餐饮服务那样，注重场面的渲染，服务于客人眼前，忙碌于客人左右，而是应该注意服务过程中的“三轻”，即说话轻、走路轻、操作轻。将服务工作做在客人到来之前或者不在房内期间，让客人感到酒店处处都在为自己服务。

### （四）随机性与复杂性

客房业务工作的内容是零星琐碎的，从客房的整理、补充物品、设备维修到客人的进店、离店，都是一些具体琐碎的事务性工作，具有很强的随机性。客人在何时何地，在什么情况下，需要哪些服务，事先都难以掌握；再加上客人来自世界各地，风俗和兴趣爱好不同，从而使客房业务增加了复杂性。客房工作的随机性与复杂性，需要客房部员工既要主动，又要善于揣摩客人心理，进行规范性和个性化相结合的服务。

### （五）季节性

众所周知，旅游业具有明显的季节性，酒店业作为旅游业的支柱产业，也不例外，一年之中经营有明显的淡季和旺季之分。淡季时，客房部应做好员工培训和设施设备的维修保养，并推出一些有特色的促销活动，力争“淡季不淡”；旺季时，不愁客源，客房部应做好人员调配，最大限度挖掘现有硬软件的接待能力，保证“旺季不乱”，获取最大经济收益。

## 三、客房产品的种类

酒店要适应不同类型和档次客人的需求，同时考虑酒店的类型和所处的地理位置，设计和布置相应类型及档次的客房。

### （一）单人间（Single room）

单人间（见图 2–3–2）是放一张单人床的客房，适合单身客人租用。为了使客人住得更为舒适，许多酒店在单人间放置的是一张小双人床。单人间是酒店面积最小的客房，酒店通常将面积较小或位置较偏僻的房间作为单人间。

图 2–3–2　单人间

### （二）大床间（Double room）

大床间（见图 2–3–3）在客房内配置一张双人床。近年来，随着商务客人的日益增多，不少星级酒店将大床间改作商务房（Business room），房内配备相应的商务设施，如宽带上网、无线上网、办公桌椅、小型传真机等。

图 2–3–3　成都丽思卡尔顿酒店大床间

## （三）标准双人间（Standard/Twin room）

标准双人间（见图 2–3–4）简称为“标准间”，房间放两张单人床，可住两位客人。此类房间一般用来安排旅游团队或会议客人，是饭店中数量最多的客房。为提高出租率和方便客人，一些酒店在两张单人床之间放置活动床头柜或索性不放床头柜，在大床间供不应求时，即可将两张单人床合并为大床，作为大床间出租，灵活组合客房产品。为使客人住得更为舒适，一些酒店在标准双人房放置两张双人床，这种客房也叫作 Double–double room。

图 2–3–4　标准间

## （四）标准套间（Standard suite）

标准套间又称普通套间（Junior suite），一般为连通的两个房间：一间为卧室，另一间为起居室或办公室。

### （五）豪华套间（Deluxe suite）

豪华套间（见图 2–3–5）可以是双套间，也可以是三至五间或者更多房间组成的多套间，通常由卧室、起居室、书房、餐厅等组成。卧室中配备大号双人床或特大号双人床。和普通套房比，豪华套房室内装饰布置和设备用品都更加豪华。

图 2–3–5　豪华套房

### （六）总统套间（Presidential suite）

总统套间一般是高星级酒店才有，它标志着该酒店已具备了接待总统的条件和能力。总统套间并非总统才能入住，一般来说，只要付房租，任何人都可以入住。总统套间一般由七八个房间组成，有总统卧室、夫人卧室、客厅、随员室、警卫室、会议室、书房、餐厅和厨房等。总统套间内的装饰布置极为讲究，设备用品富丽豪华。

### （七）特色客房（Special room）

酒店为某一类人特别设计和布置的客房。如专为携儿带女的亲子旅游者提供的家庭客房（见图 2–3–6）。通常配备一大一小两张床，也有酒店在家庭房（通常是套房）中配备有一张大床、两张小床。又如近几年根据不同客人的需要，从功能上分商务客房、办公客房、娱乐客房、健身客房、男性客房、女性客房、医疗客房、家人团聚客房等。各种客房有不同的特点，但又有很强的兼容性，满足不同客人的需求。

图 2-3-6　三岔湖长岛天堂洲际酒店家庭客房

## 【案例选读】

### 银发世界

现今，世界人口普遍向老龄化发展，老年人在酒店停留的时间较长，消费较高，“银发市场”已成为酒店新的竞争点。

法国戛纳的奥秦利亚酒店中，客人平均年龄 83 岁，这里的一切设施几乎都是为老年人，尤其是针对 80 岁以上的老年人而特别设计的。在这里信号显示是大号字，沿墙有扶手，电梯里有座椅，床是坐卧两用的，卧室里可以挂家人肖像。无论何时，一按铃就有人来查看。酒店经常举办各种适合老年人的娱乐活动。而且无须预订，长住短住无妨。但有一点必须特别声明，这里接待的不是病人，而是接待需要关怀、照顾的老年客人。

酒店的客房种类应根据目标市场、客源结构设计客房类型。比如城市商务型酒店主要客源为商务客人，大床间的比例应多些，而风景优美的度假型酒店主要客源为休闲度假的客人，则双人房或家庭客房更能满足客人的需求。

## 【前沿资讯】

### 新概念客房

新概念客房是指根据宾客的生活习惯和需求并结合酒店的特色，以为宾客营造更加便利、舒适、健康的居住休息环境为理念，进行设计、提供服务和进行日常管理的客房。

与传统客房相比，新概念客房的最大特点是无论客房设计、客房服务还是客房管理都导入新的理念，如客房设计的人性化、健康化，客房服务的个性化、现代化，客房管理的智能化等，而酒店经营管理者导入这些新理念目的就是更好地满足当前住店宾客对环境和服务的需求，同时突出酒店客房服务特色，与竞争对手有效区分开来。如号称全球旅馆之冠的美国希尔顿集团推出的两个新概念客房“健身客房”和“精神放松客房”，客房内增设了按摩椅、放松泉池、瑜伽教学录像带等。这些客房只是稍做更改和添置，每间投入近1500~5000美元左右，而客人的反馈意见是：新奇、舒适、印象深刻；睡眠效果确实好，为此支付稍高一点的价格也值得。

尽管各类新概念客房在设计上体现出各式各样的特色和风格，但是客房设计新概念的宗旨却是相同的，即从宾客的需要出发，为宾客提供更为便利、舒适、健康的居住休息环境，使宾客得到了更大的满足感，同时也提高了酒店的竞争力。

# 项目二　客房的功能及设备用品配置

## 【课前活动】

活动主题：初知客房标准间的功能布局

活动步骤：

1. 通过网络查找或关注五星级酒店公众号了解客房五大区域

2. 以小组为单位，手绘酒店标准间平面图

3. 课前 5 分钟分享

## 【学习内容】

不同类型的客房具有不同的功能布局、档次规格，其适应的消费群体也就不同。这就要求酒店合理地设计客房产品，保障客人及酒店的利益。“以人为本”是客房产品设计的基本理念。

## 一、客房的功能布局设计

客房是客人在饭店入住期间的主要生活场所，所以要求酒店合理地设计客房的布局，并配备相应的家具和设备，使客房尽可能满足客人需求的多种功能，真正成为客人的“家外之家”。以标准间（见图 2–3–7）为例，客房功能布局主要分以下几个区域。

图 2–3–7　标准间布局图

### （一）睡眠区域

睡眠区域是整个客房中最基本、面积最大的功能区域，主要家具是床、床头柜。

#### 1. 床

饭店所用的床通常由床架、床垫、床头软板组合而成。床的质量要求是牢度好，重量不宜过重，床垫软硬度适宜，床架底部通常有活动走轮，以方便

移动。

2. 床头柜

床头柜一般设在床的两边，带有床头触摸式控制板或单项开关，可以控制房内的一切电源，如床头灯、镜灯、台灯、夜灯、落地灯、走廊灯、电视开关、音响、勿打扰灯、呼叫服务等。为了适应不同客人的需要，同时也方便酒店销售，不少酒店在两床之间不设床头柜或设可移动的床头柜。

此外，床头背屏与墙是房间中相对完整的面积，可以着重布置。床水平面以上 70 厘米（客人的头部位置）易脏，不少酒店采用了防污性的材料。

【知识链接】

### 床头背景设计

酒店客房床头背景装饰是酒店装饰设计中非常重要的一个内容。因为当客人走进酒店客房，首先映入客人眼帘的就是客房的床头背景装饰。一个充满创意的、有特色的床头背景装饰往往能给客人带来第一个好印象，让客人对酒店客房充满期待。好的床头背景装饰不仅本身有创意、有特色，而且还与整个酒店的文化风格相一致。

### （二）工作区域

工作区域以写字台为中心，传统的客房设计将写字台、行李架、电视柜设计为一体，称之为“三连柜”。但近几年来，三连柜逐渐被独立的橱柜取代。而随着酒店商务客人的日益增多，工作区域的功能设计也越来越受到酒店的重视。为更好地满足客人的需求，从采光与视线角度考虑，许多酒店客房写字台不再面壁而坐。

### （三）起居区域

起居区域通常在靠近房间窗户处，放置沙发椅、茶几，供客人休息、会客、看电视、观景等。此外还可供客人在此饮茶、吃简便食品。

### （四）贮存区域

贮存区域主要是指设在房门进出小走廊侧面的壁橱与小酒柜。

常规的客房建筑设计会形成入口处一个1.0~1.2m宽的小走廊，房门后一侧是入墙式衣橱。有条件的酒店则尽可能将衣橱安排在就寝区的一侧，以方便客人。客房面积较大的，可以在入口处设一个更衣间，集更衣、衣橱、行李存放等功能于一体。一些投资小的经济型酒店，连衣橱门都省去不装，只留出一个使用的空间即可，行李可直接放入，既方便又经济。高档酒店还在门廊处设置酒柜，也称小酒吧（mini bar），酒柜上层摆放酒水、酒具、茶水具及小食品，下层为贮存饮料的小冰箱，以满足客人的需要。

#### （五）盥洗区域

客房的盥洗区域就是卫生间。卫生间的设计要注意宽敞、明亮、舒适、安全、方便、实用和通风。不少酒店卫生间干湿分区，避免了功能交叉与干扰。

##### 1. 洗脸台

脸盆区台面与梳妆镜是卫生间造型设计的重点，要注意脸盆上方的照明和镜面两侧或单侧的壁灯照明，两者最好都不缺。

##### 2. 坐便器

酒店客房通常安装坐便器，一是有更好的隐私保证，二是更加安全卫生。

##### 3. 洗浴区

除了一些高星级酒店或者高档客房要求配备浴缸外，大部分酒店用精致的淋浴间代替了浴缸，以节省空间、减少投入。当然，也有些高档酒店同时配备浴缸和淋浴房，以方便客人有更多的选择。

### 二、客房设计的趋势

随着城市化进程的加快，旅游业的迅速发展使酒店业的竞争越来越激烈，酒店管理者们越来越多地注重客人的需求和体验，客房设计总体呈现以下趋势。

#### （一）人性化

如今客房的设计更加注重顾客的感受，比如酒店的照明，既能美化客房环境又能随意调节，以方便客人阅读和工作的需要，插座位置设定更加符合客人充电需要，座椅将更加追求舒适感，客房内的细节设施都尽量做到全面，以满足客人种种需要。另外，有些酒店还考虑到残疾客人的需要，在所有残疾客人可能抵达的楼层区域应有无障碍设计，这些无不体现出酒店的人性化设计。

### （二）智能化

信息化时代的到来，致使智能化设备越来越多地进入到客房。如客房锁钥系统使用智能 IC 卡锁钥系统，甚至是感应门锁、指纹门锁等；客房内的自动控制系统，使用感应器控制，人进灯亮，人出灯灭等。还有先进的客房多媒体系统，比如安装“智慧 e 房”多媒体系统的客房，客人在办理入住后进入客房，电视会自动启动并在屏幕上打出问候信息，在房间里，客人仅需一个遥控器，便能实现对电视管理、电脑网络热播大片、酒店介绍、酒店服务、地方特产、旅游品牌、音乐助眠、管家服务、房间控制等功能的操作，系统终端无须维护，防病毒、防断电、无噪声、低功耗、低成本，为客人提供了安静、舒适的休息环境。

**【案例选读】**

## 点一下 iPad，就能得到你想要的服务

窗帘自动开关，灯光浪漫可调，收音机变成充电器，镜子里面暗藏电视……这是杭州环球酒店引入的智能化设备。

酒店客房桌子上放着一个 iPad。点击酒店的按键，就会出现“即刻体验”的画面。随后进入一个页面，出现了数字媒体、灯光、空调窗帘、信息等栏目。点击 iPad 睡眠模式，窗帘和窗纱就会自动关上，灯光也会自动关闭。如果切换成会客模式，所有的灯都会开启。点击浪漫模式，大部分的灯光变暗了，切换到 30% 的光晕。在 iPad 里，每个频道都一一列明，客人不用一个个换台。卫生间如切换水疗模式，会自动响起 SPA 音乐浴缸的正前方有一面镜子，用遥控器一点，镜子马上“变身”，成为一个电视屏幕。一台 iPad 还可以控制客房灯的开关、空调按钮。任何服务都可以在 iPad 上进行点击，诸如客人需要换枕头或需要维修设备，信息会第一时间提交给客房中心进行处理。就算是日常客房清扫，也能在 iPad 上预约。如果客人要退房，按一下墙上的退房按键，就能减少退房的步骤，让客人充分感受到便捷服务。这样的智能客房引领时尚、便捷、数字的现代生活方式。

### （三）绿色化

在倡导可持续发展的今天，创建绿色饭店已经成为一种时尚，因此，酒店通常在客房的房间和卫生间中放置棉织品的免洗提醒卡；减少并非大多数客人需要的客用品的品种和数量，同时提醒客人如果需要这些物品可以通知客房中心提供；在卫生间使用沐浴液、洗发液的液体分配器取代传统的一次性容器，减少一次性容器对环境造成的污染；客房小冰箱选用吸收式的环保产品；减少一次性塑料用品的使用等。

## 三、客房设备用品配置

客房设备和用品是满足客人在客房中生活需求的物质条件，酒店需根据经济合理的原则，选择配备与客房档次相适应的设备和用品。

### （一）客房设备

根据用途，客房设备可分为电器类、家具类、卫生洁具类、安全装置类、地毯类等几大类。

#### 1. 电器设备

客房内配备的电器设备主要有电视机、空调、电冰箱、灯具、音响等。空调有中央空调和分体空调之分，除了经济型饭店大多配备分体空调之外，大部分酒店多使用中央空调，房内配有控制器，以调节室内温度。一些高档客房还配有熨斗或挂烫机、胶囊咖啡机等。

#### 2. 家具

客房内主要配有床、床头柜、写字台、茶几、沙发、电视机柜、行李柜（活动行李架）、衣橱等家具。

#### 3. 卫生洁具

客房卫生洁具主要有淋浴器、坐便器、洗脸盆，高档客房内还配有浴缸、净身器，卫生间干湿分区。

#### 4. 安全装置

为了保证住客和酒店的安全，客房内必须配备相应的安全装置。如消防报警装置，有烟感器、温感器及自动喷淋，其他安全装置还有门窥镜、防盗链、防毒面具、私人保险箱、紧急呼救按钮等。

5. 地毯

地毯具有保暖、隔音、装饰、舒适等作用，星级酒店通常将地毯作为客房地面的主要装饰材料。

## （二）客房客用物品

客房客用物品的种类很多，通常分为两大类：客用固定物品（多次性消耗品）和客用消耗物品（一次性消耗品）。

1. 客用固定物品

客用固定物品是指客房内配置的可连续多次供客人使用、正常情况下短期内不会损坏或消耗的物品。这类物品仅供客人在住店期间使用，不可消耗，也不能在离店时带走，如床上用品、杯具、衣架、文具夹等。

2. 客用消耗物品

客用消耗品是指客人在住店期间使用消耗，也可以在离店时带走的物品。此类用品价格相对较低，容易消耗，所以，也称一次性消耗品，如火柴、信封、信笺、茶叶、肥皂、牙具等。

不同星级饭店、不同类型客房，其物品配置的种类、规格是不同的。酒店应根据自身的情况及有关行业标准，合理进行配置（见表 2-3-1，表 2-3-2）。

表 2-3-1　普通标准间卧室客用物品的配置

<table>
<tr><th>摆放位置</th><th>物品名称</th><th>数量</th><th>摆放要求</th><th>备注</th></tr>
<tr><td>门后把手</td><td colspan="2">早餐牌<br>1 张</td><td>挂在门把手上</td><td>开夜床时，可将早餐牌放在床头柜上</td></tr>
<tr><td rowspan="8">衣橱内</td><td>防毒面具</td><td>2 个</td><td rowspan="8">各种用品摆放要整齐，方便客人使用</td><td rowspan="8">高档客房配有浴袍或浴衣</td></tr>
<tr><td>备用被子</td><td>2 条</td></tr>
<tr><td>备用枕头</td><td>2 个</td></tr>
<tr><td>衣架</td><td>8~12 个</td></tr>
<tr><td>鞋篮</td><td>1 只</td></tr>
<tr><td>拖鞋</td><td>2 双</td></tr>
<tr><td>擦鞋布</td><td>2 块</td></tr>
<tr><td>鞋拔</td><td>1 个</td></tr>
</table>

续表

| 摆放位置 | 物品名称 | 数量 | 摆放要求 | 备注 |
|---|---|---|---|---|
| 衣橱内 | 衣刷 | 1 把 | 各种用品摆放要整齐，方便客人使用 | 高档客房配有浴袍或浴衣 |
| | 洗衣袋 | 2 个 | | |
| | 洗衣单 | 水洗、干洗各一份 | | |
| | 礼品袋 | 2 个 | | |
| 电冰箱 | 软饮料 | 若干种 | | 小食品也可放在吧台或茶具柜 |
| | 小食品 | 若干种 | | |
| 吧台或茶具柜 | 酒杯 | 若干只 | | 高档客房还配有烈性酒若干种 |
| | 杯垫 | 每杯一张 | | |
| | 调酒棒 | 2 根 | | |
| | 餐巾纸 | 若干张 | | |
| | 冰桶 | 1 个 | | |
| | 冰桶夹 | 1 把 | | |
| | 食品 | 若干种 | | |
| | 账单 | 1 份 | | |
| | 酒水立卡 | 1 张 | | |
| 茶具柜 | 电热水壶 | 1 个 | 柜面整洁，各类物品摆放有序 | 高档客房还可配袋装咖啡 |
| | 茶盘 | 1 个 | | |
| | 茶杯 | 2 个 | | |
| | 茶叶盅 | 1 个 | | |
| | 茶叶 | 红绿茶叶各两包 | | |
| 写字台上 | 台灯 | 1 个 | 各类物品摆放有序 | 服务指南可放在文具夹内或写字台抽屉内 |
| | 服务指南 | 1 本 | | |

续表

| 摆放位置 | 物品名称 | 数量 | 摆放要求 | 备注 |
| --- | --- | --- | --- | --- |
| 写字台抽屉内 | 文具夹 | 1 个 | 各种用品分类摆放、整齐有序，方便客人取用 | 为摆放整齐，大部分的文具用品放在文具夹内 |
| | 酒店介绍 | 1 本 | | |
| | 安全须知 | 1 份 | | |
| | 信封 | 2 个 | | |
| | 信纸 | 若干张 | | |
| | 明信片 | 2~4 张 | | |
| | 行李箱标贴 | 2 张 | | |
| | 宾客意见书 | 2 份 | | |
| | 针线包 | 1 包 | | |
| | 圆珠笔 | 1 支 | | |
| | 礼品袋 | 2 只 | | |
| | 手电筒 | 1 只 | | |
| 写字台旁 | 垃圾桶 | 1 个 | | |
| 电视机柜 | 电视节目单 | 1 份 | 放置在电视机上 | 开夜床时，将遥控器、电视节目单放在床头柜上 |
| | 遥控器 | 1 个 | | |
| 茶几 | 烟灰缸 | 1 个 | | 茶具可放置在茶具柜上 |
| | 火柴 | 1 包 | | |
| 床上（每床） | 被子 | 1 条 | 床上用品须规范布置 | 酒店多采用中式铺床方式 |
| | 被套 | 1 条 | | |
| | 枕芯 | 1 对 | | |
| | 枕套 | 1 对 | | |
| | 床单 | 1 条 | | |
| | 垫褥（保护垫） | 1 条 | | |
| | 床裙 | 1 条 | | |

续表

| 摆放位置 | 物品名称 | 数量 | 摆放要求 | 备注 |
|---|---|---|---|---|
| 床头柜 | 便签夹 | 1个 | | |
| | 便笺纸 | 若干张 | | |
| | 铅笔 | 1支 | | |
| | 电话机 | 1部 | | |
| | 常用电话号码卡 | 1份 | | |

**表 2-3-2　普通标准间卫生间客用物品的配置**

| 摆放位置 | 物品名称 | 数量 | 摆放要求 | 备注 |
|---|---|---|---|---|
| 洗脸台上 | 漱口杯 | 2个 | 各类用品摆放整齐有序，摆放位置需顾及大多数客人的使用习惯 | 为避免用品占据台面过多的位置，卫生间牙具、木梳等客用消耗品最好放在专用的盛器内 |
| | 小香皂 | 2块 | | |
| | 皂碟 | 1个 | | |
| | 小方巾 | 2条 | | |
| | 牙具 | 2套 | | |
| | 沐浴液 | 2瓶 | | |
| | 洗发液 | 2瓶 | | |
| | 润肤露 | 2瓶 | | |
| | 浴帽 | 2个 | | |
| | 梳子 | 2把 | | |
| | 护理包 | 2个 | | |
| | 剃须刀 | 2把 | | |
| | 面巾纸 | 1盒 | | |
| 洗脸台下 | 垃圾桶 | 1个 | 垃圾桶最好靠近坐便器 | |
| | 体重秤 | 1个 | | |
| 毛巾架上（洗脸台旁） | 洗脸巾 | 2条 | 洗脸巾悬挂端正，正面朝上 | |

续表

| 摆放位置 | 物品名称 | 数量 | 摆放要求 | 备注 |
|---|---|---|---|---|
| 毛巾架上（淋浴器旁） | 大浴巾 | 2条 | 小浴巾悬挂，大浴巾折叠摆放 | |
| | 小浴巾 | 2条 | | |
| 淋浴间 | 地巾 | 1条 | 折叠放在淋浴间门把上 | |
| | 防滑垫 | 1个 | 卷起摆放 | 开夜床时平铺在淋浴间地面 |
| 浴缸上沿 | 地巾 | 1条 | 折叠摆放 | |
| 坐便器旁 | 手纸 | 1卷 | | |
| | 卫生袋 | 2个 | | |
| | 手纸架 | 1个 | | |
| | 备用手纸 | 1卷 | | |

## 【思考与练习】

### 一、判断题

1. 客房有“家外之家”或“第二办公室”的称号。(　　)
2. 女士楼层的客房对家具和日用品的要求通常都很高。(　　)
3. 睡眠区域是客房中最基本、面积最大的区域。(　　)
4. 客房设备和用品能满足客人在客房中生活需求的物质条件。(　　)
5. 业内人士把客房比喻成“易坏性最大的商品”。(　　)

### 二、单项选择题

1. (　　) 是饭店出售主要满足客人休息、睡眠需要的产品。

A. 客房　　B. 大堂吧　　C. 健身房　　D. 餐厅

2. Single room 是指 (　　)。

A. 双人间　　B. 单人间　　C. 套房　　D. 大床间

3. 客房内小走廊侧面的壁橱和小酒吧属于 (　　)。

A. 起居空间　　B. 盥洗空间　　C. 工作空间　　D. 贮存空间

4.“床上用品”属于（　　）。

A. 客用固定物品　B. 客用消耗物品　C. 客用设备　D. 酒店装饰材料

5.（　　）是客人对酒店客房最基本的要求。

A. 清洁　B. 安全　C. 舒适　D. 方便

**三、多项选择题**

1. 客房产品的基本要求是（　　）。

A. 清洁　B. 安全　C. 舒适　D. 方便　E. 特色性

2. 客房产品的特色性可从（　　）等方面来体现。

A. 建筑风格　B. 设计风格　C. 文化氛围　D. 服务方式

3. 在客房服务过程中讲究“三轻”，是指（　　）。

A. 说话轻　B. 走路轻　C. 操作轻　D. 方式轻

4. 新概念客房的客房设计应凸显（　　）。

A. 人性化　B. 健康化　C. 个性化　D. 现代化

5. 客房设计逐渐走向（　　）。

A. 人性化　B. 智能化　C. 绿色化　D. 制度化

**四、拓展作业：走进饭店**

活动目的：

1. 观察饭店的建筑风格并描述

2. 了解饭店的发展史、客房数、服务项目、特色等

活动形式：学生分小组完成饭店调查

学习任务：

1. 选择一家饭店

2. 描述饭店的建筑风格；了解饭店的发展史、客房数、服务项目、特色等

3. 形成调查报告，相互交流

# 单元四　知晓饭店设施设备的清洁保养

美国旅馆基金会与保洁公司联合对美国旅游市场上万名旅行者进行了一项“选择饭店标准”的调查。调查研究表明，无论是初次或是再次选择饭店，饭店的清洁永远是排在第一位的。由于饭店建筑及装饰材料材质多种多样，清洁保养工作越来越烦琐，质量要求越来越高，所需的清洁物料品种越来越多。本单元从“认识清洁器具及清洁剂”和“常见面层材料的清洁保养”来了解饭店如何营造窗明几净的清洁环境。

## 【学习目标】

### 1. 知识目标

（1）知晓客房常用清洁器具的种类。

（2）知晓客房常用清洁剂的种类、用途。

（3）掌握饭店地毯、大理石清洁保养。

### 2. 技能目标

（1）能辨别不同种类清洁器具并知晓其用途。

（2）能正确使用各种常用清洁剂。

### 3. 素质目标

（1）树立环保意识，养成文明操作习惯。

（2）养成课前查阅资料、收集信息、处理信息的良好习惯。

# 项目一 认识清洁器具和清洁剂

## 【课前活动】

活动主题：初识清洁器具及清洁剂

活动步骤：

1. 通过饭店调查、上网查询等多种途径，初识饭店常用的清洁器具和清洁剂
2. 小组讨论，归纳总结出酒店常用清洁器具、清洁剂的种类和用途
3. 课前5分钟分享

## 【学习内容】

饭店建筑千姿百态，内外装修使用的材料也越来越丰富且注重环境保护，这无疑给饭店的清洁保养增加了新的内容，提出了新的要求。因此采用节约能源和减少污染的环保型清洁器具和清洁剂，既反映了饭店对清洁保养工作的重视程度，又是文明操作的标志。

## 一、清洁器具

### （一）普通清洁工具

普通清洁工具包括手工操作和不需要电机驱动的清洁设备。如抹布、扫帚、拖布、玻璃清洁器、房务工作车等（见表2-4-1）。

表2-4-1 普通清洁工具一览表

| 种类 | 用途 | 图片 |
|---|---|---|
| 扫帚 | 主要用于扫除地面较大的、吸尘器无法吸走的碎片和脏物 |  |

续表

| 种类 | 用途 | 图片 |
|---|---|---|
| 畚箕 | 用于撮起集中成堆的垃圾 |  |
| 拖布 | 又称墩地抹布，用于擦洗地面的长柄清洁工具。分为地拖和尘拖两种 |  |
| 房务工作车 | 又称布草车，是客房服务员整理、清扫客房时用来运载物品的工具车 |  |
| 清洁篮 | 是清洁客房是放置清洁剂及清洁工具用品的手提篮 |  |
| 玻璃刷 | 又称刮水器，是清洁玻璃、镜面的有效工具 |  |
| 抹布 | 是清洁家具物品、整理房间最方便、最实用的清扫用具，又是其他清洁器具所不能代替的清洁用具 |  |
| 刷子 | 分地刷和软毛刷，地刷用于多种场合及各位部位的清洁。软毛刷用于擦洗面盆、浴缸、瓷片墙面、马桶等 |  |
| 揣子 | 用于疏通便具的简易工具 |  |

续表

| 种类 | 用途 | 图片 |
|---|---|---|
| 油灰刀 | 用于去除粘在地板上的口香糖等难以清洁的污垢 |  |
| 粘胶式清洁器 | 用于清除沙发、家电、家具等物体上的毛发和尘土 |  |

【知识链接】

## 认识房务工作车

房务工作车又称布草车，是客房服务员整理、清扫客房时用来运载物品的工具车。使用工作车可以减轻劳动强度和提高工作效率，而且当房务工作车停在客房门外时，可以成为“正在清扫房间”的标志。

房务工作车多为三层（也有四层），车身通常设计为一面开口，以方便存放客用物品（如床单、枕套、浴巾等）以及小件清洁工具。两侧的车钩上分别挂布草袋（撤换下来的）和垃圾袋。新型的房务工作车布草袋及垃圾袋为全封闭式的，配有拉链，干净整洁，方便取拿脏布草和垃圾袋。

### （二）清洁电器设备

清洁电器设备见表 2-4-2 所示。

**表 2-4-2 清洁电器设备**

| 种类 | 用途 | 图片 |
|---|---|---|
| 吸尘器 | 吸尘器是现代饭店客房卫生清洁不可缺少的电器化清洁器具。用于地板、家具、垫套、沙发和地毯等。根据结构和操作原理的不同，吸尘器可分为直立式、吸力式和混合式三种 |  |
| 洗地毯机 | 一般采用真空抽吸法，脱水率在 70% 左右。用于纯羊毛、化纤、尼龙、植物纤维等地毯的清洗 |  |

续表

| 种类 | 用途 | 图片 |
|---|---|---|
| 吸水机 | 用于地毯洗刷后地毯根部污水和残渣的清理。吸水机外形常用的有筒性和车厢形两种 |  |
| 洗地机 | 又称擦地吸水机，具有擦洗机和吸水机的功能。适用于饭店的大厅、走廊、停车场等面积大的地方，是提高饭店清洁卫生水平不可缺少的工具之一 |  |
| 高压喷水机 | 一般用于垃圾房、外墙、停车场、游泳池等地的冲洗，也可加入清洁剂使用。附有加热器的喷水机水温可高达沸点以上，故更适合于清洁有油污的场所 |  |
| 打蜡机 | 又称打光机，主要用于地板及光整地面上蜡后的打光。有单刷机、双刷机、三刷机三种类型。其中单刷机使用最广。从速度来分又可分有慢速（120~175转/分）、中速（175~300转/分）、高速（300~500转/分）和超高速（1000转/分）。慢速及中速较适合于洗擦地板，高速则适用于花岗石、大理石等平整硬质地面的抛光 |  |

【知识链接】

## 揭秘吸尘器

吸尘器全称为电动真空吸尘器。它是一个由电动机带动的吸风机，即利用马达推动扇叶，造成机身内部的低压（真空），通过管道将外界物品上附着的灰尘吸进机内集尘袋中，达到清洁的目的。

吸尘器分主体和附件两部分。主体包括电机、风机和吸尘部分（由过滤器、储尘筒组成）；附件包括软管、接头弯管、塑接管、刷头和扁吸嘴等。吸尘器的风机叶轮在电机高速驱动下，将叶轮中的空气高速排出风机，同时使吸尘部分内的空气不断地补充进风机，这样吸尘部分与外界之间就形成了相当高的压差，吸嘴部的尘埃、脏物随空气被吸入吸尘部分，并经过滤器过滤，将尘埃、脏物就收集于储尘筒内。

## 二、清洁剂

人们常说清洁剂如洗发水、洁厕剂、玻璃清洁剂等，可见清洁剂对清洁保养工作的重要性。合理地安全有效地使用清洁剂，既能提高清洁工作的效率，又能保证清洁工作的质量。

### （一）“脏”的存在形态与性质

#### 1. 尘土

尘土可以认为是“脏”的初级阶段。尘土漂浮于空气之中，并逐渐停留在空气中的所有物体表面，若不经常清除，则会在物体表面上积存，使得物体表面变得灰暗和粗糙，而且会发出霉味，滋生害虫等。因此，有灰尘时应及时清除。

#### 2. 污垢

污垢有油迹和水迹之分，需借助有效的机械法和化学法清除污垢。机械法就是使用合适的器具如抹布、拖把、百洁布、刷子、机器等进行清除；化学法就是要借助清洁剂的化学作用有效地清除污垢。化学法和机械法结合起来清除污垢效果更佳。

#### 3. 渍迹

渍迹通常是由于蛋白质、酸碱、染料等相互吸附而造成的污染，过量的污垢滞留时间过长而渗透到物体表面组织之中也能成为渍迹。渍迹与污垢不同，污垢通过系列的方法终会被清除，而渍迹的清除难度很大，残留时间较长的渍迹往往不易除掉。在清除渍迹时还需非常小心，否则容易破坏被污染物。渍迹要及时清除，对于刚发生的渍迹可用颗粒粉末吸收渍迹，溶剂溶解渍迹，酸、碱或溶剂中和渍迹等方法清除。

#### 4. 锈蚀

锈蚀是金属与水分、食物、化学液剂或气体相遇发生化学反应而引起的污染。锈蚀会使金属表面失去光泽、变得粗糙，最终会被腐蚀。酸是最有效的除锈剂，它常与磨蚀剂混合使用。热的苏打或矾溶液也可以清除锈蚀。

**【想一想】**

在清扫客房时，我们应如何选择清洁剂呢？

### （二）清洁剂的种类和用途

清洁剂的分类见表 2–4–3 所示。

表 2–4–3　清洁剂分类

| 种类 | pH值 | 功能 | 常见清洁剂种类 |
|---|---|---|---|
| 酸性清洁剂 | pH<7 | 通常为液体，也有少数为粉状。具有一定的杀菌除臭功能，且能中和尿碱、水泥等顽固斑垢，主要用于洗手间的清洁 | 盐酸稀释液；硫酸钠；草酸；马桶清洁剂、消毒剂 |
| 中性清洁剂 | pH=7（PH6–8） | 有液体、粉状和膏状等类型。其性能温和，对物品的腐蚀、损伤很小，还起到保护清洁对象的作用。主要用于建筑物表面、部分家具的保养 | 多功能清洁剂；洗地毯剂 |
| 碱性清洁剂 | pH>7 | 有液体、乳状、粉状、膏状等类型。能清除酸性污染、油脂类污垢和酸性污垢，主要用于客房的桌椅、玻璃、家具台面等 | 玻璃清洁剂；家具蜡；起蜡水 |

**【知识链接】**

## R 系列清洁剂

一些酒店使用 R 系列清洁剂，清洁剂瓶体上印有醒目的数字标号。不同用途清洁剂瓶体颜色有明显区分，便于员工日常操作使用。R1：洁厕剂；R2：多功能清洁剂；R3：玻璃清洁剂；R4：家具蜡；R5：空气清新剂；R6：强力洁厕剂；R7：特效去污膏。

常用清洁剂介绍见表 2-4-4 所示。

**表 2-4-4　常用清洁剂**

| 种类 | 适用范围 | 使用方法 | 图例 |
|---|---|---|---|
| 马桶清洁剂 | （1<pH<5）呈酸性，含合成抗酸剂。用于清洁洗手间恭桶、小便池、洗手盆等，有除臭和杀菌功效 | 使用时按说明书稀释，且必须倾倒在恭桶和便池内的清水中，不能直接倒在被清洁物表面，刷洗后用清水冲净 |  |
| 消毒剂 | （5<pH<9）用于卫生间的消毒，还可用于消毒杯具 | 使用后，一定要用水漂净，“84”消毒液即为其中比较好的一种 |  |
| 多功能清洁剂 | （7<pH<8）略呈碱性，多用于去除家具和台面的污垢、油渍、化妆品等污渍，有防霉作用 | 使用前要根据使用说明书稀释，这种清洁剂不能用来清洗地毯，对特殊污垢的作用较小 |  |
| 地毯香波 | 呈中性，用于清洗地毯 | 分高泡和低泡两种。高泡用于干洗地毯，低泡用于湿洗地毯，且用温水稀释去污效果较好 |  |
| 玻璃清洁剂 | （7<pH<10）一般呈中性或碱性。用于清洁玻璃，镜面，包括客房卫生间镜面上的一些污迹，油质，及化妆品残留污渍等 | 方法是将装在高压喷罐内的玻璃清洁器对准污渍喷洒少许，然后用干布擦拭，便可光亮如新 |  |
| 家具蜡 | （8<pH<9）形态有乳液态、喷雾型、膏状等。具有清洁和上光双重功能。主要是用于木制家具，皮革制品等家具的清洁保养 | 按照使用说明将家具蜡均匀地喷在家具表面，用软干布来回擦拭，即能光亮如新。它能较好地清除家具表面的污迹、灰尘，并能在家具表面形成一层保护膜，防尘，防潮，防污 |  |

续表

| 种类 | 适用范围 | 使用方法 | 图例 |
| --- | --- | --- | --- |
| 起蜡水 | （$10<pH<14$）呈强碱性。用于需再次打蜡的大理石和花岗岩等石质地面 | 由于碱性强，起蜡后一定要反复清洗地面后才能再次上蜡 |  |
| 空气清洁剂 | 一般含有香精和杀虫成分，有灭菌、清新空气的作用。适用在客房、卫生间和大厅等公共场所 | 使用时要注意适量，香型选择要考虑适合大众习惯，以气味清淡为宜 |  |

### 3. 抛光剂

抛光剂虽然不是严格意义上的一般清洁剂，但是在清洁保养工作中却被经常使用，它具有清洁和保养的双重功效（见表2-4-5）。当物体表面上了抛光剂之后，能形成硬质防护表层，可起到降低物体表面脏垢的附着力、防止擦伤、美化物体的作用。

**表 2-4-5　抛光剂**

| 种类 | 适用范围与方法 | 图例 |
| --- | --- | --- |
| 省铜剂 | 多呈糊状，用于纯铜制品。主要原理是氧化掉铜制品表面的铜锈从而使铜制品光亮如新；不能用于镀铜制品，否则会将镀层氧化掉 |  |
| 金属上光剂 | 主要用于纯金属制品，如锁把、扶手、水龙头、浴帘杆等的除锈去污和上光 |  |
| 地面蜡 | 有固态、膏状和液体三种，又分为封蜡和面蜡。封蜡主要用于第一层底蜡，内含填充物，可堵塞地面表层的细孔，起到光滑作用。面蜡主要是打磨上光，增加地面的光洁度和反光强度，使之更为美观。地面蜡还可分为水基和油基，水基蜡主要用于大理石地面，干燥后形成一层薄的保护膜；油基蜡主要用于木板地面 |  |

## 【前沿资讯】

### 与众不同的香味正在成为酒店的新标识

随着体验经济的到来，感官营销日渐风行，嗅觉也被越来越广范地应用到商业策划中。或许有一日，消费者只需闻一下味道，便知道自己踏入的是什么品牌的酒店。科学家证实，嗅觉记忆比视觉记忆更可靠。

香格里拉酒店集团的香氛直接命名为“芬芳香格里拉”，由香格里拉酒店集团花费 6 个月时间精心研制而成，有着亚洲独具的清新淡雅的气息，令人感到安舒、祥和。香格里拉酒店香味以香草、檀香和麝香为基调，同时带有些许佛手柑、白茶和生姜的别致香味，这使它显得与众不同。这种香味除了对客人表达欢迎之情外，更能起到安抚情绪和舒缓心情的功效。

而福朋喜来登酒店量身定做香味“Pinwheels in the Breeze”（中文翻译为“风车味”），让宾客一踏入酒店就感受到春日里清新舒爽的户外气息。

与名字、Logo 一样，与众不同的气味正在成为酒店的新标识。

# 项目二　常见面层材料的清洁保养

## 【课前活动】

活动主题：初建常见面层材料的清洁保养

活动步骤：

1. 阅读 PPT 内容，了解酒店客房常见面层材料的种类和清洁保养方式
2. 小组讨论，归纳总结出地毯、大理石、木质等面层材料的清洁保养要领
3. 课前 5 分钟分享

## 一、地面材料的清洁保养

饭店的地面是与客人接触最多的饭店设施，其清洁保养的好坏直接反映了

饭店的档次和经营管理水平。饭店的地面材料可以分为软质地面材料（地毯）和硬质地面材料。硬质地面材料如大理石、花岗岩、陶瓷等一般铺设在大厅、洗手间、游乐场所、厨房、地下室、停车场等处；而软质地面材料如地毯常被广泛运用于客房、餐厅、会议室场所。

### （一）地毯的清洗保养

#### 1. 地毯的类别与特点

地毯因其具有美观、安全、舒适、清洁、吸音、保温等特点，而被广泛使用于客房、餐厅、会议室等重要场所。根据地毯纺织纤维材料的不同，地毯分为羊毛地毯、化纤地毯、混纺地毯三种。

（1）羊毛地毯华贵、柔软、具有天然的弹性、装饰性强、保温性能好，具有吸音、保暖、脚感舒适的特点。但吸潮、易霉烂、易生虫、易缩水、难于保养、价格昂贵。我国纯毛地毯是以本土绵羊毛为原料，其纤维长，拉力大，弹性好，有光泽，纤维稍粗而且有力，是世界上编织地毯的最好优质原料。羊毛地毯常被用于高档客房、会堂、舞台等地面的高级装修材料。

（2）化纤地毯又可分为尼龙、丙纶、涤纶和腈纶 4 种，具有防潮、耐磨、不生虫、不缩水、易清洗等优点，其中尤以尼龙地毯的弹性好（比羊毛好），有韧性强度高、耐磨、耐用等特点而成为化纤地毯的佼佼者。但有的化纤地毯在湿度较低时会产生很强的静电。因此，除了一些易积水的公共区域外，饭店一般不铺设档次较低的化纤地毯。

（3）混纺地毯防虫蛀、防潮湿、防静电，而且极具观赏性和实用性，并且价格低于羊毛地毯。因其弥补了羊毛地毯和化纤地毯的一些缺陷，混纺地毯被饭店广泛地使用。

#### 2. 地毯四级保养法

一般来说，地毯的更新周期一般为 5~7 年，若保养得好，5 年后地毯仍美观、柔软如新。若保养不善，则一两年即面目全非。如带有沙土的鞋一旦踩过地毯，沙子就会嵌入地毯内使地毯纤维受到损坏，磨损地毯；食物痕迹和油迹若不及时清除，时间一长就得用强效清洁剂和溶剂，用刷子把它们擦掉。而这些都不利于地毯的清洁保养，因此定期对地毯进行保养是至关重要的。以下详细介绍了地毯四级保养法（见表 2–4–6）。

表 2-4-6　地毯四级保养法

| 保养步骤 | 具体保养措施 |
| --- | --- |
| 预防保养 | 预防保养是保养地毯的最佳方法。最常用的预防措施是在进入大面积的满铺地毯前（如大堂门前、宴会厅前）铺设蹭鞋垫；或是喷洒地毯保护剂，利于减轻地毯受损、变脏的概率和程度 |
| 日常清洁 | 吸尘是保养地毯最基本、最重要的方法。不仅可以除去地毯表面集聚的尘埃，还可以吸除地毯根部的沙砾，避免在人来人往对地毯纤维根部产生摩擦而割断纤维，并且经常吸尘可以减少地毯的清洁次数，保持地毯的弹性和柔软度延长使用寿命。一般而言，客房区域要求每日吸尘一次，人流量大的公共区域（如大堂、餐厅），每日吸尘不得少于 3 次 |
| 及时除清 | 在日常工作中，发现地毯出现污渍，应及时加以清除。一般去除污渍最佳的时间以不超过 24 小时为宜，不同的污渍应用不同的方法，否则渗透扩散后会留下永远无法清除的污迹 |
| 定期清洗 | 饭店应根据地毯使用的频率灵活掌握洗涤周期，每隔半年或一年对地毯进行一次彻底清洗。为了尽可能避免对地毯造成损坏，使地毯变形，最好采用干泡法对地毯进行清洗。具体操作方法是：用干泡洗地毯机将干泡洗涤剂喷洒在地毯上，约半小时后，待干泡渗入到地毯纤维中与污物结成晶体后，用吸尘器吸除即可 |

## 【知识链接】

# 饭店常见地毯污渍的处理方法

| 污渍种类 | 具体处理方法 |
| --- | --- |
| 黄油 | （1）将落在地毯上的黄油全部彻底刮掉<br>（2）用海绵蘸上地毯干洗溶液擦拭，然后吸干 |
| 奶油 | （1）先把地毯上的奶油用抹布、纸巾等彻底吸干<br>（2）再用海绵蘸上清洁剂溶液擦拭，把溶液吸干<br>（3）再用海绵蘸上温水擦拭吸干水分即可 |
| 咖啡、可乐、果汁、茶水 | （1）将地毯上的咖啡液、可乐汁、果汁、茶水用纸巾、抹布彻底吸干<br>（2）海绵蘸上清洁剂溶液擦拭后，用纸巾抹布吸干溶液<br>（3）再用海绵蘸清水，擦拭、吸干水分 |
| 呕吐物 | （1）发现地毯上有呕吐物时，应立即刮去并吸干脏物<br>（2）用海绵蘸上清洁剂溶液擦拭，再用抹布或纸巾吸干<br>（3）再用海绵蘸上清水擦拭吸干水分 |

续表

| 污渍种类 | 具体处理方法 |
|---|---|
| 口香糖 | （1）先用小刀小心地把口香糖彻底刮去（如口香糖已结成硬块状时，最好先用冰块冷敷一下，使其发脆后用刀刮去）<br>（2）用海绵蘸上地毯干洗剂擦拭，再用纱布吸干 |
| 唇膏 | （1）先用小刀把地毯上的唇膏轻轻刮去<br>（2）用海绵蘸上醋酸戌酯或清洁剂溶液擦拭，用抹布把溶液吸干<br>（3）如果使用清洁剂，则还应再用海绵蘸上清水擦拭再吸干水分 |
| 指甲油 | （1）应先用小刀轻轻刮干净<br>（2）后用海绵蘸上醋酸戌酯或指甲油去除剂擦拭用抹布吸干<br>（3）用海绵蘸上地毯干洗剂擦拭吸干 |
| 血迹 | （1）用纸巾吸干后用蘸上冷水的海绵擦拭吸干水分<br>（2）用海绵融上清洁剂溶液擦拭<br>（3）用抹布吸干溶液，最后用海绵蘸上清水擦拭吸干水分 |
| 烧焦痕迹 | （1）被燃烧的烟火毁伤的地毯可小心将地毯上簇绒烧焦的一端剪去，再加以擦拭<br>（2）用海绵蘸上清洁剂进行擦拭<br>（3）对毯绒很短的地毯，有时可采用砂纸擦拭消除烧焦处的痕迹 |
| 果汁 | （1）彻底吸干果汁，用海绵蘸上清洁剂溶液揩拭<br>（2）吸干溶液后再用海绵蘸上清水揩拭并吸干水分 |

## （二）硬质地面材料的清洁保养

### 1. 硬质地面的种类

（1）大理石。

天然大理石是地壳中原有的岩石经过地壳内高温高压作用形成的变质岩，属于中硬石材，其主要成分以碳酸钙为主。大理石地板具有纹理，有良好的光洁度，易清洗，且耐磨，能给人富丽庄重之感，但是大理石不吸声，不防滑，不适用于卫生间、厨房地面。

（2）花岗岩。

又称“麻石”“花岗岩”，与大理石非常相似，也是一种性能优越的地面装饰材料，常常用于酒店的前台区域。其主要成分是石英、云母、长石的结晶体，因此花岗岩比大理石结构更为紧密，硬度极高，防污防水、耐酸耐碱以及耐磨性能都优于大理石。常用于酒店墙面、大堂、楼梯踏步、台阶等处装饰。

（3）木质材料。

木材因良好的弹性、天然的花纹所带来的质感一直深受人们的青睐。但由于木材属于易燃材料，防火性能差，易被虫蛀，一般不宜大量采用，只能在一些高级地面和必须采用木地板的部位少量采用。近年来，新型的复合地板在加工制造中通过革新传统的加工工艺来添加防腐、防虫、耐磨等物质，现已成为很好的地面装饰材料。

### 2. 大理石地面的清洁保养

对大理石地面进行有效的清洁保养，即可保持其清洁美观，又可延长其使用寿命，对大理石地面进行清洁保养时，一定要方法得当（见表 2-4-7）。

**表 2-4-7　大理石地面的清洁保养**

| 保养方法 | 具体方法 |
| --- | --- |
| 日常清洁 | （1）推尘<br>（2）喷磨：推尘去除不掉的局部污迹和一些走动较多、有磨损印的地面，可喷蜡后用单擦机喷磨，目的是在地面上留下一层薄薄的新蜡，起到光洁地面的作用 |
| 定期清洁 | （1）定期清洁通常安排在晚上 11：00 后进行<br>（2）清洁前，备好相应的清洁器具（洗地机、吸水机、海绵、拖把、水桶）和清洁剂（中性偏碱清洁）<br>（3）将稀释好的清洗液倒入洗地机内，一边擦洗，吸水机一边吸除污水。对洗地机无法清洗到的角落，可用拖把浸泡清洁液，拧干后擦洗或用海绵人工擦洗<br>（4）禁止使用酸性清洁剂和粉状清洁剂来清洁大理石地面，否则会腐蚀和损伤大理石表层 |
| 打蜡 | 打蜡既可恢复大理石地面的光滑明亮，又可延长使用寿命，是保护大理石地面面层的最佳方法。对大理石地面进行打蜡的具体程序和方法是：<br>（1）将起蜡水均匀涂于地面除去旧蜡，洗地机一边擦洗，吸水机一边吸走蜡溶液<br>（2）用清水过清地面<br>（3）待地面完全干透后，将第一层蜡（封蜡）均匀喷涂于地面，且薄而均匀<br>（4）待第一蜡层风干后（一般约需 30 分钟），用抛光机轻度打磨抛光，使蜡面平滑牢固<br>（5）待第一层蜡干透后（约需 4 小时），再上第二层蜡（通常为面蜡），待蜡层风干后抛光<br>（6）待第二层蜡干透后（约需 4~8 小时），可上第三层蜡（面蜡），待蜡层风干后抛光，即完成整个工作 |

续表

| 保养方法 | 具体方法 |
| --- | --- |
| 晶面处理 | 晶面处理是通过机械将化学剂加热浓缩并压缩成结晶膜铺在地面上，以减少沙砾、硬质鞋底等对地面磨损的方法。<br>（1）将起蜡水均匀涂于地面除去旧蜡，洗地机一边擦洗，吸水机一边吸走蜡溶液<br>（2）用清水过清地面<br>（3）待地面完全干透，将选择好的晶面处理剂倒入处理机，开启机器，均匀喷涂在地面上，同时，高速转动的钢丝垫迅速进行抛光，很快会有一层透明薄膜牢固附着在地面上，但要过 2 小时才能在上面行走 |

**【想一想】**

大理石清洁保养的打蜡和晶面处理有何区别？

**3. 花岗岩地面的清洁保养**

（1）打蜡抛光。

花岗石地面投入使用后，经过一段时间（半年至一年）之后，表面就会发生凹凸不平的变化，产生不规则的细微的孔隙，这时才适时进行打蜡处理，打蜡程序与大理石基本相同。

（2）日常保洁。

花岗石地面每天需用除尘地拖，喷上牵尘剂，经常性地拖去污渍、灰尘及脚印。夜间或客人较少的时候，可用擦地机配合中性清洁剂，擦洗地面，洗毕后，用吸水机将污水吸走。

（3）定期保养。

花岗石地面经过一段时间使用后，会积有细菌、泥土及微小的沙砾等污渍。所以每隔一段时间需用擦地机进行全面清洗。洗完后用吸水机将污水吸走，地面干后，再喷蜡进行全面的抛光。

**4. 木质地面的清洁保养**

（1）初始保养。

新的木质地板在使用前应先进行砂擦、吸尘、打蜡抛光（采用油性蜡）。

（2）日常清洁保养。

在入口处铺上地毯垫，每日进行清理及更换，以减少客人出入时带进的粒，从而保护木质地面，如局部有污迹时，可先用油灰刀、细砂纸、抹布等除去地面上的小斑迹，进行局部擦洗，待其干后，再补蜡及抛光。

（3）定期清洁保养。

木质地板的定期清洁保养方法与大理石地面基本相同，但因材质的不同，与大理石地面的清洁保养方法有一定的差异。

## 二、墙面材料的清洁保养

饭店的墙面不仅起到遮风挡雨的作用，更重要的是能够保护客人的隐私，带给客人安全感，从装饰的角度给客人美的享受。由于墙面给人的视觉刺激往往先于其他因素，因此墙面材质的选择和维护就显得尤为重要。下面介绍几种饭店常用的内墙墙面材料及其清洁保养的方法。

### （一）硬质墙面及其清洁保养

硬质墙面具有较强的装饰性能和防水、防污、防火性能。饭店常用的硬质墙面有瓷砖墙面和大理石墙面。由于瓷砖、大理石墙面受到的摩擦少，主要污染为灰尘、水珠等。因此，其清洁保养方法是：每天掸去墙面表面的浮尘，定期用喷雾蜡水进行清洁保养。

### （二）墙纸墙面及其清洁保养

墙纸的花色较多，装饰性很强，是饭店最常见的墙面装饰材料，被广泛地运用于客房、会议室和餐厅等处。对墙纸墙面进行清洁和保养的方法如下。

（1）定期吸尘。吸尘时，将吸尘器换上专用吸头即可。

（2）发现污渍应及时处理，否则会留下永久性斑迹。

（3）处理污渍的方法应根据墙纸材料来确定：处理耐水性墙纸的污渍时，用毛巾或牙刷蘸中、弱碱性清洁剂进行擦洗，然后用干毛巾吸干水分；对不耐水的墙纸，则可采用干擦法，即用橡皮等进行擦拭，或用毛巾蘸上少量清洁剂并拧干后轻轻揩擦。

### （三）软墙面及其清洁保养

软墙面是指用锦缎等覆盖墙面、内衬海绵等物的墙面，具有高雅、华贵、温暖立体感强、吸音效果好的特点。

（1）定期吸尘。

（2）因软墙面内衬海绵等填充物，水擦后不易干透，处理不好会留下明显的水斑，故不能经常用清洁剂擦拭。

（3）宜在距地面1米以下的地方用木板贴面，1米以上处再用软墙面装饰。这样，既增强了软墙面的装饰效果，又方便了清洁。

**（四）木质墙面及其清洁保养**

木质墙面具有美观、雅致、保温性好、易清洁的特点，常被用于大厅、会议室、餐厅、客房的装饰。在木质墙面的清洁保养过程中，应注意防火、防潮、防暴晒。

（1）用干布为木质墙面擦拭除尘，进行日常清洁保养。

（2）定期为木质墙面上家具蜡，可起到便于日常清洁、加强保养的作用。

（3）应防止硬物或尖锐物刮到墙面，若有破损，应及时请工程部修复并上漆弥补。

**【知识链接】**

## 金、银制品的清洁保养

饭店装饰使用的大多为镀金制品和纯银制品，两者均为贵金属，也是软金属易于划伤，或受不良物质侵蚀失去光泽。定期使用专门的银器擦亮剂进行擦拭，尽可能将纯银制品置于干燥的、环境较好的地方；镀金制品的保养须更加小心，不能使用含磨砂成分的擦亮剂，易使镀层受损，应使用专门的上光剂用柔软的布料擦拭。

**【思考与练习】**

**一、判断题**

1. 房务工作车是客房服务整理、清洁客房时用来运载物品的工具车。（　　）

2. 扫帚是清洁家具物品、整理房间最方便、最实用的清洁用具。（　　）

3. pH 小于 7 属于中性清洁剂，适用于建筑面积、部分家具的保养。（　　）

4. 地毯的更新周期一般为 5~7 年。(　　)

5. 大理石晶面处理是减少沙砾、硬鞋底等地面的磨损。(　　)

## 二、单项选择题

1. (　　) 是现代饭店客房卫生清洁不可缺少的电器化清洁器具。

A. 吸尘器　B. 吸水机　C. 打蜡机　D. 洗地机

2. (　　) 是“脏”的初级阶段。

A. 尘土　B. 污垢　C. 锈蚀　D. 渍迹

3. 多用于去除家具和台面的污垢、油渍、化妆品等污渍是(　　)清洁剂。

A. 马桶清洁剂　B. 多功能清洁剂　C. 玻璃清洁剂　D. 家具抛光剂

4. 难于保养且被用于高档客房地面的铺设属于(　　)。

A. 尼龙地毯　B. 化纤地毯　C. 尼龙地毯　D. 羊毛地毯

5. (　　) 是保护大理石地面面层的最佳方法。

A. 晶面处理　B. 日常清洁　C. 定期清洁　D. 打蜡

## 三、多项选择题

1. 吸尘器根据结构和操作原理的不同，可分为(　　)。

A. 直立式　B. 单刷式　C. 吸力式　D. 混合式

2. 洗地机适用于饭店(　　)等地的清洁保养。

A. 大厅　B. 走廊　C. 客房　D. 停车场

3. 客房的“脏”主要体现在(　　)。

A. 尘土　B. 污垢　C. 渍迹　D. 锈蚀

4. 下列属于中性清洁剂的是(　　)。

A. 多功能清洁剂　B. 洗地毯剂　C. 家具蜡　D. 抛光剂

5. 地毯的清洁保养方法有(　　)。

A. 预防保养　B. 日常清洁　C. 及时清除　D. 定期清洗

## 四、拓展题

主题：探知希尔顿酒店集团

活动目的：了解希尔顿酒店集团

活动形式：利用互联网搜索资料、整理资料

学习任务：

1. 输入关键词“希尔顿酒店集团”，浏览网页

2. 查找希尔顿酒店集团的发展历史；在世界各地分布情况；在四川省的发展概况

3. 整理文档资料，分享交流

# 单元五　进行细致的清洁保养

客房的清洁保养是客房部主要任务之一，其工作的基本目标是：一是搞好卫生，即除尘除垢、杀菌消毒，保持客房环境的清新；二是更换补给客房用品，为客人提供一个舒适、方便的“家”；三是维护保养，满足客人对客房产品质量的要求，延长客房设施设备的使用寿命，增加客房创造的利润。本单元主要从“客房清扫准备”“客房清洁整理”“客房计划卫生”三个方面介绍客房清洁保养工作的相关技能与知识。

## 【学习目标】

### 1. 知识目标

（1）掌握客房清扫的基本方法。

（2）掌握各类客房清扫整理工作的程序与标准。

（3）知晓夜床整理的意义。

（4）理解客房计划卫生的意义。

### 2. 技能目标

（1）根据客房清扫整理的方法，能规范完成不同房态的清洁保养。

（2）能熟练独立完成中式铺床的技能操作。

（3）能熟练独立完成夜床服务。

### 3. 素质目标

（1）树立文明操作的工作习惯，养成良好的职业操守。

（2）提高工作责任心和质量意识。

（3）树立个性化的服务意识。

# 项目一　客房清扫准备

## 【课前活动】

活动主题：找寻“最美”酒店人

活动步骤：

1. 走进酒店或登录酒店官网寻找最让人感动的酒店人，感知酒店的职业魅力

2. 用照片或视频记录，制作成 PPT

3. 课前 5 分钟分享

## 【学习内容】

“工欲善其事，必先利其器”。要维护客房的清洁卫生，为客人提供清洁舒适的客房，清扫前的准备工作必不可少。

### 一、客房清扫的规定

客人一旦进入房间，该客房就应看成客人的私人空间，因此，任何服务员都不得擅自进入客人房间，都必须遵守相应的规定。

#### （一）清扫工作以不干扰客人为准

例行的客房大清扫工作，一般应在客人不在房间时进行；客人在房间，必须征得客人的同意方可进行。

#### （二）进房前先思索

服务员在进房前，要尽量替住客着想，揣摩客人的生活习惯，不要因清洁工作或其他事情干扰了客人的休息和起居。同时，还要想一想，是否还有其他事情要做。例如，客人在房间里用了早餐，去整理房间时，还应想到顺便把托盘带上，以便及时收拾餐具。这样做，既是为客人着想，也减少了不必要的往

返路程。

### （三）注意房间“请勿打扰”标识

凡在门外把手上挂有“请勿打扰”（Don’t disturb）标识（见图 2-5-1）或有反锁标志，以及房间侧面的墙上亮有“请勿打扰”指示灯时，不要敲门进房。如果到了下午 14：00 点，仍未见客人离开房间，里面也无声音，则可打电话询问，若仍无反应，则考虑客人可能生重病或发生其他事故，应立即报告主管。

图 2-5-1　钓鱼台精品酒店请勿打扰标识

### （四）进房前先敲门

每个饭店的员工都应养成进房前先敲门通报，待客人允许后再进入房间的习惯。敲门通报等候客人反应的具体步骤如下：

（1）站在距房门约 1 米远的地方，不要靠门太近；

（2）用食指或中指中关节敲门三下或按门铃，不要用手拍门。同时敲门有节奏，以引起房内客人的注意；

（3）等候客人反应 3~5 秒钟，同时眼望窥视镜，以利于客人观察；

（4）如果客人无反应，则重复二三的程序；

（5）如果仍无反应，则用房卡或钥匙开门。开门时，不要猛烈推门，因为客人可能在睡觉，或门上挂有安全链；

（6）开门后，应清楚地通报整理房间，并观察房内情况。如果发现客人正在睡觉或在卫生间，应马上退出，轻轻将门关上；

（7）敲门后，如果房内有客人应声，则服务员主动说“housekeeping”，待客人允许后方可进行房间的清扫。

### （五）开门作业的习惯

在房内作业时，必须将房门打开，如果客人不在房内，应用工作车将房门挡住。

**【想一想】**

在房内作业时，为什么要把房门打开？

### （六）讲究职业道德，尊重客人生活习惯

（1）保持良好的精神状态，吃苦耐劳，保证应有的工作效率。

（2）了解客人的习惯和要求，保护客人隐私，满足客人要求；如果客人在房内，除了必要的招呼和问候，一般不主动与客人闲谈；闲杂人员不得进入客房，如果客人中途回房，也需礼貌地查验住宿凭证，核实身份。

（3）不得将布件作为清洁擦洗的用具；不得使用和接听客房内电话，以免发生误会和引起不必要的麻烦；不得乱动客人的东西；不得享用客房内的设备用品；完成工作后即离开客房，不得在客房内滞留。

### （七）厉行节约，注意环境保护

（1）尽可能使用有利于环境保护的清洁剂和清洁用品。

（2）在保证客房清洁整理质量的前提下，尽量节约水、电以及其他资源。

（3）将废纸、有机废物、金属塑料废物分类处理，回收旧报纸、易拉罐、玻璃瓶和废电池。

（4）清洁保养以保养为首，减少清洁剂对物品的损伤。

## 【知识链接】

### 绿色客房

随着地球环境的恶化，人们更趋向于和自然和谐共处的“绿色意识”。因此，“绿色客房”将是21世纪客人的向往。美国著名管理大师乔治·温特在其《企业与环境》一书中指出：“总经理可以不理会环境的时代已经过去了，将来公司必

须善于管理生态环境才能赚钱。”绿色客房建立的根本目的是满足消费者对清洁、安全、健康、舒适的居住环境的要求，所包含的内容非常广泛，如下所示。

（1）客房内提供给客人使用的用品家具清洁、无污渍。

（2）客房是安全的，包括客房设备安全、客房提供的仪器和饮用水安全、保险箱及门锁可靠、消防安全等。

（3）客房内无病毒、细菌等的污染；室内空气清新，无化学污染；氧含量满足人体要求等。

（4）客房家具的设计人性化、布局合理，室内无噪声干扰，采光和照明良好等。

（5）为满足上述要求而采用的设备设施、能源、原材料等都是环保型的。

## 二、客房清扫前准备工作

为了保证清洁的质量，提高工作效率，必须做好客房清洁整前的准备工作。

### （一）仪容仪表准备

| 项目 | 具体要求 |
|---|---|
| 头发 | 1. 洁净，不油腻 |
| | 2. 男服务员短发，侧发不过耳 |
| | 3. 女服务员长发挽成发髻，额发不过眉 |
| 面部 | 1. 面带微笑，精神饱满 |
| | 2. 面部洁净，口腔无异味 |
| | 3. 女服务员化淡妆 |
| 手部 | 1. 手部洁净 |
| | 2. 指甲剪短，不涂有色指甲油 |
| 工装 | 1. 工作服干净，无破损褶皱 |
| | 2. 丝袜无破洞或跳丝 |
| | 3. 皮鞋或布鞋光亮清洁 |
| 工牌饰品 | 1. 工牌戴于左胸上方 |
| | 2. 工作时间不佩戴饰品，若戴发卡、头花，一般选用黑色或深色 |

### （二）班前例会

#### 1. 接受检查

更衣后到指定地点，接受值班经理或主管的检查。

#### 2. 签到

签到的方式包括机器打卡和到客房部签字报到。

#### 3. 布置任务

由值班经理或主管总结前日工作情况，强调当天的注意事项，并口头或书面布置具体工作安排，填写楼层当日事项登记表。（见表 2–5–1）

表 2–5–1 楼层当日事项登记表

| 交接项目 | 交接内容 | 备注 |
| --- | --- | --- |
| | | |
| | | |
| | | |

当班主管：　　　　　　　　　　　　　　当班服务员：

#### 4. 领取工作物品

领取工作房卡或钥匙及对讲机等工作物品时，需要万能钥匙。以下为客房部各楼层万能钥匙交接表（见表 2–5–2）。

表 2–5–2 客房部各楼层万能钥匙交接表

| 楼层 | 领用时间 | 领用人 | 发放人 | 归还时间 | 归还人 | 接收人 | 备注 |
| --- | --- | --- | --- | --- | --- | --- | --- |
| | | | | | | | |
| | | | | | | | |
| | | | | | | | |
| | | | | | | | |
| | | | | | | | |

## 【知识链接】

### 对讲机使用制度

（1）使用对讲机时应严肃认真，通话简明扼要，注意礼貌用语，不得讲与业务工作无关的事，更不可使用对讲机聊天。

（2）服务员上班时应打开对讲机电源开关，随时准备接收呼叫信号，下班时应立即关闭。

1）对服务中心的呼叫应立即回话，服从调度，不得故意不应答，违者应被给予适当处罚。

2）在服务过程中，如发生意外，应立即向客房服务中心报告，请示处理办法。

3）爱护对讲机，不得讲对讲机互换或外借，应妥善保管，损坏或丢失要追查原因。如因失职造成损坏或丢失对讲机须照价赔偿。

（3）准备客房状态登记表（见表 2–5–3）。

**表 2–5–3　客房状态登记表**

楼层：　　　　　　　服务员姓名：　　　　　　　日期：　　　　　　班次：

| 房号 | 房态 | 进房时间 | 出房时间 | 备注 |
| --- | --- | --- | --- | --- |
| | | | | |
| | | | | |
| | | | | |
| | | | | |

## （三）了解房态确定客房清扫顺序

### 1. 了解核实客房状态

客房状态是动态的，不同的客房状态反映了客人不同的需求。服务员整理客房前，必须先了解自己所要清扫的客房状态，科学安排客房清扫顺序。房态含义总结如下（见表 2–5–4）。

表 2-5-4 房态含义

| 房态 | 中文术语 | 英文术语 | 缩写 | 房态说明 |
|---|---|---|---|---|
| 空房 | | Vacant | V | 表示昨日暂时无人租用的 OK 房 |
| 待修房 | | Out Of Order | OOO | 因设施设备故障暂不能出租 |
| 走客房 Check Out （C/O） | 准备退房 | Expected Departure | E/D | 表示该房间住客即将在当天中午 12：00 以前退房 |
| | 未清扫房 | Vacant Dirty | VD | 客人已退房还没有清扫的房间 |
| | 已清扫房 | Vacant Cleaned | VC | 表示已清扫完毕，可出租的房间 |
| 住客房 Occupied （OCC） | 保留房 | Out Of the Turn | OOT | 该房客临时外出几天但不退房 |
| | 轻便行李房 | Light Baggage | L/B | 住客行李很少的房间 |
| | 无行李房 | No Baggage | N/B | 该房间的住客无行李 |
| | 请即打扫房 | Make Up Room | MUR | 住客需要服务员立即打扫的房间 |
| | 贵宾房 | Very Important Person | VIP | 该房住客是酒店的重要客人 |
| | 长住房 | Long Staying Guest | LSG | 住客长期租用的房间 |
| | 请勿打扰房 | Do Not Disturb | DND | 住客因个人原因不愿意被打扰 |
| | 住客外宿房 | Sleep Out | S/O | 客房已出租，但客人昨夜未归 |
| | 自用房 | House Use | HU | 表示住客为本饭店人员 |
| | 免费房 | Complimentary | Comp | 表示住客是为免费入住人员 |
| | 加床 | Extra Bed | EB | 表示该房有加床 |
| | 无需服务 | Need No Service | NNS | 表示住客提出无需清洁整理 |

**2. 确定客房清扫顺序**

服务员在确定客房清扫顺序时，应考虑以下几点：一是满足住客的需要；二是有利于客房销售，尽可能加快客房的周转；三是方便工作、提高效率。一般情况下，可以做下列安排。

（1）请即打扫房。即挂有 MUR 的房间，或客人口头上要求打扫的房间，应优先安排清洁整理，满足客人的要求。

（2）总台或领班指示打扫的房间。

（3）VIP 房间。

（4）走客房。

（5）普通住客房。

（6）空房。

（7）长住房应与客人协商，定时清扫。

## 【案例选读】

### 到底是谁的错

一天中午，住在1806房间的VIP客人从外面回到饭店，进到客房内，发现客房的卫生还没有打扫。客人有些不满意地找到了18楼的服务员说："我都出去半天了，怎么还没有给我的房间打扫卫生？"服务员对客人说："您出去的时候没有将'请即打扫'的牌子挂在门外。"客人说："看来倒是我的责任了。那么现在就打扫卫生吧，过一会儿我还要休息。"于是，服务员马上为1806房间打扫卫生。

第二天早晨，客人从房间出去时，把"请即打扫"的牌子挂在了门外的把手上。中午客人回来后，客房卫生仍然没有打扫。这位客人又找到这名服务员说："昨天中午我回来的时候我的房间还没有清扫，你说是因为我出去的时候没有把'请即打扫'的牌子挂上，今天我出去时把牌子挂上了，可是我现在回来了，还是没搞卫生。这又是什么原因呢？"这名服务员又用其他的理由解释，说："一名服务员一天要清扫十几间房，得一间一间地清扫，由于比较忙，没注意到挂了'请即打扫'的牌子。"客人问："你工作忙，跟我有什么关系，挂'请即打扫'的牌子还有什么意义？"服务员还要向客人解释。客人转身向电梯走去，找到大堂经理投诉。事后，这名服务员受到了客房部的处理。

## （四）准备好房务工作车及其他清洁器具设备

### 1. 整理房务工作车（见表2-5-5）

表2-5-5　工作流程、标准及要求

| 工作流程 | 标准及要求 |
|---|---|
| 清洁工作车 | 用湿抹布清洁工作车内外，检查有无损坏 |
| 挂两袋 | 将干净的布件袋和垃圾袋在工作车上挂牢 |

续表

| 工作流程 | 标准及要求 |
|---|---|
| 放布件 | 将干净的布件袋放在这架中。床单和被套、枕套放在工作车最下层，浴巾、面巾和地巾等放在工作车的上两格 |
| 放客房用品 | 将客房用品整齐摆放在工作车的顶架上，包括茶杯、卫生纸、香皂、洗发液等 |
| 备清洁桶 | 清洁桶放在工作车底外侧。桶内备清洁剂、消毒剂、尼龙刷和橡胶手套等清洁用品，摆放整齐 |
| 备抹布 | 准备干净的干抹布两条、湿抹布两条、抹地布一条，及百洁布、泡棉等。注意：卧室抹布和卫生间抹布要分开；清洁脸盆的抹布和清洁便器的抹布要分开；抹地的抹布要同其他抹布分开，可用不同颜色来进行区分。同时，抹布要保持干净、卫生，经常进行消毒 |

### 2. 准备其他清洁器具设备

根据清洁整理的需要，准备相应的清洁器具和清洁剂，如扫帚、拖把、玻璃清洁器、吸尘器等。

## 【前沿资讯】

### 工作篮与拉杆车

目前，有些星级酒店客房部取消了传统的工作车，推行提工作篮操作的方法，即将客房清扫所需要的一些客用物品放在手提工作篮中，其好处是可以避免在推动工作车时造成墙体受损、地毯受重压，从而影响楼层美观整洁。

但手提篮只能摆放一部分清洁整理客房时所需的物品，服务员清扫房间时需要多次往返于工作间与客房之间，补充拿取被套、毛巾等物品，会影响客房清扫的速度。因此有些酒店采取早班客房清扫工作保留房屋工作车；中班夜床服务采用工作篮。

现上海华尔道夫酒店吸取工作车和工作篮的不足之处，采用拉杆车的做法，将清洁整理客房时所需的消耗品、清洁用品及部分布草放在拉杆车内，既方便操作，又不需要来回到工作间拿取物品。

# 项目二　客房的清洁整理

## 【课前活动】

活动主题：了解不同房态客房的清洁

活动步骤：

1. 到当地星级酒店见习，了解不同房态客房的清洁整理
2. 利用手机拍摄照片和视频
3. 课前 5 分钟分享

## 【学习内容】

客房的清洁整理又称做房，为了使清洁整理工作能有条不紊地进行，同时避免不必要的体力消耗和意外事故的发生，客房服务员应根据不同状态的房间，严格按照做房的程序和方法进行清扫，使之达到饭店规定的质量标准。

### 一、客房清扫的基本方法

客房清扫整理需按照一定的方法进行，以求合理高效。

#### （一）从上到下

在擦洗卫生间和用抹布擦拭物品（如镜面）的灰尘时，应采取从上到下的方法进行。

#### （二）从里到外

地毯吸尘和擦拭卫生间地面时，应采取从里到外的方法进行。

### （三）环形清理

即在擦拭和检查卫生间、设备用品的路线上，应按照从左到右或从右到左，亦即按照顺时针或逆时针的路线进行，以避免遗漏死角，并节省体力。

### （四）干、湿分开

干湿抹布分开使用，干抹布用于擦拭镜面、电器、床头柜上方等处，半湿抹布用于擦拭家具等处。

**【知识链接】**

#### “一抹净”

为避免服务员在清扫客房时混用抹布，一些饭店客房部专门配有一块“一抹净”抹布，每个房间配一块，客房服务员一个班次如果清扫 12 间客房，就配 12 块“一抹净”，专用于卫生洁具和地面的清洁。使用时要求服务员将已洗刷过的脸盆、浴缸（淋浴房）、恭桶和地面依次从上到下用一抹净擦干擦净，用过的一抹净放入工作车送入洗衣场洗涤，清扫第二间客房时，就领用一块干净的一抹净，给服务员工作提供必要的帮助。

### （五）先卧室后卫生间或先卫生间后卧室

清扫住客房时，应先做卧室然后再做卫生间的清洁卫生，原因是在清扫过程中，如果客人中途回房，可以有一个整洁干净的卧室休息；走客房通常先清扫卫生间后清扫卧室，其目的是让卧室和席梦思床垫通风透气。

### （六）注意墙角

墙角往往是蜘蛛结网和灰尘积存之处，也是客人重视的地方，需要留意打扫。

## 二、走客房清扫程序

### （一）走客房清扫基本要求

对客人刚结账退房的房间进行清扫，称为走客房的清扫。其基本要求如下。

（1）客房服务员接到通知后，应尽快对走客房进行彻底清扫，以保证客房的正常出租。

（2）客房服务员应该在客人结账时，快速检查房间有无客人遗留物品、客房内设施设备是否完好、有无物品丢失、房内饮品消费是否入账等，并及时向总台反馈。

（3）撤换茶水具，并严格洗涤消毒。

（4）对卫生间各个部位进行严格洗涤消毒。

（5）客房清扫合格后，立即通知总台，及时通报为OK房，以便总台及时出租。

### （二）清扫程序

#### 1. 进入客房

“客房是客人的私人空间”，酒店的所有员工都应养成进房前先敲门通报，待客人允许后，再进入房间的习惯。目前很多酒店要求服务员使用门铃通报，因为敲门声可能会惊动邻近的客人。敲门通报的具体步骤如下（见表2–5–6）。

**表2–5–6　敲门通报的具体步骤**

| 服务流程 | 操作要领与要求 |
|---|---|
| 观察情况 | 1. 观察有无“请勿打扰”标志，若有，则不能敲门<br>2. 观察有无客人在房的迹象，客人是否可能允许进房 |
| 敲门通报 | 1. 站在门前适当位置，姿势规范，用食指或中指敲门三下（或按门铃），自报身份“客房服务员”或英文“House keeping”<br>2. 眼望窥视镜，以利于客人观察<br>3. 如房内无回应，等候3~5秒，进行第二次敲门（或按门铃）<br>4. 等候，如仍无人应答，则用钥匙卡打开房门约1/3<br>5. 通报“客房服务员”，确认无人后完全打开房门进入房间 |
| 征询意见 | 1. 如有客人在，询问是否可以清洁客房<br>2. 如客人在浴室或睡觉，应关上房门，安静离开 |
| 进入客房 | 1. 将门打开并靠定<br>2. 停放工作车。房内有客人工作车挡住门口1/3，无人则挡住房门 |

**【想一想】**

服务员在进入房间后，为什么要用房务工作车挡在门口？

#### 2. 卧室清扫步骤

卧室清扫程序成为“十字诀”，开、查、清、撤、做、擦、添、吸、观/

关、登。

| 服务流程 | 操作要领与要求 |
|---|---|
| 开 | 1. 开门：规范开门进房<br>2. 开灯：将房间所有灯具打开<br>3. 开窗：打开窗帘、玻璃窗，并检查帘子挂钩<br>4. 开空调：加大通风量，并检查空调开关是否正常 |
| 查 | 1. 注意检查有无客人遗留物品<br>2. 查看家具用品有无损坏、配备物品有无短缺、有无客人遗落物品 |
| 清 | 1. 清理烟灰缸<br>2. 清理桌面和地面垃圾<br>3. 清理垃圾桶、更换垃圾袋 |
| 撤 | 1. 撤出脏的茶具，更换杯具，注意轻拿轻放<br>2. 逐层撤出床上的脏布草，同时注意检查有无丢失、损坏或严重污染现象，如有，应报告领班，另行处置<br>3. 补充相应数量的干净布件，放置在椅子上 |
| 做 | 做床按中式铺床标准操作 |
| 擦 | 1. 擦拭家居设备及用品<br>2. 抹尘顺序为风口与走廊灯、壁柜、酒柜、行李架、写字台、化妆台、电视机、地灯、窗台、沙发、茶几、床头板、床头、装饰画、空调开关<br>3. 在抹尘的同时检查设施、设备是否完好<br>4. 注意环形操作，干湿分开，从上到下，从里到外 |
| 添 | 1. 按酒店要求的数量和摆放规格添补客房用品和宣传品<br>2. 添补已消毒的杯具 |
| 吸 | 1. 吸尘、整理好纱帘，按地毯表层毛的倾倒方向进行，由里到外，注意梳妆凳、沙发下、窗帘、后门均要吸到<br>2. 调整好家具、摆件 |
| 关 / 观 | 1. 观察房间，环视检查用品是否配备齐全，是否整洁、美观，是否有工具遗漏<br>2. 关玻璃窗、关纱帘、关空调、关灯、关门。锁门后，应用手往里反推一下，以确认门已锁好 |
| 登 | 1. 在工作报表上填写客房房态及准确出房时间<br>2. 填写客用品使用与补充数量，各类易耗品、纸制品及棉织品的消耗情况等 |

## 【知识链接】

# 中式铺床

铺床（见图 2-5-2）是客房服务员进行客房清扫时的一项重要内容，铺床的方法是否科学，不仅影响到床铺效果还影响客人睡觉时的舒适度。近几年，酒店都采用中式铺床方式，西式铺床已基本被淘汰。

| 服务流程 | 操作要领 | 标准及要求 |
|---|---|---|
| 准备工作 | 1. 将床垫放平，检查床垫、床有无污渍<br>2. 检查、整理保护垫 | 保护垫干净、平整，若有污迹及时更换 |
| 甩单定位 | 1. 站在床尾或床侧开单<br>2. 甩单一次到位，床单正面朝上，中线居中，四周下垂均匀，床面整洁美观 | 手法正确 |
| 包边包角 | 1. 从床头开始，顺时针或逆时针方向包边包角，包 90° 直角<br>2. 走位，只能走床的三方，不能走床头 | 四角角式角度一致，包角均匀紧密 |
| 装被芯 | 1. 甩被套：一次定位，被套开口边位于床尾或床侧，被套反面朝外<br>2. 装被芯：将被芯装入被套，手伸进被套，紧握住被芯两角，将其与被套的床头两角重合对齐；将被芯床位两角与被套床尾两角重合对齐，用力抖动<br>3. 铺棉被：调整棉被位置，使之与床头齐平，棉被的中线与床垫的中线对齐，一次成功<br>4. 将棉被床头部分翻折 45 厘米<br>5. 将被套开口封好 | 1. 被套四角饱满、平整<br>2. 被面平整、美观 |
| 套放枕头 | 1. 抖枕套。将枕套平铺在床上，枕口朝向自己<br>2. 抓住枕芯的 1/3 处送入，将枕芯塞入枕套，四角到位，饱满挺括。枕头开口处平整、无褶皱，处理开口手法准确<br>3. 将两只枕头放在床头正中，枕头中线与床中线对齐。枕头边与床头齐平。枕套边沿无褶皱，表面平整，自然下垂<br>4. 枕套开口背对床头柜，双人床枕套开口相背 | 1. 枕头四角饱满<br>2. 居中摆放，外形平整 |
| 检查 | 将床复位，注意检查整体效果 | |

图 2-5-2　中式铺床床面效果图

### 3. 卫生间清扫程序

卫生间是酒店等级水平的重要设施和标志之一，既要清洁美观，又必须符合卫生标准，清洁后的卫生间应达到的卫生标准：无发丝、无异味、无水珠、清洁光亮、物品摆放整齐。下为卫生间清扫程序“八字诀”（见表 2-5-7）。

表 2-5-7　卫生间清堵扫程序“八字诀”

| 服务流程 | 操作要领与要求 |
|---|---|
| 开 | 开灯、开排气扇，检查灯具是否完好 |
| 冲 | 放水冲便器，冲去污物，滴入清洁剂 |
| 收 | 1. 收走客人用过的毛巾，放到工作车上的布件袋内<br>2. 收走用过的消耗品，清理垃圾筒<br>3. 脏布草不能放在地上 |
| 洗 | 1. 清洗淋浴间、浴缸、洗面盆、马桶<br>2. 须用专有的清洁工具擦洗<br>3. 清洁后无污迹、无水迹<br>4. 检查设备是否完好 |
| 消 | 对卫生间各个部位进行消毒，注意边角处 |
| 擦 | 1. 将门、门柜、墙、云台、镜面等擦拭干净<br>2. 用专用抹布按从里到外的顺序将地面擦干，尤其要将地漏仔细地擦净 |
| 添 | 添补卫生间的棉织品和消耗品 |
| 关 | 关灯，关排气扇，把门虚掩，将浴室的门留 10 厘米左右的门缝，便于卫生间通风透气 |

【案例选读】

## 喝马桶水的故事

出身名门的野田圣子，37岁就当上了日本内阁邮政大臣。她的第一份工作是在帝国酒店当白领丽人。不过，在受训期间，圣子被安排去清洗厕所，每天要把马桶抹的光洁如新才算合格。在这段日子里，圣子的心情非常糟糕，当她第一天碰到马桶的一刹那，她几乎要吐。

很快，圣子开始讨厌这份工作，干起工作来也马马虎虎。有一天，一位与圣子一起工作的前辈，在抹完马桶之后，居然伸手盛了满满一大杯冲厕水，当着她的面一饮而尽。在前辈的眼中，圣子的工作根本没有做到位，光洁如新只是工作的最低标准，她以此向圣子证明，经她清洁过的马桶，干净得连里面的水都可以饮用。

前辈这一出人意料的举动使圣子大吃一惊，她发现自己在工作态度方面出了问题，根本没负起任何责任，于是她对自己说“即使这一辈子都在洗厕所，也要当最出色的洗厕人”。

各行各业、人类活动的每个领域，无不在呼唤能够自主做好手中工作的员工。齐格勒说：如果你能够尽到自己的本分，尽力完成自己应该做的事情，那么总有一天，你能够随心所欲地从事自己想做的事情。

## 三、住客房的清扫

住客房清扫整理需考虑住客的需要。一般安排在客人外出时进行。如客人不出门，需根据客人的方便，抽空清理，住客房清扫整理与走客房要求基本相同，但要注意以下几点。

（1）进入客人房间前先敲门或按门铃，房里无人方可直接进入。房内若有人应声，则应主动征求意见，得到允许后方可进房。

（2）如果客人暂不同意清理客房，则将客房号码和客人要求清扫的时间做好记录。

（3）清扫时，将客人的文件、杂志、书报稍加整理，但不能弄错位置更不准翻看。

（4）除放在纸篓里的东西外，即使是放在地上的物品，也只能替客人做简单的整理，千万不要自行处理。

（5）客人放在床上或椅子上的衣服，如不整齐，可挂到衣柜里。女宾住的房间更需小心，不要轻易动其衣服。

（6）擦拭行李架时，一般不挪动客人行李，只擦去浮尘即可。

（7）女性用的化妆品可稍加整理，但不要挪动位置，即使化妆品用完了也不得将空瓶或纸盒扔掉。

（8）不要随意触摸客人的照相机、手提式计算机、笔记本和钱包的物品。

（9）房间有客人时，可将空调开到中档或遵从客人意见；无人时，则可开在低档上。

（10）房间整理完毕，客人在房间时要向客人表示谢意，然后面向客人退至门口，离开房间，轻轻将门关上。

【知识链接】

## 住客房清扫特别提示

1. 进房时不得只敲一次门或不敲门，更不允许通过窥视镜窥视。

2. 干湿抹布要分开使用，专巾专用，不可混用；禁止用客房布件当抹布。

3. 清扫客房时，若客房内电话铃响，为尊重客人对客房的使用权，维护客人隐私，不能接听电话。

4. 房间内有客人时，应尊重客人提出的意见。例如，客人要求停止打扫，服务员应立即停止清洁工作，退出房间。

5. 在整理房间时，如遇客人回来，应礼貌请客人出示房卡，确认其身份后，征求客人意见进行整理工作。

6. 原则上客人的物品，不要移动触碰，避免产生不必要的纠纷。

## 四、空房的整理

空房是客人离开房间后已经清扫，目前尚未出租的房间。为保持空房处于良好的、随时可以出租的状态，客房服务员每天必须对空房进行简单的清洁整理。

（1）按照进房程序进入客房。

（2）每天开窗、开空调，通风换气，检查有无异味。

（3）按照顺时针或逆时针方向，从上到下，从里到外擦拭房间浮灰；注意逐项检查设备是否完好，若有损坏，及时报修。

（4）将卫生间的面盆、浴缸、恭桶放流 1~2 分钟；检查卫生洁具使用是否正常；卫生间毛巾若因干燥失去弹性，需在客人入住前进行更换。

（5）吸尘：每隔两至三天吸尘一次；由里到外进行吸尘；边吸尘边检查地毯有无破损、污迹。

（6）检查、登记：自我检查有无遗漏之处；关闭空调、关门离房；做好登记。

## 五、其他房间清扫整理服务

### （一）夜床整理

夜床的整理，即“夜床服务”或“做夜床”，又称“晚间服务。”

#### 1. 夜床服务的意义

夜床服务的内容包括做夜床、房间整理、卫生间整理三项，是一种高雅而亲切的对客服务形式，其意义主要有下列三点。

（1）方便客人休息。

（2）整理环境，使客人感到舒适温馨。

（3）表示对客人的欢迎和礼遇规格。

#### 2. 夜床服务操作程序

夜床服务通常在 18：00 以后开始，尽量选择客人不在房内的时段进行。

| 服务流程 | 操作要领与要求 |
|---|---|
| 准备工作 | 1. 将要更换的茶具、客用品放在工作车上<br>2. 检查仪容仪表<br>3. 将工作车停放在门口 |
| 进房 | 1. 严格按照进房程序进房<br>2. 是否需要夜床服务视客人而定，如果客人不需要开夜床，则要在夜床表上做好登记 |
| 开灯、开空调、关窗帘 | 1. 开灯<br>2. 将空调开到指定的刻度上<br>3. 轻轻拉上遮光窗帘和二道帘 |
| 开夜床 | 1. 将被子向外折成四十五度，以方便客人就寝<br>2. 拍松枕头并将其摆正，如有睡衣应叠好放置于床头<br>3. 按酒店规定在床头或枕头上放上鲜花、晚安卡、早餐牌或小礼品等<br>4. 如为一人住单床，则开有电话的床头柜一侧；一人住双床，则一般开靠近卫生间的那张床的靠床头柜一侧；如二人住大床，则两边都开<br>5. 酒店如果有一次性拖鞋，则在开夜床折口处摆好拖鞋 |
| 整理房间 | 1. 清理烟灰缸、桌面和垃圾桶<br>2. 简单清洁、整理桌面、床头柜、茶几<br>3. 更换用过的茶具，增添冷、热饮用水。客人新沏的茶不能倒掉<br>4. 放入报纸，将酒店提供的浴衣摊开放在床尾<br>5. 如有加床，则将其打开整理好 |
| 调试电视 | 1. 开电视，电视音量适中，电视遥控板摆放于床头柜开床一侧<br>2. 检查冰箱和小酒吧的饮料，开好酒水单 |
| 整理卫生间 | 1. 抽水恭桶放水<br>2. 脸盆、浴缸如使用过，应重新擦洗干净<br>3. 将地巾放在浴缸外侧的地面上<br>4. 将浴帘放入浴缸内，并拉出 1/3，以示意客人淋雨应将浴帘拉上并放入浴缸内，避免淋雨的水溅到地面<br>5. 将用过的毛巾收去并换上干净的毛巾，也可将用过的毛巾按规定整理后摆好<br>6. 如有加床，增添一份客用品 |
| 检查房间 | 1. 检视一遍卫生间和房间<br>2. 除夜灯和走廊灯外，关掉所有的灯，如客人在房间内，不用关灯<br>3. 关房门 |

### （二）小整服务

客房小整理服务是体现客户服务水平的重要环节，主要是针对住客房进行的，其目的是确保客人每次外出回来都有一个良好的居住环境。客房小整主要是整理客人午睡后的床铺，必要时补充茶叶等用品，使房间恢复原状。有的酒店还规定对有午睡习惯的客人，在其去餐厅用餐时应迅速给客人开床，以便客人午休等。

小整服务一般是为 VIP 客人提供的。是否需要提供小整服务，以及小整服务的次数等，各饭店应根据自己的经营方针和房价的高低等做出相应的规定。

## 项目三　客房的计划卫生

### 【课前活动】

活动主题：拟订客房实训室计划卫生表

活动步骤：

1. 通过酒店参观或上网收集资料等途径了解什么是计划卫生
2. 根据内容拟订一份客房实训室计划卫生表
3. 课前 5 分钟分享

### 【学习内容】

为了保证客房的清洁保养工作的质量，不仅要重视日常的清洁整理，而且还应重视客房的计划卫生，坚持日常卫生和计划卫生工作相结合，不仅省时、省力、效果好，还能有效地延长客房设备和客房用品的使用寿命。

### 一、计划卫生的意义

客房的计划卫生是指在做客房的日常清洁卫生的基础上，拟订一个周期性清洁计划，采取定期循环的方式，将客房中平时不易清扫或清扫不彻底的地方，全部清扫一遍。

### （一）保证客房的清洁卫生质量

客房服务员每天的清扫整理工作，一般工作量都比较大，例如一个卫生班服务员的工作量，每天平均 10 到 12 间房，到了旅游旺季，数量就会更多。所以对客房的某些部位如天花板通风口、地毯、门窗玻璃、窗帘等不可能每天清扫或彻底清扫，为了保持清洁卫生的质量标准，使客人不仅对客房那些易接触部位的卫生感到满意，而且对客房的每一处卫生都放心，同时又不致造成人力浪费或时间的紧张。客房部必须定期对清洁卫生死角或容易忽视部位进行彻底的清扫整理，以保证客房内外环境的卫生质量。

### （二）维持客房设备设施的良好状态

不论客房楼层还是饭店公共区域，有些家具设备，不需要每天都进行清扫整理，但又必须定期进行清洁保养，例如清洁房间空调的出风口，一般是半个月进行一次，每季度对地毯进行彻底清洗等等，以维护客房设备家具的良好状态，保证客房的正常运转。

☞【案例选读】

### 电热水壶中的水垢

王先生刚入住某饭店客房，就拿了电热水壶准备烧开水，打开水壶一看，底部全是水垢，看上去很脏。王先生非常生气，当即就电话投诉并要求退房。后来在大堂副理道歉并更换了电热水壶、赠送一份免费水果后，王先生才勉强住了下来。

## 二、客房计划卫生的内容

关于计划卫生的内容及时间安排，各饭店要根据自己的设备设施和淡旺季进行合理的安排。

（1）除日常的清扫整理工作外，规定每天对某一部分或区域进行彻底的大扫除。例如对日常清扫不到的地方排定日程，每天或隔天清扫一部位，经过若干天的对不同部位的彻底清扫就可以完成全部房间的大扫除。如：星期一——墙角；星期二——电视；星期三——卫生间；星期四——空调出风口；星期五——小酒吧；星期六——阳台；星期日——门把手。

（2）季节性大扫除或年度性大扫除。这种大扫除不仅包括家具，还包括设备和床上用品。这种扫除往往分楼层且需长时间进行，因而只能在淡季进行。客房部应和前厅部、工程部取得联系，以便对某一楼层实行封房，方便维修人员对设备进行定期检查和维护保养。

## 三、客房计划卫生的管理

计划卫生涉及范围广，一般又以高空作业居多，因此客房部必须加强对计划卫生的管理。

### （一）加强检查落实

客房部拟订好客房的计划卫生后，应做好计划卫生的落实和检查工作。

（1）将客房的周期性清洁卫生计划表发布给员工。楼层领班还可以每天在服务员做房报告表上列出计划卫生的项目，以便督促服务员完成当天的计划卫生任务。

（2）服务员每完成一个项目或房间后，即在客房周期清洁表上填写完成的日期，并签名。

（3）领班根据表格对计划卫生完成情况予以检查，以保证质量。

（4）客房服务中心，根据各楼层计划卫生的完成情况制表显示各楼层状况，引起各楼层和客房部管理人员的重视。

**【案例选读】**

## 苏州南园宾馆客房消毒制度

苏州南园宾馆是苏州主城区一家五星级园林别墅式国宾馆，2014年年底，被江苏省旅游局评为“省级诚信旅游企业”，经济效益得到了快速增长。

南园宾馆建立了一整套严格的客房消毒制度，宾馆规定的消毒方法非常细致：客房内杯具集中收取，送到消毒间进行清洗消毒；客房电视遥控器也做到一客一消毒，毛巾、遥控器消毒过用专用袋包好；不被人们注意的席梦思床垫，也每两个月用床垫消毒机进行消毒；卫生洁具如何清洗、使用什么工具都规定得一清二楚。虽然成本增加了，但宾客的卫生安全得到了保证。

### （二）重视安全管理工作

客房的计划卫生中，有不少是需要高空作业的项目，如玻璃窗、天花板等。因此在清扫高处物体时，要用脚手架或梯子，有的还需要系好安全带，处处注意安全，防止事故发生。

### （三）备好清洁工具和清洁剂

要做好客房的计划卫生，就要重视清洁工具以及清洁剂的准备工作。如果准备不到位，不仅会浪费清洁剂和降低工作效率，而且往往达不到预期的清洁保养效果，甚至带来额外的麻烦。

【知识链接】

## 客房清洁保养检查制度

客房清洁保养工作包括客房的清洁卫生和维护保养两方面的内容，是客房部的中心任务。客房部必须加强对客房清洁保养工作的质量控制和检查。要确保客房清洁保养工作的质量，可通过服务员自查、领班检查、主管抽查、经理检查、大堂副理检查、总经理检查等方式进行监督。采用看、摸、试、嗅、听等方法检查。

（1）看：检查人员通过目测，看客房的整体状况是否合格。

（2）摸：检查人员通过手摸，看客房各处是否有灰尘。

（3）试：检查人员通过试用，检测设备是否正常完好。

（4）嗅：检查人员通过鼻子嗅，辨别客房内有无异味。

（5）听：检查人员通过耳朵听，检查客房内有无异常声响。

## 【思考与练习】

### 一、判断题

1. 英文缩写“OOO”表示客房因设施设备故障暂不能出租。(　　)

2. 所有员工应养成进房前先敲门通报，待客人允许后再进入房间的习惯。(　　)

3. 在房内作业时，必须将房门打开，如果客人不在房内，应用房务工作车将房门挡住。(　　)

4. 夜床服务通常在 18：00 以后开始，尽量选择客人不在房内的时段进行。

5. 清扫客房时，若客房内电话铃响，服务员可帮助客人接听电话。(　　)

### 二、单项选择题

1. 英文缩写（　　）表示客房已清扫完毕可出租的房间。

A. VC　　B. VD　　C. VIP　　D. DND

2. 地毯吸尘和擦拭卫生间地面时应采取（　　）清扫方式。

A. 从上到下　　B. 从里到外　　C. 环形清理　　D. 从外到里

3. 以确保客房清洁保养的质量，(　　)要对所管辖区域的客房进行全面检查。

A. 经理　　B. 主管　　C. 服务员　　D. 领班

4. 对客人刚结账退房的房间进行清扫，称为（　　）。

A. 走客房清扫　　B. 住客房清扫　　C. 长住房清扫　　D.VIP 房清扫

5.“请勿打扰”牌如果到了（　　）点，仍未见客人离开房间，里面也无声音，则可打电话询问。

A. 14：00　　B. 12：00　　C. 15：00　　D. 13：00

### 三、多项选择题

1. 下列（　　）属于客房班前例会内容。

A. 准备物品　　B. 签到　　C. 布置任务　　D. 领取对讲机

2. 客房清洁保养得的基本方法是（　　）。

A. 从上到下　　B. 从里到外　　C. 环形清洁　　D. 先卧室后卫生间

3. 客房卧室清洁步骤中的“开”是指（　　）。

A.  开门　　B. 开窗　　C. 开灯　　D. 开电视机

4. 夜床服务的意义在于（　　）。

A. 提高规格礼遇　　B. 便于客人休息

C. 营造舒适温馨的环境　　D. 对客人表示欢迎

5. 客房查房时可通过（　　）查房。

A. 听　　B. 看　　C. 嗅　　D. 摸

## 四、拓展题

主题：找寻“最美”服务

活动目的：感知酒店人应有的服务理念、服务意识、服务技巧等

活动形式：利用互联网搜索资料、整理资料

学习任务：

1. 利用手机或电脑收集酒店的经典案例

2. 分析案例，总结出什么是服务？服务的精髓是什么

3. 整理文档资料，形成 PPT 分享交流

# 单元六　提供温馨的对客服务

对客服务是构成客房产品的重要因素。对客服务的工作主要是指服务人员面对面地为客人提供各种服务，满足客人提供的各种符合情理的要求。随着酒店业的迅猛发展，行业竞争日益激烈，对客服务就显得尤为重要。对客服务的好坏影响着一个饭店的文化品位、整体形象和综合水平。客房是客人在酒店中逗留时间最长的地方，客人住店期间，不仅要求客房清洁、舒适，还希望客房服务员能够根据其特点和服务需求，提供相应的服务。本项目包括了“对客服务模式与特点”“对客服务的内容与程序”两个任务。

## 【学习目标】

### 1. 知识目标

（1）熟知酒店常用对客服务模式。

（2）熟知酒店对客服务的内容和程序。

（3）知晓个性化服务的内容和要求。

### 2. 技能目标

（1）能够规范灵活地做好各项常规服务。

（2）能够根据客人需要提供个性化服务。

### 3. 素质目标

（1）提高服务意识；增强职业素养。

（2）增强责任心和大局观念。

# 项目一　对客服务模式与特点

## 【课前活动】

活动主题：了解不同的对客服务模式

活动步骤：

1. 以小组为单位走访当地酒店（至少3家）或通过网络查找，了解酒店常用的对客服务模式

2. 分小组讨论，总结出不同对客服务模式的利与弊

3. 课前5分钟分享

## 【学习内容】

客房服务模式多种多样，每一种服务模式都直接影响客房部的组织机构，因此各酒店应根据客房产品的定位、目标市场客源、自身硬件条件和人员情况，对客服务模式做出正确的选择。

### 一、楼层服务模式

楼层服务模式是我国传统的对客服务模式，是在饭店客房区域每个楼层设服务台，24小时设专职服务员值台，与总台保持密切联系。

客房楼层是由不同类型的客房组成的。客房服务员负责一定数量的客房清扫及楼层清洁卫生工作，同时兼任客房的接待服务工作。楼层服务台主要有以下特点。

（1）楼层值台人员能与客人面对面交流，更容易使客人感到“宾至如归”。

（2）能及时发现不安全因素，也能做到有求必应。

（3）能及时准确掌握客人入住、退房、客房即时租用等情况，有利于客房销售。

（4）能加快查房速度，避免使客人退房结账等候过久。

（5）劳动力成本较高。

（6）管理点分散，服务质量较难控制。

（7）易使客人感觉受限制。

## 二、客房中心服务模式

从20世纪80年代初期开始，我国酒店业逐步采用了客房中心服务模式。客房楼层不设服务台和台班岗位，而是根据每层楼的房间数目分段设置工作间。客房服务中心工作间形式上是不对外的，也不承担接待的任务。客人有服务需求可拨打房内电话到客房中心，由客房中心安排服务员提供服务。这种服务模式大大减少了客房楼层人员的编制，节省人力，更有利于提供专业化的客房服务。

### （一）客房中心主要职责

（1）信息处理。凡有关客房工作信息，一般都要经过客房服务中心的初步处理，以保证有关问题能及时地解决和分拣、传递。

（2）员工出勤控制。客房部所有员工的上下班都必须到此打卡签名，既方便了考核和对客服工作的统一调控，又有利于加强员工的集体荣誉感。

（3）对客服务。保管和租借对客服务用品，接受住客提出的各种合理要求，通知楼层服务员为客人提供及时的服务，同时还承担对VIP客人准备物品的责任。

（4）楼层万能钥匙的管理。用于清洁整理客房的楼层万能钥匙都由客房服务中心负责统一签发，签收和保管。

（5）与前厅部的联系。客房服务中心按时向前厅部接待处通报客房情况，并及时核对客房差异情况。

（6）处理投诉。接受客人投诉，并及时进行处理和汇报。

（7）失物处理。提高失物招领的工作效率。

（8）档案保管。客房服务中心保存着客房部所有的档案资料，并及时补充和更新，为客房部以后的工作打下基础并创造条件。

（9）负责向工程部申报工程维修单。

### （二）客房服务中心的特点

（1）建立了专业化的对客服务队伍，统一了服务程序，提高了对客服务的质量。

（2）客人需要时服务员就出现，客人不需要时就多给客人一些私人空间。能提供上门服务，让客人得到更多的个性化照顾。

（3）大大减少了人员编制，降低了劳动成本，提高了工作效率。

（4）加强了客房服务与管理工作，使日常工作程序化，保证了客房服务工作的及时性和准确性。

（5）使客房服务中心成为沟通信息的桥梁，随时保证内部信息和外部信息有效畅通。

## 三、创新服务模式

### （一）商务（行政）楼层管家式服务

从20世纪90年代开始，我国的一些中高档酒店在客房区域设立了商务楼层，它集酒店的前台登记、结账、餐饮、商务中心及客房贴身管家服务于一身，为客人提供更为舒适的环境，让客人享受更加优质的服务。从客人进店开始，贴身管家便听从客人的吩咐和安排，包括为客人打扫房间、收送客衣、订餐送餐、发送传真、安排外出旅游等，使客人享受到亲切而舒适的服务。贴身管家的出现，可以说是楼层服务台模式的一项新创举。如上海红瑞吉红塔豪华大酒店，最具魅力的特色之一是为每位客人提供24小时专职管家服务。这支由男性、女性共同组成的专职管家队伍接受过严格的礼仪培训，致力于理想的预见式服务模式，犹如客人身边的私人助理。从客人抵店时的房内入住登记到行李打包开箱，从协助客人预订餐厅座位到各种旅游安排，从客房送餐到解决私人电脑故障，他们可以为每位入住上海瑞吉红塔大酒店的客人提供全方位的商务解决方案。

### （二）楼层管家制服务

为了更好地与客人沟通，加强对客服务工作，有些酒店采用楼层管家制服务模式，即由楼层领班（管家）负责整个楼层日常事务管理和对客服务工作：查房、分配工作任务、物资管理、对客服务、建立良好的宾客关系等。管家通常固定在某一楼层工作，这在很大程度上拉近了与客人的距离，有利于与客人的沟通交流，及时了解掌握客人的需求，提供各种针对性的服务。对客人而言，每次来到楼层回到客房，接触到的都是这个管家，可以减少陌生感，有“家”的感觉。成都富力丽思卡尔顿酒店是成都首家国际奢华酒店，酒店客房部采用管家制服务，从客人入住到客人离店，楼层管家提供全程跟踪式服务，给客人超值享受。如发现客人咳嗽，楼层管家就会为客人送上一杯姜茶；如果客人戴眼镜，主动提供擦眼镜布；这种细微的客房服务，常常能给客人带来惊喜，也深受客人的好评。

### （三）一键式（一键通）服务

为更好地为客人提供便捷的服务，近几年一些酒店成立了快速服务中心，为客人提供一键式（一键通）服务。住店客人只要拨一个特定的号码，店外客人只需拨酒店总机，订餐、订房、客房服务中心、送餐、问询、叫醒等服务，全部都由快速服务中心服务员协调解决好，做到“服务一键式，沟通零距离”。一键式服务对客人而言，更为方便；对酒店而言，更为经济。某星级酒店以前厅部总机班组为基础成立了“宾客服务中心”，将以往客人需要打多个电话、联系多个岗位才能解决的问题汇集到这一岗位，让客人轻轻松松拨打电话号码“0”，即可感受到“一键式”服务所带来的方便与快捷。这为客人提供更加多元化、更加丰富、更加完善的服务，使“一键式”的服务理念更加深入、具体。

采用一键式服务模式的酒店，客房部不再设客房中心，客房中心的其他职能如工作钥匙的领发、遗留物品管理等都由客房部办公室承担。

## 项目二　对客服务的内容和程序

### 【课前活动】

活动主题：初知酒店对客服务

活动步骤：

1. 课前预习或收集资料，了解客人入住前、客人入住中、客人离店时为客人提供哪些服务

2. 小组讨论总结客房对客服务内容以及操作要领

3. 课前 5 分钟分享

## 【学习内容】

从到达饭店的那一刻起，客人就开始享受饭店提供的各种服务。根据客人在饭店内停留和活动的规律，我们将对客服务分为“客人低店服务”“客人住店服务”“客人离店服务”三个阶段。

## 一、抵店服务

### （一）迎客准备

对于已预订房间的客人，客房服务中心服务员在接到前台的预订房通知单后，应从各个方面了解客情，并根据客情对客房进行相应布置。对于直接入住的客人（Walk in），客房部应在客人进入房间时尽快做好相关准备工作。

#### 1. 了解客情

了解客情是迎客准备工作当中重要一环，客房服务中心服务员接到前台预订房通知单后，应了解客人的各种情况，以便及时为客人提供针对性的服务。客房部当班人员要做到“七知”“四了解”，认真填写客情通知单。

| 内容 | 具体要求 |
| --- | --- |
| 七知 | 1. 知道客人抵店的具体时间<br>2. 知道客人国籍、人数和代表团的名称<br>3. 知道代表团主要负责人的姓名、性别和身份<br>4. 知道代表团的房间分配数量和具体房间号<br>5. 知道客人的付款方式<br>6. 知道其接待单位、接待标准<br>7. 知道客人的宗教信仰和风俗习惯 |
| 四了解 | 1. 了解客人用餐地点和活动日程安排<br>2. 了解客人的喜好、忌讳和生活习惯<br>3. 了解客人的意见和要求<br>4. 了解客人退房、离店的时间 |

#### 2. 客房布置和检查

对于有特别需要的客人，服务员可根据客人的风俗习惯、生活特点调整家具设备的摆放方式，或适当调整文具等用品的数量，根据接待规格摆放鲜花、水果、总经理名片等。

（1）根据客史档案对客房进行布置。

记住客人、满足客人的合理需求是饭店对客人的重视和尊重。把客人的生活习惯、喜好和使用的物品等，通过客史档案记录下来，目的是为客人提供更细致周到的服务。

（2）根据客人要求对客房进行布置。

客人在入住前可能向饭店提出要求，例如：为客人的结婚纪念日准备相关物品、为新婚夫妇布置蜜月房等。

（3）根据观察临时布置客房。

客人在办理入住的时候，工作人员可从各个方面细心观察，发现客人的需求。例如，客人在前台办理入住登记时，前台接待员通过身份证号码发现今天是客人的生日，就立刻报告大堂副理。在客人办理登记的过程中，饭店马上安排客房部服务员在客人入住的房间摆上鲜花和一张生日贺卡，给客人带来惊喜。

**【案例选读】**

## 四季酒店的个性化服务

四季酒店的个性化服务做到了极致，只要有来客信息，酒店都是先充分准备到位。如美国CNBC电视台总裁来沪，酒店马上与上海专业机构联系，专门给CNBC一行的下榻的客房加上CNBC的频道播放，并精心印制专门的节目单；百事可乐的总裁来，房间就全换上百事公司的产品；得知来店夫妇携带孩子来，酒店客房部马上配上儿童浴袍、玩具等物品。而诸如称呼客人名字此类的服务则是最基本的。客房服务员口袋里都有一张纸，上面写着今天楼面客人名字，见到客人就尊称客人姓名，问候致意。

### （二）迎接客人入住

客人在前台登记入住后，礼宾员帮助客人送行李到入住楼层，服务员到电梯口迎接客人，引领客人到房间，并且为客人介绍饭店的服务项目和客房的设施设备。若客人在前台登记加床，还需进行加床服务，并配齐相应的客用品。

| 服务流程 | 操作要领 |
|---|---|
| 迎接 | 1. 按照标准站姿站立在电梯口<br>2. 随时关注到达的电梯，迎接客人的到来 |
| 迎候 | 1. 主动问候客人："您好，先生 / 女士，欢迎光临！"<br>2. 自我介绍<br>3. 视情况询问客人是否需要帮助客人提拿行李。"我来帮您拿行李好吗？"或"我带您去您的房间" |
| 引领 | 1. 在客人左前方或右前方约一米处引领客人，途中介绍酒店情况，回答客人问题<br>2. 按进房规范程序敲门，再用钥匙打开房门，开启总开关后，请客人入内，然后提行李进入 |
| 介绍 | 1. 视情况向客人简单介绍房内设施设备及使用方法，特殊设备一定要介绍，一般设备可以不介绍。语言得体，简明扼要<br>2. 告诉客人客房中心电话，以便有事联系<br>3. 礼貌退出客房 |

## 【知识链接】

### 加床服务

客人在登记入住的时候有可能要求在房间内加床，前台为客人办好登记手续后，将通知客房服务中心为客人进行加床服务。

（1）当服务中心收到前台加床通知后，尽快通知楼层服务员。若客人来电要求加床时，问清客人房号、姓名、加床天数后，先请客人稍等，然后迅速致电前台询问该房间加床是否可以挂房账；如果可挂房账，则要前台入账，再立即通知楼层服务员加床。如果不能挂账，应礼貌地请客人到前台办理相关手续。

（2）若客人直接向楼层服务员提出加床服务要求，服务员也应与前台确认入账事宜后，再进行加床。

（3）楼层客房领班及服务员同时在工作表上对加床的房间做好记录。

（4）服务员收到加床指令后，应准备床上用品和低值易耗品一份，及时补充到位。在加床时，若客人在房内，应主动征询客人意见，按客人要求摆放。

（5）加床服务的通常做法是晚上加床，白天为增加起居空间，可撤除加床，但如果客人有要求，也可保留在客房内，以方便客人白天休息。

有时候客房会出现加人现象。加人是指房间超出正常人数而又要求加床上用品（棉被等）时，须请示值班经理处理。如已同意加人，服务中心通知前台按加床费用计，叫楼层加入床上用品和客需易耗品各一套。

## 二、客人住店服务

客人在饭店入住期间会产生各种各样的需求，例如洗衣、会客、借用物品等，而能否提供这些服务、服务质量的优劣则体现了饭店的服务水平和档次，关系到饭店的声誉。因此，饭店服务项目根据饭店星级的高低有不同的要求，客房部应按照正确程序为住店客人提供相应的服务。

### （一）小酒吧服务

《旅游饭店星级的划分与评定》（GB/T 14308—2010）中规定四星级以上的饭店客房内应提供微型酒吧（见图 2-6-1）服务，我们称为“小酒吧”服务。小酒吧应配置适量与住店宾客相适应的酒和饮料，并备有饮用器具和价目单，某些饭店还配上一些小食品，如巧克力、干果等。小酒吧通常免费提供茶叶或咖啡、冷热饮用水，并供应宾客要求提供的冰块。

图 2-6-1　成都钓鱼台精品酒店小酒吧

#### 1. 小酒吧服务

饭店根据自己的实际情况建立小酒吧的管理制度，有的饭店设专职的酒水员，负责酒水的清点送单、领取、补充、报损等工作，有些饭店则由客房服务中心领班或服务员完成此项工作。服务员在每次例行进房，如清扫客房、做夜床时，发现小酒吧有消费，立即输入账款（见表2–6–1，表2–6–2，表2–6–3）。

表 2–6–1 小酒吧服务

| 服务流程 | 操作要领与要求 |
| --- | --- |
| 1. 摆放酒水 | 熟悉小酒吧酒水及小食品的摆放品种、数量及摆放标准。 |
| 2. 清点核对 | 定时清点酒水和食品，查看客人填写的“客房小酒吧点单”，核对数量是否相符，是否有填日期、时间、房号、金额、品种等，若客人没有填写则根据实际清点情况替客人填写。 |
| 3. 记账 | 核对酒水单上客人的签名后，将客房小酒吧点算单（见表2–6–1）第一二联送往前台收银处记账，第三联留存客房服务中心。在客人退房时应立即通知收银员“房号”及“金额”。 |
| 4. 补充酒水 | 每日在规定时间统计楼层酒水消耗情况，并填写小酒吧日耗单（见表2–6–2）。客房小酒吧点算单第三联从仓库领取消耗的酒水和食品，并及时补充入房，做好记录。 |

MINI–BAR CHARGE VOUCHER

Upon checking out, please indicate on this form all of the MINI BAR products you have consumed and hand it to Front Office Cashier.

Thank you.

在您离店之前，请在此注明您在小酒吧所用过的饮品并将此单送前台收款处。

谢谢！

表 2–6–2 客房小酒吧点算单

| 存量 Stock | 名称 | 耗用 Consumption | 单价（RMB） Unit Price | 金额（RMB） Amount |
| --- | --- | --- | --- | --- |
| 2 | 白兰地 V.S.O.P | | 488 | |
| 2 | 威士忌 WHISKY | | 288 | |
| 2 | 啤酒 BEER | | 28 | |
| 2 | 矿泉水 MINCRAL WATER | | 18 | |
| 2 | 可乐 COCACOLA | | 15 | |
| 2 | 雪碧 SPRITE | | 15 | |

续表

| 存量 Stock | 名称 | 耗用 Consumption | 单价（RMB） Unit Price | 金额（RMB） Amount |
|---|---|---|---|---|
| 2 | 苏打水 SODA WATER | | 20 | |
| 2 | 果仁 NUTS | | 30 | |
| 2 | 薯片 POTATO CHIPS | | 30 | |
| 2 | 饼干 BISCUITS | | 36 | |
| | | | | |
| | | | | |
| | | | | |
| 总数 Total | | | | |
| 房号 ROOM NO. ________ | 核点员 CHECKER ________ | 日期 DATE ________ | 时间 TIME ________ | |

**表 2-6-3　小酒吧日消耗单**

领班 ________　　楼层 ________

| 房号 | 白兰地 | 威士忌 | 啤酒 | 矿泉水 | 可乐 | 雪碧 | 苏打水 | 果仁 | 薯片 |
|---|---|---|---|---|---|---|---|---|---|
| 01 | | | | | | | | | |
| 02 | | | | | | | | | |
| 03 | | | | | | | | | |
| 04 | | | | | | | | | |
| 05 | | | | | | | | | |
| 小计 | | | | | | | | | |

### 2. 不同房态小酒吧服务

（1）住店客人小酒吧服务。

通常由服务员在每次例行进房时进行（清扫客房、做夜床时）。如发现小酒吧有消费，应立即输入账款。如果客人已填好客房小酒吧点算单，及时收取并补充新账单并注意查对账单填写是否正确。目前，一些酒店已经开通了电话输入酒吧消费的功能，服务员可通过客房内的电话立刻将客人的小酒吧消费情况输入电脑。如日本一些酒店使用小酒吧自动计费系统，客人在小酒吧消费以后，酒水、饮料的费用将立即计入客人的总消费中。

（2）离店客人小酒吧服务。

目前国内大部分酒店仍要求总台收银员在客人退房结账时通知客房部务员检查客房内饮料消耗等情况，并通知总台收银处。由于查房需要一定的时间，客人因等待时间过长而引发不满。因此在近年来不少酒店采用了结账免查房方法，即在客人结账时收银员询问客人当天是否消耗了房内的酒水饮料，根据客人的回答进行结账，从而加快结账速度。

（3）团队客房小酒吧服务。

在饭店销售旺季尤其是旅游团队较多的时候，饭店通常会把团队房的小酒吧锁上（锁吧，Lock Bar），或撤出小酒吧的所有收费物品。团队客人退房时间比较集中，在短时间内客房部服务员需要清点、核对所有团队用房的酒水消费情况并通知前台收银处，通常容易发生漏查或数目不相符的情况，给饭店带来损失。有的饭店认为团队客人有小酒吧消费需求的较少，因此通常在客人提出要求时先收取保证金，再为客人恢复小酒吧的酒水供应。

【知识链接】

## 小酒吧服务特别提示

（1）小酒吧的酒水要按规定进行配给，补充酒水入房时应检查有效期，防止摆放过期。

（2）清点小酒吧酒水时要仔细认真、逐一核对，防止客人“偷梁换柱”。若发现此种情况应及时通知领班并填写报告单进行报损。

（3）因特殊情况不能及时补充酒水时，要与同事做好交接。

（4）在客人离店结账时，服务员应迅速进入房间检查酒水消耗情况，如有饮用及时通知收银处。

## （二）洗衣服务

洗衣服务是高星级饭店客房服务中非常重要的服务项目。从客人对客房的投诉来看，对洗衣服务的投诉已占有相当的比例。因此优质的洗衣服务是饭店服务水平与管理水平的重要体现。

洗衣服务分为湿洗、干洗和熨烫三种，时间上有普通服务和快洗服务两种，快洗服务通常会加收 50% 的服务费。

### 1. 洗衣服务流程

| 服务流程 | 操作要领与要求 |
| --- | --- |
| 收取客衣 | 1. 客房服务员在清扫房间时，应留意客人是否有待洗衣物，一旦发现应及时收取并认真检查<br>2. 客房中心联络员接到要求洗衣服务的电话后，立即通知服务员，服务员在规定的时间内到客房收取客衣 |
| 检查客衣 | 1. 按进房程序进入房间<br>2. 认真核对洗衣单见表 2–6–3. 所填写的客人姓名、房号、件数、日期、时间是否准确，干湿洗要求是否清楚，并做好登记<br>3. 检查客人是否在洗衣单上签字，如未签字要请客人补签，客人不在时则根据酒店程序收取客衣<br>4. 检查客人交洗的衣物是否有破损或者有物品遗留在袋内<br>5. 客人有快洗或特殊洗涤要求的衣物要在洗衣单上做好标记 |
| 交接客衣 | 1. 将客衣放于工作间规定的地方<br>2. 与洗衣部门员工当面清点客衣，做好交接<br>3. 如是快洗衣服或贵宾衣服需在洗衣单上做好标志，单独摆放 |
| 送还客衣 | 1. 洗衣房送回的衣服，应按洗衣单逐件进行清点；同时如有不能折叠的衣物需用衣架挂放；检查衣物有无破损、褪色、缩水、衣物装饰是否齐全<br>2. 送衣进房时，应按进房程序进房。向客人讲明件数、金额、并请客人当面点清<br>3. 交洗的客衣如有客人投诉，应查明情况，妥善处理<br>4. 将客衣送还后，及时核算洗衣金额，将洗衣单报送收银处入账 |

**表 2–6–3　洗衣单**

× × 酒店

× × Hotel

洗衣服务 Laundry Service

客人姓名 Guest Name：__________　　房号 Room No.：__________

请在适当空格上填写“√”　　Please indicate with “√”

□ 即日取衣服务　　上午 10：00 前收衣服，当天晚上 7：00 送回

Garments collected before 10：00a.m，to be returned at 19：00 p.m.

☐ 特快服务（收费加 50%） 4 小时内送回衣服，服务时间早上 8：00 至晚上 8：00

Garments returned within 4hs . Available 8：00a.m~8：00p.m

☐ 挂起 On Hangers ☐ 折叠 On Fold ☐ 缝补 Mend Stitch

☐ 钉扣 Mend Button ☐ 上浆 Starch

| 件数 Total Pieces | | 男士 Gentlemen | 单价 Unit Price | 金额 Amount | 件数 Total Pieces | | 女士 Ladies | 单价 Unit Price | 金额 Amount |
|---|---|---|---|---|---|---|---|---|---|
| 客人点数 Guest Count | 酒店点数 Hotel Count | | | | 客人点数 Guest Count | 酒店点数 Hotel Count | | | |
| 水洗 Laundry | | | | | | | | | |
| | | 普通衬衫 | | | | | 女恤 | | |
| | | T 恤衫 | | | | | 长裙 | | |
| | | 睡衣 | | | | | 毛衣 | | |
| | | 外套 | | | | | 围巾 | | |
| | | 总数 | | | | | 总数 | | |
| 干洗 Dry Cleaning | | | | | | | | | |
| | | 外套 | | | | | 旗袍 | | |
| | | 长裤 | | | | | 长裙 | | |
| | | 领带 | | | | | 外套 | | |
| | | 大衣 | | | | | 大衣 | | |
| | | 总数 | | | | | 总数 | | |
| 净烫 Pressing Only | | | | | | | | | |
| | | 西装 | | | | | 西装 | | |
| | | 大衣 | | | | | 围巾 | | |
| | | 睡袍 | | | | | 外套 | | |
| | | 西背心 | | | | | 长裤 | | |
| | | 总数 | | | | | 总数 | | |

续表

| | | | | | | | | | |
|---|---|---|---|---|---|---|---|---|---|
| 其他 Others | | | | | | | | | |
| | | | | | | | | | |
| 另加 15% 服务费 | | | | | | | | | |
| 总额 | | | | | | | | | |

洗衣须知：

（1）由于送洗衣物本身质地及状态而造成的问题，酒店概不负责。

（2）请在“客人点数”栏填上洗衣物件数，否则以酒店填写件数为准。如客人填写有误而酒店又无法与之联络，则以酒店填写件数为准。

（3）由酒店造成的丢失或损坏，酒店将视衣物价值赔偿，最高赔偿费用不超过洗衣价格的 10 倍。

（4）所有索赔要求应在酒店送回 24 小时内提出。衣扣、装饰品或衣袋内物品，如有遗失，酒店概不负责。

日期：________________ 客人签名：________________

## 【案例选读】

### 干洗还是湿洗

一天一位台湾客人有一件名贵西装弄脏了需要清洗，见服务员小江进房打扫卫生时，便招呼她说：“我要洗这件西服，请帮我填一张洗衣单。”小江想客人也许是累了，就爽快地答应了，随即按她所领会的客人意思帮客人在洗衣单湿洗一栏中填上，然后将西装和单子送进洗衣房。

第二天，客人收到西装发现有破损，十分恼火，责备小江说：“这件西装价值 4 万日元，理应干洗，为何湿洗？”小江连忙解释说：“先生真对不起，不过，我是照您交代填写湿洗的，没想到会……”客人更加气愤，打断她的话说：“我明明告诉你要干洗，怎么硬说我要湿洗呢？”小江感到很委屈，不由分辩说：“先生，实在抱歉，可我确实……”客人气愤至极，抢过话头，大声嚷道：“这真不讲理，我要向你上司投诉！”酒店经仔细检查，发现这件衣服应该干洗，洗衣场按洗衣单上填的要求，进行水洗处理了，导致衣服缩水。

### 2. 洗衣单填写要求

（1）房号、日期、填写人（经手人）一定要填写清楚，人名要填写全名。

（2）数量、名称要与客人要求的内容相符。

（3）客人的特殊要求，一定要在洗衣单上注明。

## 【知识链接】

### 保值洗衣

鉴于很多客人待洗衣服的价值远远超过洗涤费的15倍，如衣服损坏或丢失，按洗涤费的15倍进行赔偿远远不能补偿客人的损失，一些饭店推出“保价洗涤收费方式”，即按客人对其送洗衣物保价额的一定比例收取洗涤费。

### （三）会客服务

会客服务是体现高星级饭店服务水平的服务项目，《旅游饭店星级的划分与评定》（GB/ 14308—2010）中规定四星级以上的饭店应为客人提供在房间会客的服务，并应为客人要求提供加椅和茶水服务。

| 服务流程 | 操作要领与要求 |
|---|---|
| 接受来访 | 1. 礼貌询问访客姓名，有无与住店客人预约及预约房号<br>2. 打电话与住客联系，征得同意后请访客办理相关登记手续，方能将住客房号告知访客或带访客去住客房间，不得未经住客同意随意将住客的房号、姓名告诉来访者 |
| 会客服务 | 1. 待住客引访客进入房间后，主动询问住客是否需要加椅和倒茶<br>2. 留意会客房间动态。注意访客是否在没有住客陪同的情况下带走贵重物品<br>3. 有些饭店规定访客探访时间不得超过23：00，当探访时间超过饭店规定时，要委婉向客人说明探访时间 |
| 访客登记 | 填写来访人员登记表（见表2-6-4），做好访客进房、离店时间的记录 |

表 2-6-4　来访人员登记表

| 来访人姓名 | 性别 | 证件名称 | 证件号码 | | |
|---|---|---|---|---|---|
| | | | | | |
| 被访者姓名 | | 房号 | | 与来访者关系 | |
| 来访时间 | | 来访值班服务员 | | | 备注： |
| 离访时间 | | 离访值班服务员 | | | |

**【想一想】**

遇到来访客人找住店客人不在时，应该怎么办？

### （四）租借物品服务

酒店除了给客人提供基本的住宿条件外，还需购置一定数量的常用物品以满足客人的需求。客房部可供客人租借的物品一般有：电熨斗、烫衣板、插座、变压器、多功能充电器、吹风机、针线包、防过敏枕头、婴儿床、加床、轮椅等。这些物品的储备品种和数量需根据酒店的档次及服务水准而定，此外还需考虑酒店的规模和接待经验。

| 服务流程 | 操作要领与要求 |
|---|---|
| 做好记录 | 问清客人要求租借的用品，及时在“客房服务工作日报表”上准确注明物品名称、编号和租借时间 |
| 送进客房 | 1. 将客人需借物品送至客人房间<br>2. 询问客人归还时间<br>3. 根据情况向客人演示物品的使用方法 |
| 填写登记 | 及时、准确填写“客人租借物品登记表” |
| 收回物品 | 1. 至归还时间，通过电话主动与客人联系，礼貌询问客人是否继续使用。征得客人同意后，前往该房收回租借物品<br>2. 如房间挂了“请勿打扰”牌，要特别注意。一旦客人取消“请勿打扰”或遇到该住客时，礼貌询问客人是否需要继续使用<br>3. 注意检查物品是否完好，如发现客人损坏或遗失物品，应向上级汇报 |
| 清洁消毒 | 租借物品清洁消毒后，放回原处 |
| 做好记录 | 及时在客房服务工作日报表及客人租借物品登记表（见表 2-6-5）上注明此物归还情况 |

表 2-6-5 物品借用登记表

| | | | |
|---|---|---|---|
| 日期 | | 房号 | |
| 宾客姓名 | | 物品名称 | |
| 归还日期 | | 宾客签名 | |
| 经手人 | | 其他 | |
| 备注 | 客人所借的上述物品，如果离店时仍未交还，饭店将向客人索取物品的价值费用。 | | |

**【想一想】**

租借物品服务有哪些注意事项？

## 【案例选读】

### 被客人带走的订书机

某公司有50人的会议团体来到位于市郊的某四星级饭店入住。住店第一天，该公司的会议负责人孙小姐致电客房服务中心，要求借几个订书机，五分钟后，客房服务员将订书机送到会务房。第三天，会议结束，孙小姐的同事在帮忙收拾本公司会务组物品的时候将所有订书机都打包进了装会务资料的纸箱子直到办理退房，孙小姐也没有想起借了饭店的订书机还未归还。

当另一个会议团S公司的会务组致电客房服务中心要求借订书机时，客房部当班服务员小刘发现找不到订书机，问了小李才知道之前的客人还没有归还饭店的订书机，小李立即打电话给孙小姐，但孙小姐此时已经回到市中心，要返回饭店至少需要一个半小时。S公司的会务负责人认为这个饭店的服务水平不高，在自己有需要的时候饭店没能满足要求，只好想别的办法了。

### （五）委托代办服务

客人在住店期间可能需要服务人员代为办理一些事务，例如委托饭店照顾婴儿，留言给访客等。有的饭店由“金钥匙”或私人管家来负责委托代办服务，有的饭店则将委托代办划分到客房服务中心的职责范围。委托代办服务的关键在于弄清客人的需求，替客人办理事务的时候既要让客人满意、避免给客人带来损失，又要避免因处理不当而引起纠纷。

**1. 叫醒、留言服务**

（1）叫醒服务。

叫醒服务通常由总机工作人员提供。当电话无法叫醒客人时，由客房服务员进行人工叫醒。当敲门无人应答时，应及时通知领班及大堂副理后，根据具体情况进行处理。若房门反锁或串上门锁时，应请前台值班经理及工程人员一起打开门锁，以防止任何意外发生。

避免引起客人在叫醒后由睡着导致耽误行程而引起的投诉，叫醒服务必须采取电话叫醒和人工叫醒双重确认，客房服务中心应注意查看电脑记录，关注需叫醒的房间动态。有的饭店在第一次电话叫醒后，隔 10 分钟会再一次让客房服务员确认客人是否起床。

（2）留言服务。

客人外出时通常会有关于他们去向的留言，以便让来访者及时取得联系。客房服务员在接收到此类信息时应及时做好记录，在交接班时交代清楚。若是访客给客人的留言，应尽快放入房间明显的位置上，当客人回来时还要口头再次提醒客人，以便引起客人关注。接受客人电话留言时，要听清记准客人留言内容，迅速记录，经复述被客人确认无误后再填写留言单（见表 2–6–6），然后按留言服务程序办理。

**表 2–6–6 留言单**

| | | |
|---|---|---|
| 日期 Date： | 时间 Time： | |
| 先生 / 女士 / 小姐 Mr/Mrs/Miss ______ | | |
| Room No. ______ | | |
| 请通知宾客 Please be advised that ______ | | |
| 先生 / 女士 / 小姐 Mr/Mrs/Miss ______ | | |
| □曾电访 / 到访<br>□ Call by phone/in person | □将在电访 / 到访<br>□ Will call again | □请复电话<br>□ Please call back |
| 请与接待处联络有关：<br>Please contact reception counter | | |
| □换房 Room change | □收取包裹 Parcel collection | |
| □退房 Departure date | □其他 Others | |
| □收取信件 / 电传 / 电报 Letter/Telex/Cable collection | | |
| ______ | | |
| ______ | | |
| Reception Copy | 经办人<br>Clerk ______ | |

### 2. 代开门服务

（1）当住店客人忘带房卡出门要求为其打开房门时，应请客人出示相关证件与前台进行身份确认后，方可为客人开门。

（2）若客人无有效证件，也无钥匙及住房卡，则请客人说出姓名（与前台核对）、房内客人自己的物品特征、钥匙及房卡的摆放位置。请客人稍等另外请同事帮忙（防止发生意外），进入客房查看客人所述与实情是否致，如一致，则请客人进房，拿出有效证件，再次与客人确认。

（3）确认无误后，向客人表示歉意退离客房并将门关上。

（4）若客人无法出示有关证明，则不可替客人开门，一面婉言解释，请客人到前台办理相关手续，一面做好记录并通知保安部关注此人，以防不可预测的情况发生。

### ☞【案例选读】

## 为访客开门

“服务员”“服务员”……客房部服务员小郑听到走廊内有人大声叫服务员。她便立即放下手中的工作，快步走出房间。站在906房门口的先生说，他的一位朋友住在906，早上他打电话给我，让我把东西送过来，并在这里等他回来。

“先生，请问您的朋友贵姓？”小郑微笑着问客人。“怎么，不信任我？”客人用质疑的语气反问小郑，立马从上衣口袋里掏出他的证件，递到小郑面前。小郑明白客人误解了自己的意思，但还是有礼貌地对客人笑着说：“先生，您误会了，首先，我对您是肯定的信任，但是您的朋友住我们的饭店，这个房间目前的所有权归他，如果不经他本人同意，我们是无权为任何人开门的。您想，如果这个房间是您的，而在您不在的情况下，我们服务员……”

客人听完小郑的话后，他拿起手机拨通了朋友的电话，讲明情况，客人把电话递给了小郑。客人在电话里说：“小姐，谢谢你，我是906房间的客人叫××，麻烦你把房间门打开，让我的朋友进去，我马上就回来，谢谢。”挂断电话后，小郑对访客说：“先生，对不起，请稍等，我去拿钥匙。”小郑借机打电话到总台，对906房间的情况再次进行了确认，并在最短的时间内来到了客人面前打开房门，帮客人把东西提进房间。

## 三、客人离店服务

客人在离店的时候，客房部楼层服务员应及时了解预退房信息，在送别客人后仔细检查退房并且正确处理客人的遗留物品。

### （一）送客服务

送客服务是客房服务流程的结束环节，体现着对宾客的尊重与关心，在酒店的客房服务中是不可或缺的服务项目。在送客过程中，服务人员应做到礼貌、耐心、细致、周到，使客人满意。

| 服务流程 | 操作要领与要求 |
|---|---|
| 掌握情况 | 1. 掌握预退房的房号和客人离店的准确时间<br>2. 在客人退房前跟进委托代办事项的完成情况，检查客房服务项目的单据结算情况例如洗衣单、酒水单等必须在客人离店前送到收银处，以便及时结算<br>3. 主动询问客人离店前还需办理的事项，提醒客人检查自己的行李物品 |
| 送别客人 | 1. 在客人退房时帮助客人送行李<br>2. 欢迎客人再次下榻本饭店<br>3. 送客人到电梯口，帮客人按电梯 |
| 检查退房 | 1. 检查房间有无客人遗留物品，如发现遗留物品立即通知前台告知客人，送还给客人。若客人已离店，则按饭店有关程序处理客人遗留物品<br>2. 检查房间有无设施、设备损坏，物品有无遗失，如发现损失情况立即通知前台<br>3. 检查小酒吧消费情况，若有酒水消耗及时补填酒水单并通知前台入账<br>4. 检查结果要在3分钟内报告前台收银处 |

【知识链接】

### 查走客房

据报道，目前国外一些知名饭店已经取消了查房制度，房间内小酒吧消费由客人自报。先不说这符不符合国内的现实状况，在实际工作中，客人遗留物品的概率远大于其拿走或损坏饭店物品的概率，所以在现阶段查房还是必不可少的。饭店管理人员可以从以下几个方面来提高退房速度。

（1）熟记正确的查房程序，做到“胸有成房”。按程序查房退房就不会丢三落四，不会造成客人已结账后才想起某物品还未查到。

（2）分类别查房。团队房尽量保证团队与团队分开查，每个团队房整体查完后统一通知收银台。团队房和散客房一起退房时，先查散客房，团队房账目较多，有时不在同一楼层，退房程序比散客房复杂，会造成让散客等得太久，甚至引起投诉的情况。

（3）加强前台与客房的衔接工作。房务中心接到总台的客人退房通知后，迅速传达到楼层服务员，楼层查房后将结果告知收银台。有时客人首先告知楼层将退房，楼层在查房后通知总台，总台应做好记录，避免重复查房。

有时在速度与准确率不能兼顾的情况下，宁可牺牲准确率也要提高速度。因为客人拿走客房物品的概率很小，不应该为了可能的1%去冒犯99%。

### （二）客人遗留物品的处理

有些客人比较粗心大意，常常会遗留物品在酒店房间内，因此客人遗留物品的处理被视作酒店服务规范的一项重要内容。正确合适地处理好客人的遗留物品也是体现酒店服务质量的重要标志。

#### 1. 遗留物品的分类

（1）遗留物品根据遗留地点可划分为三类：一类是饭店客人在房间的遗留物；一类是到饭店消费或参观、游览的客人在公共场所的遗留物；还有一类是饭店员工在内部场所的遗留物。

（2）遗留物品根据价值和性质划分可分为贵重遗留物品、普通遗留物品和饮食品三种。其中贵重遗留物品是指金银珠宝、首饰、手机、手表、相机、电器等估计价值在人民币100元以上的物件及所有的现金、支票、有价证券和证件。

#### 2. 客人遗留物品处理（见表2-6-7）

表2-6-7 客人遗留物品处理

| 服务流程 | 操作要领与要求 |
| --- | --- |
| 检查报告 | 发现客人遗留物品时应及时与总台联系，将物品交还客人；如客人已经离店，则应及时交客房服务中心 |

续表

| 服务流程 | 操作要领与要求 |
| --- | --- |
| 登记造册 | 及时登记遗留物品登记表（见表 2–6–7），写清拾获日期、地点、物品名称、拾获人姓名 |
| 妥善保管 | 1. 将遗留物品分门别类妥善保管在失物储藏柜内<br>2. 贵重物品与非贵重物品分开存放，贵重物品应由专人管理 |

**表 2–6–8　遗留物品登记表**

| | | | | |
| --- | --- | --- | --- | --- |
| 登记遗留物品情况 | 日期 | | 时间 | |
| | 地点（房号） | | 姓名（客人） | |
| | 物品名称（规格、型号） | | | |
| | 是否与客人联系 | | | |
| | 发现人 | | 经办人 | |
| | | | | |
| 领取遗留物品情况 | 日期 | | 时间 | |
| | 领取人证件号码 | | | |
| | 领取人姓名 | | 经办人 | |
| | 备注： | | | |

## 3. 退还客人遗留物品（见表 2–6–9）

**表 2–6–9　退还客人遗留物品**

| 服务流程 | 操作要领及要求 |
| --- | --- |
| 店内住客 | 1. 核实住客的身份和遗留物品登记表的记录相符后，及时与客人联系征询客人取回遗留物的具体时间<br>2. 由客房中心职员将遗留物品送至客人房间，让客人在“遗留物品登记表”上签字确认<br>3. 遗留物品在送交客人前必须清点核实一次，面交客人时要逐项清点<br>4. 无误后登记、签名 |
| 店外客人 | 1. 客人来电询问所遗留的物品时，应征询取回物品的时间和途径，说明领取遗留物品所要办理的手续<br>2. 如客人委托他人代领，代领人须出示身份证和客人的委托书，并对照核实无误后方能办理代领手续；否则，要请示大堂副理和部门经理处理<br>3. 在完成遗留物品的交接后，将客人的身份证或护照号码记录在遗留物品登记表上，由客人签名确认并填写具体的交接时间 |

【知识链接】

### 遗留物品的存放及保管期限

（1）贵重遗留物品存放在客房办公室的保险箱内，保险箱的两把钥匙分别由保安部和客房服务中心保管。

（2）普通遗留物品存放在服务中心的遗留物保管室。

（3）贵重遗留物品原则上保存一年，普通遗留物品原则上保存三个月，其他一些如水果、饮料、开封的食品等视情况保存三天到一个月可作处理。

（4）到期的遗留物品定期由市公安局拾遗处人员收走，这期间要办好相应的交接手续和文字存档工作，交接表上需有保安部和客房部经理的签名确认。

## 项目三　个性化服务

随着酒店业竞争的日益加剧，越来越多的酒店管理者认识到：要想在激烈的竞争中保持优势，就必须了解宾客的兴趣、特点，满足客人合理的个性化服务需求，妥善处理客人的特殊要求，建立、保持并发展与宾客的良好关系。

【课前活动】

活动主题：何谓个性化

活动步骤：

1. 课前预习或收集资料，什么是个性化

2. 课前 5 分钟分享

## 【学习内容】

### 一、VIP 客人接待服务

VIP 是英文 Very Important Person 的简称，又称贵宾。VIP 客人往往有较高的社会地位或知名度，为此，酒店要为 VIP 客人提供足够的享受空间，给予其特殊待遇，让 VIP 客人在酒店多一份优越和自豪感，以显示其身份和地位。

#### （一）VIP 服务的等级

（1）A 等级：党和国家领导人，外国的总统、元首、首相、总理等。

（2）B 等级：我国及外国的各部部长，世界著名的大公司董事长或总经理及各省、直辖市、自区负责官员。

（3）C 等级：各地、市的主要党政官员；各省、直辖市、自治区旅游部门的负责官员；国内外文艺、新闻、体育等界的负责人或著名人士国内外著名公司、企业及合资单位、外资企业的董事长或总经理；与饭店有重要协作关系的企业的厂长或总经理饭店；总经理要求按 VIP 规格接待的客人。

## 【知识链接】

### 希尔顿荣誉客会

希尔顿荣誉客会有不同的会籍级别，入住希尔顿的客人入住后即可注册，可以获得更多住宿和积分。

VIP 银会籍 =4 次住宿或 10 晚住宿；

VIP 金会籍 =16 次住宿或 36 晚住宿或 6 万基本积分；

VIP 钻石会籍 =28 次住宿或 60 晚住宿或 10 万基本积分。

他们可享受的特权有：快速登记入住、延迟退房申请、快速退房、平日免费报纸等。

## （二）VIP 接待服务流程

| 服务流程 | 操作要领与要求 |
| --- | --- |
| 抵店准备 | 1. 了解客情。包括姓名、国籍、职务、禁忌、宗教信仰、生活习惯、客房种类、接待标准、抵离店日期和时间等信息<br>2. 清理客房。客房应在贵宾抵达前 1 小时准备好，特殊身份的贵宾如政府首脑或部长以上的领导人等需要提前 4 小时或 1 天左右准备好<br>3. 布置客房。贵宾等级不同，相应的客房内物品配备也不同。通常鲜花、水果以及总经理名片等为必放物品<br>4. 查房。为确保万无一失，需经领班、主管、客房部经理、前厅部经理或大堂副理等按规格标准层层检查客房 |
| 住店服务 | 1. 客房服务员能用姓或职务尊称客人，并主动问候<br>2. 在提供各项客房服务时应优先考虑贵宾房，务必在客人最方便时进行服务，以不打扰客人的休息和正常起居生活为原则<br>3. 在客人外出期间安排小整理服务并及时更换客人用过的卫生间棉织品<br>4. 配合保安部做好安全工作 |
| 离店送行 | 1. 在确认贵宾离店时间后，至少提前 1 小时通知楼层服务员<br>2. 客人离开房间或楼层时，应向客人道别，为客人按下电梯按钮，客人进入电梯后，祝客人一路平安并欢迎再次光临<br>3. 迅速检查客房，检查客房酒水使用情况以及客房设施设备有无损坏，若有设备损坏，应通过大堂副理给予处理 |

## 【前沿资讯】

### 私人管家服务

目前，世界上许多高档的饭店设立了“私人管家”，我国五星级的广东国际大饭店率先向海外客人推出了“私人管家服务”。私人管家是保姆，也是服务员，又是秘书，是饭店专门设置的为客人提供特殊服务的助理，专事料理客人的饮食起居，为客人排忧解难。客人进店，私人管家为他办理住宿登记，领客进房，端茶送巾，介绍情况。更重要的是，客人住宿期间的外出交通、人事联络、商务活动、生活琐事，均由管家一手操办，直到送客人离店。在这里应该指出的是，“私人管家”这类个性服务绝不是普通服务员能胜任的，私人管家要懂外语，会调酒、烹饪、熨衣等各项服务工作，熟悉饭店的整套运作，还要具备公关能力、协调能力等，可谓是“十八般武艺”样样精通。

## 二、特殊客人服务

每家酒店都会有机会接待一些特殊的客人，如伤病客人、残障客人或遇到客人醉酒，这些客人都需要酒店给予特别的照顾。

### （一）照料生病客人

个别客人因旅途劳累、水土不服或其他原因，可能会突然得急病，生病客人更是需要细心的照顾和服务。

（1）发现客人生病要表示关怀及乐意帮助，及时上报。

（2）礼貌询问客人病情。

（3）提醒客人有驻店医生的服务。没有驻店医生的酒店，应征询客人意见是否去医院，并提供协助。

（4）了解客人生病的原因。

（5）为客人提供必要的生活用品，如纸巾、茶杯、热水瓶、垃圾桶等。

（6）询问客人有无需要代办的事项。

（7）建议并协助客人和附近的亲友取得联系，提醒客人按时服药，推荐客人合适的食品。

（8）随时留意房内动静，适时进客房观察，并询问客人有无特别需求。

（9）在交接班本上做好记录。

**【知识链接】**

### 照料生病客人特别提示

（1）发现客人生病，服务员应立即上报。注意不要轻易乱动客人，或擅自拿药给客人服用。

（2）如住客患上重病或急症，应立即报告大堂副理及值班经理，将患病客人送到附近医院治疗，未到医院之前由驻店医生进行处理。

（3）发现客人休克或出现其他危险情况时，应立即报告上级，服务人员不得随便搬动客人，以免发生意外。

（4）客人要求代买药品，服务员应婉言拒绝，并劝说客人前去就诊。若客人坚持让服务员代买药品，服务员应及时报告大堂副理。

（5）照料生病客人时，服务员做好必要的准备工作即可离去，不得长时间留在病客房间，病客若有需要可电话联系。

### （二）照料残障客人

残障客人是酒店的特殊病客，需要服务员精心照料，尊重并保护客人隐私。

（1）酒店如有残疾人客房，应给客人安排此类客房。若没有，排房尽量在低楼层、靠电梯处，以方便客人出入。

（2）客人进店前，客房部应根据前厅部等部门提供的资料，了解相关信息：客人姓名、生活特点、有无家人陪同及特殊要求等，做好相应的准备工作。

（3）客人抵店时，服务员应在电梯口迎接，问候客人并视需要搀扶客人进入客房，帮助提拿行李。

（4）向客人仔细介绍房内设施设备和配备物品，帮助客人熟悉房内环境。

（5）客人住店期间，应特别关注，适时提供帮助，如搀扶客人进出电梯、客房，提醒客人注意安全等。发现客人到酒店其他区域时应通知相关部门。

（6）主动询问客人是否需要客房送餐服务，配合餐饮部人员做好相关服务工作。

（7）尽力承办客人委托事项，通过相关部门的协作及时完成，并回复客人。

（8）服务主动热情、耐心周到、针对性强，对客人的残障原因不询问、不打听。

（9）服务员需要理解残障客人不便之处，恰当、谨慎地帮助他们。服务用语要恰当，服务适度。

（10）客人离店时，服务员应主动征询客人的意见和要求，并通知行李员帮助客人提拿行李，送客人进入电梯后方可离开。

## 【思考与练习】

### 一、判断题

1. 客房中心服务模式颇受东方人和老弱病残客人的欢迎。（　　）

2. 洗衣快洗服务通常会加收 50% 的服务费。(  )

3. 客人遗留的贵重物品保存期原则为一年。(  )

4. 向客人简要介绍房内设备，需把握一个原则：特殊设备一定要介绍，一般设备可以不介绍。(  )

5. 引领客人入房时，如客人的房间在走廊左侧，服务员应在客人的左前方引领。(  )

**二、单项选择题**

1. 集酒店的前台、餐饮、商务中心及客房贴身管家服务于一身的属于(  )。

A. 楼层管家制　B. 商务（行政）楼层管家式服务

C. 一键式服务　D. 客房中心服务模式

2. 客房部 ________ 主要负责处理客房部的日常事务以及与其他部门之间的联络协调事宜。

A. 客房服务中心　B. 饭店公共区域　C. 经理室　D. 客房楼层

3. 叫醒服务第一次电话叫醒后，隔（  ）分钟再次叫醒。

A. 10　B. 20　C. 5　D. 30

4. 客人自称生病时，下列做法中哪一个是错误的（  ）。

A. 给客人对症下药　B. 报告上级　C. 请医生　D. 关心客人

5. 如有访客探访住店客人，但客人不在饭店内，服务员应有礼貌劝其到(  ）等候。

A. 客房　B. 公共场所　C. 楼面服务台　D. 办公室

**三、多项选择题**

1. 客房服务模式多种多样，下列（  ）属于创新服务模式。

A. 楼层服务台　B. 客房服务中心　C. 管家制服务　D. 一键式服务

2. 客房对客服务根据服务的流程可分为（  ）三个阶段。

A. 抵达前的准备　B. 抵店服务　C. 住店服务　D. 离店服务

3. 客人抵店时应了解（  ）。

A. 客人用餐地点　B. 离店时间　C. 喜好和忌讳　D. 付款方式

4. 客房洗衣服务可分为（  ）方式。

A. 湿洗　B. 干洗　C. 熨烫　D. 烘干

5. 下列（　　）属于饭店 A 等级贵宾。

A. 元首　　　　B. 艺人　　　　C. 国家领导人　　　　D. 企业总经理

**四、拓展作业**

主题：探寻民俗

活动目的：了解民宿的发展概况

活动形式：利用互联网搜索资料、整理资料

学习任务：

1. 输入关键词“民宿”，浏览网页

2. 查找民宿的由来；在世界各地分布情况；在四川的发展概况

3. 整理文档资料，分享交流

# 模块三

# 餐饮服务

饭店餐饮部是满足宾客饮食需求和体现饭店服务水准的重要部门，通过该项目的学习，认识饭店餐饮部常见的产品和服务项目，了解餐厅的环境及设计，认识餐饮部的设备和用品。

# 单元七　认知饭店的“美食中心”

## 【学习目标】

**1. 知识目标**

了解餐厅空间设计的原则；理解饭店餐饮产品的分类及其特点；掌握饭店常见的餐饮服务项目。

**2. 能力目标**

能识别常用的餐具种类；能完成餐厅空间基础设计；正确使用和保养各类餐具、家具、布件和相关设备用品。

**3. 素质目标**

树立文明操作的工作习惯，养成良好的职业操守。

## 项目一　餐饮部的经营特点和服务设施

### 【课前活动】

活动主题：了解饭店餐饮产品

活动步骤：

1. 分小组通过网络查找饭店产品种类
2. 重点查找饭店提供的餐饮产品

3. 搜寻饭店的特色餐饮产品

4. 在班上报告成果

## 【学习内容】

## 一、餐饮产品的组成

餐厅或餐馆源自拉丁语，原意为滋补、提神和恢复精神气力的意思，是指通过出售菜肴、酒水及相关服务来满足客人饮食需求的场所。1765 年，法国巴黎一位开肉汤店的老板布热朗将这一词语制成招牌悬于肉汤店外，用以招徕顾客。从那以后，巴黎的餐饮同行纷纷效仿布热朗，继而在欧洲，最终在全世界成为餐馆、餐厅的专用名词。广义的餐饮产品包含有形餐饮产品和无形餐饮产品，狭义的餐饮产品仅指菜肴、糕点、小吃、饮品等餐饮部提供的实物产品。有电商平台的餐饮企业，还有零售品或半成品。今天的餐饮行业，已经不仅仅是为了满足人们对于"吃"这一个生理的需求。现代的餐厅更多的是为人们的社会交流提供空间，或者是为了人们的休闲娱乐提供服务。如今，人们对餐饮产品的需求不仅仅是要好吃，还要好看，更要吃得健康，吃得营养，给客人更多的饮食选择和体验。

### （一）有形餐饮产品

是指餐饮部提供的设备设施和实物产品以及服务环境，主要满足客人物质上的需求。

#### 1. 餐饮设备设施

餐饮设备设施包括客用设备设施和供应用设备设施。

客用设备设施也称前台设备设施，是指直接供客人使用的设备设施，如餐厅、酒吧的各种设备设施等。

供应用设备设施是指餐饮经营管理所需的生产性设备设施，如厨房设备设施等。供应用设备设施也称后台设备设施。

#### 2. 餐饮实物产品

餐饮实物产品可直接满足餐饮客人的物质消费需要，通常包括以下三种。

（1）菜点酒水。

餐饮管理者必须认识到饮食在客人的心目中占有的重要位置以及不同客人对饮食的不同要求。如有的客人为求满足其新奇感而品尝名菜佳肴，而有的客人只为了寻求符合口味的食品而喜爱家常小菜。但无论哪种客人，他们通常都希望餐饮饮食产品富有特色和文化内涵，要求原料选用准确、加工烹制精细、产品风味适口等。另外，餐饮还必须保证饮食产品的安全卫生。

（2）客用品。

它是指餐饮服务过程中直接供客人消费的各种生活用品，包括一次性消耗品（如牙签等）和多次性消耗品（如棉织品、餐酒具等）。客用品质量应与饭店星级相适应，避免提供劣质客用品。

（3）服务用品。

服务用品是指餐饮部在提供服务过程中供服务人员使用的各种用品，如托盘等。它是提高劳动效率、满足客人需要的前提，也是提供优质服务的必要条件。

**3. 服务环境**

通常对服务环境的要求是整洁、美观、有秩序和安全。在此基础上，还应充分体现出一种带有鲜明个性的文化品位。第一印象的好坏，很大程度上是受餐饮环境气氛影响而形成的，为了使餐厅能够产生这种先声夺人的效果，管理者应格外重视餐饮服务环境的管理。

餐饮服务环境主要由餐厅建筑和装潢、餐饮服务设施和服务场所、装饰风格、餐饮环境和餐饮服务人员构成。

### （二）无形餐饮产品

无形产品是指餐饮提供的劳务服务，主要是满足客人心理上、精神上的需求。餐饮无形产品通常包括礼貌礼节、职业道德、服务态度、服务技能、服务效率、安全卫生、服务的方式方法、服务的规范化和程序化等。客人满意程度是餐饮服务质量的最终体现，如餐厅服务员有针对性地为客人介绍其喜爱的菜肴和饮料，前厅问讯员圆满地回答客人关于餐饮内各种服务项目的信息的询问，都会使客人感到愉快和满意。顾客有各种各样的需求，想方设法让顾客得到一种更好的体验，且这个体验的过程如果能够做到与众不同，有差异化，客人就会有满足感。

【知识链接】

## 餐饮产品的多元（以眉州东坡为例）

19年来，眉州东坡从一家小小的酒楼，发展成为旗下拥有眉州东坡酒楼、眉州小吃、王家渡火锅3个子品牌，全球拥有111家分店的大型餐饮企业，年营业额超过20亿元（见图3-7-1）。其间，眉州东坡经历3次成功转型，从最初传统的酒楼，到酒楼、小吃、火锅多品牌全产业链发展，再到进入Shopping Mall，开设小而美的小店，成为时下商圈、写字楼、社区最火的餐厅。

图3-7-1 眉州东坡酒楼

随着Shopping Mall的崛起，年轻人成为主流消费群体，吃饭不再是填饱肚子，更多的是休闲和体验。而眉州东坡的新店也开始进军商圈，转而做小而美的小店模式。眉州东坡第一家Shopping Mall门店燕莎桥店一开店就很火爆，日均营业额超过3万元。

在探索小店模式上面，眉州东坡创造了一个词叫"百变空间"。所谓"百变空间"，就是在不同时段，根据客流量多少和消费人群类型不同的情况下，通过设计对散台和包间的不同组合而形成的多种不同空间。通过对有限空间的随意组合，来达到不同时段客流量最大化的效果。

眉州东坡的中央厨房从1999年起就成立了，从第一代的5种菜品发展到如今的172种菜品，王刚将眉州东坡的菜品品质紧紧锁住。从东坡肘子、眉州东坡香肠再到眉州小笼包，越来越多的菜品实现了模拟手工化的标准化作业生产线，保证了菜品的品质和口感。

除了中央厨房，眉州东坡的所有调味料及香肠等产品均产自自有的食品公司——王家渡食品公司。调味料比如辣椒、花椒、豆瓣等均由食品公司统一从各地采购加工。而眉州东坡香肠一直是王家渡食品公司的拳头产品，从猪肉的选择到调味再到加工等一系列过程均标准化、统一化，切实地保证了香肠的品质。

如今，东坡肘子、麻婆豆腐、回锅肉、香肠……各种成品、半成品、酱料等约 50 种产品，都可以在眉州东坡的电商平台以及部分商超购买。

## 二、餐饮部的经营特点

### （一）餐饮生产的特点

与其他产品的生产相比，餐饮产品具有不同的特点。

#### 1. 种类多，批量小

餐饮部为客人提供的食品、饮料的品种多达几十种甚至数百种，但由于每次客人需要的数量较小，大多数产品并不能成批生产。

#### 2. 生产时间短

餐饮产品的生产、销售与客人的消费几乎同时进行。客人从点菜到消费的时间相当短暂，因而对产品生产的技艺要求较高，这对厨师的经验与技术是一个很大的考验。

#### 3. 生产量难以预测

餐饮部的生产量随机性很强，因为就餐客人何时来、来多少、消费什么餐饮产品等是无法预测的。

#### 4. 原料及产品不易保存

相当一部分餐饮产品是用鲜活原料制作的，具有很强的时间性和季节性，若处理不及时，极易腐烂变质。

#### 5. 产品差异化

当下餐饮业内同质化的现象与日俱增，同类产品越多，而顾客希望能够得到个性化、人性化和定制化的产品。怎么去做差异化的服务？第一，走产品路线。在产品的精进中，最好的差异化发展之路，就是不断提高产品的味觉水平和价值水平。第二，走服务路线。就是在产品之外给予顾客更贴心、更感动的服务，让他们即使面对一般的食物仍能感到心情愉悦。

#### 6. 产品生产过程管理难度大

餐饮产品的生产从原料的采购、验收、储存、加工、烹制、餐厅服务到收款，整个过程的业务环节较多，任何一个环节的差错都会影响餐饮产品的质量及企业的效益。

### （二）餐饮销售特点

餐饮产品不同于其他工业产品，有其自身的销售特点。

#### 1. 餐饮销售量受经营空间和人均消费量的影响

餐饮企业接待的客人数量受营业面积大小、餐位数多少的限制，要提高销售量，就必须提高服务效率和水平，提高座位周转率和客人的人均消费量。

#### 2. 餐饮销售量受就餐时间的限制

人们的一日三餐的时间有一定的规律。就餐时间一到，餐厅“高朋满座”，而就餐时间一过餐厅则“门可罗雀”，餐饮部应提高用餐时间以外的销售，如外卖、客房送餐等。

#### 3. 餐饮企业固定成本及变动费用较高

餐饮企业的硬件投资较高，如各种餐厨设备、用品的投资较大，且人力资源费用、能源费用、原料成本等的支出也较高。

#### 4. 餐饮企业的资金周转较快

餐饮企业的毛利率较高，通常在 50% 以上，大部分餐饮原料为当天采购、当天销售，因此餐饮企业的资金周转较快。

## 三、餐饮服务的特点

餐饮服务是餐饮服务人员为就餐客人提供食品、饮料的一系列行为的总和。它包括面对面的前台服务和客人视线所不能及的后台服务。概括起来餐饮服务具有以下特点。

#### 1. 无形性

餐饮服务与其他任何服务一样不能够量化。餐饮服务的无形性是指就餐客人只有在购买享用餐饮产品后，才能凭借其生理与心理满足程度来评估其优劣。

#### 2. 一次性

餐饮服务只能一次使用，当场享用、过时则不能再使用。

#### 3. 直接性

一般的工农商品生产出来后，大都要经过多个流通环节，才能到达消费者手中。而餐饮产品则不同，它的生产、销售、消费几乎同步进行、即企业的生产过程就是客人的消费过程。

#### 4. 差异性

餐饮服务的差异性主要表现在两个方面：一方面，不同的餐饮服务员由于年龄、性别、性格、受教育程度及社会经历的差异，他们为客人提供的服务不尽相同；另一方面，同一服务员在不同的场合、不同的时间，其服务态度、服务效果等有一定的差异。

#### 5. 综合性

从生产餐饮产品的后台服务到满足宾客对餐饮产品需求的前台服务包括众多环节，每个环节都是餐饮服务的重要组成部分，直接关系到服务质量的好坏。

## 四、餐饮部常见的服务设施

### （一）餐厅

#### 1. 中餐厅

我国的饭店大多设一至数个中餐零点厅提供中式菜肴，中餐厅主要经营八大菜系，装饰主题突出中式风格，使用中式家具，演奏中国民乐，服务人员穿中国民族服装，让客人在用餐过程中体会真正的中国文化。一般提供午餐、晚餐两餐服务。

#### 2. 西餐厅

四星、五星级饭店一般设有提供法式或意大利式菜肴的西餐厅。法式西餐厅又称为“扒房”，布置豪华，环境幽雅舒适，富有浪漫情调，背景音乐以钢琴、小提琴、萨克斯管、竖琴等西洋乐器现场演奏为主，餐桌用蜡烛或小台灯照明。

#### 3. 咖啡厅

为了方便客人用餐、会客和非用餐时间段的餐饮消费，三星级以上饭店都在一楼大堂附近设有提供简单西餐、当地风味快餐或自助餐服务的咖啡厅。三星至白金五星饭店营业时间为18小时至24小时不等。咖啡厅分不同时间段提供早餐、早午餐、午餐、下午茶、晚餐和宵夜。有的饭店咖啡厅在三餐高峰时段提供自助餐服务。

**4. 特式餐厅**

特式餐厅主要是为了满足人们追求个性化生活和品味异域文化的需求而开设，如广州中国大酒店的"食街"为客人提供潮州、上海、四川、扬州等地的风味菜点。

**5. 各种酒吧**

酒吧是公众休息、聚会、品味酒水的场所。是客人喜爱的场所，也是饭店增加服务项目，增加收入且利润较高的一个部门。配备种类齐全和数量充足的酒水、各种用途不同的载杯和供应酒品必需的设备及调酒工具。饭店视规模大小，可设有数个不同性质的酒吧，饭店内常见的酒吧种类有：代表饭店酒水服务最高水平的主酒吧，这类酒吧的特点是客人直接面对调酒师坐在酒吧台前，可当面欣赏调酒师的操作；带有咖啡厅的形式特征的酒廊，格调及其装修布局也与咖啡厅相似，但只供应饮料和小食品，不供应主食；以及在中餐厅、西餐厅和各种娱乐设施中设置的服务酒吧，根据餐厅性质的主题选择相应的酒水供应；还有其他如游泳池酒吧，茶座、花园酒吧，客房小酒吧等。

**（二）宴会部**

**1. 宴会厅**

饭店餐饮部通常设有宽敞的宴会厅，可为客人提供理想的设宴场所。可根据客人要求制订菜单、布置厅堂、备餐铺台，为客人提供完整的宴会服务。

**2. 大型多功能厅**

大型多功能厅是餐饮部面积最大的活动场所，功能齐全，既可以举办大型中餐宴会、西餐宴会、冷餐酒会、鸡尾酒会，还可以根据需要举办记者招待会、新闻发布会、时装展会、学术会议等。可以用活动墙板调节并分隔，以便同时举行不同的活动。

**3. 小宴会厅**

小宴会厅通常又称为包间，每个小宴会厅都有自己的名称，装饰风格各异。一般可以满足一至三桌小型中、西餐宴会和其他餐饮活动的需求，不受外界打扰，很受客人欢迎。

## 【知识链接】

### 饭店外卖

加利福尼亚的 Irvine 酒店中一个 24 小时的外卖柜台，在 2016 年完成了共 22 万单点餐。其中有 50% 的点单都来自于本地居民（附近社区有近 15 幢体量较大的公寓楼，酒店隔壁的五座办公楼中有共计约 5000 名员工）。酒店积极地将社区居民吸引过来。

从 2016 年起，由于“八项规定”的实施，国内星级酒店餐饮客流量均受到重创，近年越来越多的星级酒店都开始“放下身段”吸引平民消费。京伦饭店、新世纪日航、宣武商务酒店等多家酒店都推出平民外卖窗口，变身百姓家后厨房。星级酒店也做起了小买卖，开始承接家庭聚会、公司茶歇这样的宴会外卖。更有酒店的午餐、晚餐，参与了促销团购，打出了亲民的价格，与大众餐厅的消费标准持平。

星级酒店开展外卖服务，可考虑与第三方外卖渠道结盟作战。第三方外卖渠道具有极强的外卖实战经验，可以共同参与到酒店外卖的各个策划环节，如产品开发、包装，以及市场推广和宣传等。弥补了酒店方单纯从星级酒店的角度来开发产品的弱点，更能从目标市场的实际需求出发，开发出热卖的产品。

2016 年 9 月，北京首都旅游集团有限责任公司与百度外卖达成战略合作协议，联手打造首旅集团星级酒店餐饮外卖生态系统。消费者在百度外卖一键下单，足不出户即可以超值价格享用星级酒店和餐饮名店的高品质美食。首旅集团与百度外卖探索传统餐饮拥抱“互联网 +”的新思路，实现互联网餐饮场景、营销和模式的创新，强强联合共同开拓的外卖 O2O 市场，推进星级酒店餐饮和餐饮企业的互联网化运营。

# 项目二　餐厅空间设计

## 【课前活动】

活动主题：了解餐厅布局

活动步骤：

1. 各小组收集餐厅内部空间图片
2. 分析餐厅包括的几个部分
3. 画出你了解的餐厅布局图

## 【学习内容】

在社会多元化渗透的今天，饮食的内容已更加丰富，人们对就餐内容的选择包含着对就餐环境的选择，餐饮环境是餐厅、宴会厅、咖啡厅、酒吧及厨房的总称，带给客人的是一种享受，一种体验、一种交流、因此，营造符合人们观念变化所要求的就餐环境是餐厅营销成功的根基。

### 一、饭店常见餐饮设施的布局

（1）独立设立餐厅和宴会厅此种布局使就餐环境独立而优雅，功能设施之间没有干扰。

（2）在主楼低层设餐厅和宴会厅是多数饭店采用的布局形式，功能连贯、整体、内聚。

（3）主楼顶层设立观光型餐厅（包括旋转餐厅），此种布局特别受旅游者和外地客人的欢迎。

（4）休闲餐厅布局（包括咖啡、酒吧、酒廊）比较自由灵活，大堂一隅、中庭一侧、顶层、平台及庭园等处均可设置，增添了建筑内休闲、自然、轻松的氛围。

## 二、餐饮环境功能分区的原则

餐饮空间的设计要根据目标客户群、投资额、经济效益来确定，应锁定目标客户群来确定设计的主题风格、文化定位，进而确定包房的数量和散座的座位数，并将其计算到经济技术指标中。同时，设计师必须熟悉掌握餐饮类空间的营销战略、研究竞争对手及各类主题餐饮营运模式，真正将餐饮空间的各功能落实到设计之中。

餐厅大致可分为客人用餐空间、烹饪操作空间、服务工作空间和公共空间四个基本部分。

客人用餐空间设计在整个餐厅空间设计中占有至关重要的位置。这是客户进餐和享受服务的空间，也是客户留下的最长时间。这个空间的创造与客户的消费体验密切相关。因此，客人用餐空间设计是整个餐厅空间设计的中心，也是餐厅空间设计中最重要的部分。

一般来说，在大多数餐厅空间设计中，顾客看不见烹饪操作空间（除了日本铁板烧餐厅等少数明档型餐厅），但它是整个餐厅的食品储存、加工和生产部门，它与整个餐厅的利润有最直接的关系。在餐饮设计中，如何设计烹饪操作空间，在安全卫生的前提下提供高效便捷的服务人员，促进提高工作效率已成为餐厅设计时需要考虑的主要问题。

服务工作空间有限，但必须有利于服务人员各项任务的顺利进行。

通常，餐厅的公共空间主要由两大类组成。一个是餐厅功能区之间的连接空间；另一个是餐厅的辅助功能空间（例如洗手间）。这两类空间的共同之处在于，尽管它们不能直接创造利润并占据商业场所的一些区域，但它们是餐厅空间设计的一个组成部分，否则将破坏整个餐厅的业务秩序。公共空间必须满足用户的使用需求并占用很小的空间。这就要求食品和饮料设计师从用户的感受和需求出发，在空间的整体规划中结合人体工程学，尽可能地融合功能，以更好地利用餐厅空间设计。

（1）总体布局时，把入口、前厅作为第一空间序列，把大厅、包间作为第二空间序列，把卫生间、厨房及库房作为最后一组空间序列，使其流线清晰，功能上划分明确，减少相互之间的干扰。

（2）餐饮空间分隔及桌椅组合形式应多样化，以满足不同顾客的要求；同时，空间分隔应有利于保持不同餐区、餐位之间的私密性不受干扰。

（3）餐厅空间应与厨房相连，且应该遮挡视线，厨房及配餐室的声音和照明不能泄漏到客人的座席处。

## 三、餐厅功能设计的要素

餐厅功能设计就是由多年从事餐饮业、有丰富经验的行业专家根据出品、服务、经营、管理的需要设计餐厅的建筑结构、设备设施的安装和装修。

☞【案例选读】

### 餐厅设计失败的教训

有的厨房大，餐厅小、客人多了没地方坐；有的厨房小、座位多，忙时转不开身；有的厨房，下水管道不够粗，篦油池容量不够、结果厨师脚下脏水成片、不得不搭起木板才能干活；有的厨房没设恒温、封闭的有机垃圾房。一到夏天剩菜剩饭、鳞毛下水发酵膨胀，撑破了垃圾袋，臭气熏天！不仅餐厅客人受不了、连周围街道也受到了污染；有的火锅烤肉店，排风不畅，客人一多，就烟云弥漫、客人怎能久留。

装修豪华的餐厅不时闻到厨房炸锅、笼屉里蒸的韭菜馅包子的味道；名为"罗浮宫"的包间充满多年的霉味或死老鼠的味道；几个清幽的雅座被厕所的臭气或鱼缸的腥气熏得脑仁痛。

巨大的透明屋顶让人享受日光浴、屋外田原风光、屋内飞流急瀑，水乡泽国、美极了。就是夏天开足空调，客人还是酷热难耐；冬天倒能做到暖意融融，但玻璃屋顶的冷凝水吧嗒吧嗒打在客人身上，落进佳肴，这顿饭还怎样吃！

大半个餐厅变画廊，摆满雕塑挂满了画。想得不错，吃饭的人有钱买画，喜欢画的人顺便吃饭，提高了文化品位还赚到两笔钱，一石二鸟。可惜客人不多、生意清淡。经了解才知道，这地方俗人不敢进、富人不自在。题跋诗句念不上来，倒显得无知；文人雅士虽有来，却凑不齐预算需要的营业额。现代客人讲快节奏，餐厅追求翻台率。李白斗酒诗百篇、红梦宴上猜灯谜现在赚不到钱。

### （一）餐厅设计第一要素是“盈利的需求”

任何一个餐厅在设计之初，都要考虑到投资的回收，做好项目投资预算。根据预算决定价格水平和座位数。决定了前厅、酒吧、餐厅、厨房、库房、职工生活区等部位的面积和比例。高档餐厅每个客人的平均活动占有面积就要比中、低档的大。这就决定了客人的等候区域、进餐区域，甚至洗手间都要大得多。

### （二）餐厅功能设计的第二要素是“客人的需求”

餐厅设计的时候，就要根据客人的每一项活动，根据行为科学，合理地设计建筑设备设施和装修。例如：快餐的椅子不能太舒适，因为这样客人就能吃了就走，翻台率高。不但要考虑到一个单独的客人，还要考虑到一个群体。例如一家人就要考虑到老人、女士和孩子的不同需要。孩子没有地方放，就能带走一桌客人。这就是为什么外国的很多餐厅面积再小也设计出一个儿童游戏角的原因。

新兴的消费群体以及主流的消费趋势都在不断地表明，消费者对于体验度的需求正在不断增加，基本功能之上的颜值诉求和仪式感，已经慢慢成为更多人的心理期望必备项。这是随着生活水平的提高，大众消费乃至中产阶级消费的必然趋势。简单实用加好看，成为基础消费要素，而高颜值、高规格则成为更有消费力的群体追逐的目标。

### （三）餐厅功能设计的第三个要素是“服务的需求”

食品、饮料购入之后，要进行验收、储存、粗加工、细加工、备料、配料、烹调、装盘、配器、传递、展示、上台、服务、清理等一系列复杂、细致的操作才能提供给客人。每一项操作、每一个动作都需要在建设餐厅之初进行认真的设计。例如：厨房、茶水间和餐厅之间的门都要设计成双门单向。也就是说，右行前开，其宽度足够一个服务员端着盘子顺畅通过。设想，如果厨房的门设计成双向开，门的两侧的服务员互相看不见，从两个方向推一个门，晚到的一方会被猛然打开的门碰得头破血流，菜洒满地。

厨房设计更是如此。外国人设计的厨房都比我们设计的窄小。问过厨师才知道，前面的灶和后面的台之间的距离宽一步，一个厨师一天就要多走一倍的路，上菜可能就会慢不少。在厨房设计中，柜门的高低、开关的位置、厨房的温度、灶台的亮度和冷、热之间的关系、会不会交叉污染，许许多多方面都需要进行科学的功能设计。

### （四）餐厅功能设计的第四个要素是“职工的需求”

职工有良好的工作条件和工作环境，才能提供出好的食品、饮料和服务。他们从什么门进入，何处洗澡、何处换制服，何处洗制服、何处吃饭、何处休息、何处打电话、何处开会，都需要进行充分的考虑、认真的设计。如果你要求扛着一片猪肉的厨师不能从厅堂客人面前走过，你就要设计职工通道，否则就无法工作。

### （五）餐厅功能设计的第五个要素是“文化的需求”

客人到餐厅吃饭，不单要用嘴吃，还要用眼看、用耳听、用鼻子闻，色、香、味、美俱佳才能使客人觉得享受。除此之外，还有“特色”。要让客人一餐之后终生难忘。

餐厅功能设计要合理安排几大回路的交叉。

客人从停车、进门、等候、落座、就餐、结账、出门到乘车离去，形成了主回路。

职工从上班、到岗，工作、下班、出门到回家、回宿舍，形成了第二回路。

物资从购入、储存、提货、加工、服务、清理到垃圾处理形成第三回路。

信息从传入、收集、分析、传递、决策、指挥到存储，形成第四回路。

这几大回路都需要场所、设备设施、通路的支持，它们都是在动态中交叉、互动，编织成网，协调统一。没有“功能设计”就要去进行建筑、设备设施和装修设计只能是中看不中用，漏洞百出。给以后的经营、管理留下巨大的隐患。

## 【知识链接】

### 大数据和行为研究成果分享

**1. 消费者容易关注右边的空间**

人们走路大多数都是先迈右脚，右撇子居多，因此顾客大多希望往右走。据不完全统计，大约90%的客户，在进入你的店后会右转，并采用逆时针方向进行移动。因此，餐厅动线设计时，一定要注意右边预留够足够的空间。

**2. 走廊的宽窄影响客户行动**

如果通道足够宽，顾客反而不会留意到周围的装饰、菜品，他们会快速通过。如果通道过于拥挤，顾客是绝不会愿意通过推挤往前走的，他们会选择转身离开。因此，餐厅预留通道，不能过宽也不能太窄，具体要根据位置而言。要吸引顾客进店，那么门口就要足够宽，想要留住客人，就要适当狭窄。

**3. 顾客喜欢有光的地方**

我们很容易发现，顾客像飞蛾一般喜欢有光的地方。事实上，这是人自然的反应，光亮会给顾客以一种安全感。

**4. 入口右边墙决定客户入店率**

门头很重要，顾客在门口望一眼，决定了他会不会进店消费。顾客站在店门口，眼睛往往以45°的角度看向右边的墙面。顾客愿不愿意进店，就要看这一片区域是否有吸引他的要素。因此，餐厅绝对有必要做“面子工程”。

## 四、餐饮环境室内设计的原则

### （一）主题鲜明，突出特色

餐饮空间对于品牌与文化内涵的体现重要程度比较高，在设计风格上可吸收民族的、地域的或某一类型的主题，并使之成为卖点。可从所在地的地域环境、自然条件、生活方式、人文景观及本土材料上考虑，为顾客提供一个别具一格的用餐场所享受饮食文化，感受深层次的文化韵味。

**【案例选读】**

### 餐厅的特色文化展示

入口：大口吃肉不畏四海八荒，大碗喝酒无论三教九流（见图3–7–2）。左侧接待桌，右侧酒缸。员工服务和装饰墙如下所示（见图3–7–3，图3–7–4）。

店内告示：兄弟我，多在山沟，少在书房，不知江湖礼仪，只知江湖贵重，还望各位大哥，给兄弟打个好字旗。

图 3-7-2 入口

图 3-7-3 员工服装（背面）

图 3-7-4 装饰墙

### （二）功能协调方便

餐饮类空间的设计应做到各项功能协调方便。在布局上，要考虑服务方式、顾客数量、所需设备及建筑结构特点。厨房与餐厅面积配比恰当，操作区内的热菜、冷菜、面点厨房和加工间、操作间、洗碗间协调。设置用餐区面积要预先考虑好传菜设备和顾客等位所占的空间。应考虑到顾客进出、餐厅点菜、传菜上菜、为顾客取酒水和收餐的操作方便，考虑到厨房原料进出、原料加工、洗菜择菜、烹调上菜等各道工序之间的衔接和协调，并尽量缩短各道工序与前后工序之间的行走距离以提高效率，要避免顾客就餐活动路线和工作人员的传菜和服务路线相交叉。

### （三）创造良好的就餐氛围

就餐氛围是服务中消费者和企业之间交流的媒介，营造轻松、快乐、富有情趣的就餐氛围是餐饮类空间设计的核心之一。就餐氛围的营造要结合空间的主题和客人的心理，如中式餐厅往往是团体用餐，参与人员较多，可以从较高的照度、开敞的空间等角度营造隆重、喜庆的氛围；西餐厅一般是单人或双人餐，可以让空间半围合，让客人有相对隐私的空间。

### （四）注重家具的选择

餐饮类空间家具主要以餐桌椅、沙发、接待柜台、餐厅吧台、收款台等为主，其选择主要是根据餐厅性质、产品风味、经营方式、接待对象等来确定。如散座、零点餐厅的餐台要 2 人台、4 人台、6 人台、8~10 人台综合配备，包房餐厅则以 8~10 台以上餐台为主，中餐以圆桌为主、西餐厅以长桌为主、日本餐厅则以小桌为主。造型和色彩要与整体装饰风格协调一致，功能上讲究舒适实用。

## 四、常见餐饮环境的主题营造

餐饮室内空间的主题营造，就是在室内餐饮环境中，为表达某种主题含义或突出某种要素进行的理性的设计，有助于把餐饮环境的氛围上升到完美的精神境界，有助于指导室内设计风格的形成，在对不同餐厅进行空间设计时，应有所侧重。

### （一）中餐厅

中餐厅在我国的饭店餐饮行业占有很重要的位置，并为中国大众乃至外国友人所喜闻乐见。中式餐厅在室内空间设计中通常运用传统形式的符号进行装饰与塑造，既可以运用藻井、宫灯、斗拱、挂落、书画、传统纹样等装饰语言组织空间或界面，也可以运用我国传统园林艺术的空间划分形式，拱桥流水，虚实相形，内外沟通等手法组织空间，以营造中国民族传统的浓郁气氛。

### （二）宴会厅

宴会是在普通用餐的基础上发展起来的高级用餐形式，也是国际交往中常见的活动之一。宴会厅的使用功能主要是婚礼宴会、纪念宴会、新年、圣诞晚会、团聚宴会乃至国宴、商务宴等。宴会厅的装饰设计应体现出庄重、热烈、高贵而丰满的品质。

### （三）风味餐厅

风味餐厅主要通过提供独特风味的莱品或独特烹调方法的菜品来满足顾客的需要。风味餐厅种类繁多，充分体现了饮食文化的博大精深。

### （四）西餐厅（外国菜餐厅）

西餐厅（外国菜餐厅）在饮食业中属异域餐饮文化。西餐厅（外国菜餐厅）以供应外国特色菜肴为主，其装饰风格也与某国民族习俗相一致，充分尊重其饮食习惯和就餐环境需求。

### （五）咖啡厅、茶室、酒吧

咖啡厅、酒吧、茶室是人们亲密交流、沟通的社交场所，在空间处理上宜把大空间分成多个尺度较小的空间，以适应不同层次的需要。

### （六）厨房

餐厅的厨房设计，要根据餐饮部门的种类、规模、菜谱内容的构成，以及在建筑里的位置状况等条件相应调整设置。厨房的流线要合理，厨房作业的流程为：采购食品材料—贮藏—预先处理—烹调—配餐—餐厅上菜—回收餐具—洗涤—预备等。

## 【案例选读】

### 案例一　一家餐厅的动线设置图，您觉得有问题吗？

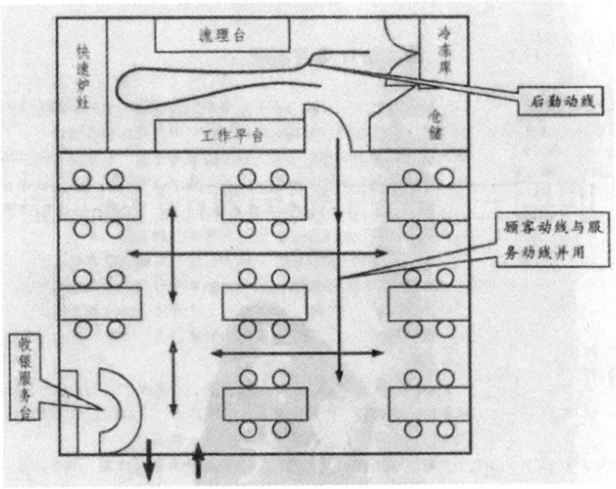


图 3-7-5　餐厅的动线设置案例

● 第一，收银服务台的位置就与顾客动线冲突了。如果收银台排队，那么无疑会阻止进店以及出店的顾客。

● 第二，顾客动线在这种设置下，由于刚入门右手边桌子的影响。会由逆时针移动变成顺时针方向动线，与顾客习惯不符。

解决办法：可以考虑将进门右手边的桌子去掉，服务动线从左边出门，从而形成逆时针循环，服务动线与顾客动线共用一条动线。

### 案例二　一家外卖兼堂食的店铺，改良前后对比分析

图 3-7-6　前后对比图

● 原先，顾客入门后直接面对的是外卖窗口（delivery—传送、交付），而收银台在左边。于是排队结账的顾客，就跟用餐的顾客发生交叉。

● 右图是改良后的动线，排队结账处的空间明显变大，而且在餐厅左边预留了位置，可以形成循环。这样一来不但餐厅变得更有秩序，而且进客量也大了许多。

# 项目三　餐厅餐具和设备用品

## 【课前活动】

活动主题：认识餐厅设备、餐具、用具

活动步骤：

1. 各小组收集餐厅重要设备餐具图片
2. 列出餐厅设备、餐具、用具的种类

## 【学习内容】

### 一、认识餐具

餐具按照制作原材料可分为陶器、瓷器、玻璃器皿、漆器、银器、象牙制品、搪瓷制品、不锈钢制品、铝制品、塑料制品、竹器等种类。

#### （一）陶瓷器皿

瓷器是餐厅服务的主要用具，有碗、碟、盘、杯、壶、匙等。虽然瓷器的品种繁多，名称不同，使用方法各异，但其清洁保养方法基本相同。

瓷器的种类繁多，大致可分为一般瓷器、强化瓷和骨瓷（见表 3-7-1）。目前，骨瓷的平均使用率占 15%，强化瓷平均使用率占 35%，一般瓷器平均使用率占 50%。

表 3-7-1　一般瓷器、强化瓷、骨瓷对比

| 种类＼品质 | 一般瓷器 | 强化瓷 | 骨瓷 |
|---|---|---|---|
| 色彩 | 白中带灰 | 纯白 | 奶白而通透 |
| 釉彩 | 素淡 | 素淡 | 鲜艳 |
| 厚度 | 厚 | 中等 | 薄 |
| 纯度 | 容易碎裂 | 坚固耐用 | 不易碎裂 |
| 价格 | 低 | 中等 | 高 |

### （二）金属餐具

金属餐具使用较多的有镀银餐具和不锈钢餐具。银器一般可用于高档的中西餐厅，在西式餐具中的刀、叉、匙、衬碟、茶壶、咖啡壶等银器最为常见；而中式餐具中的筷架、垫盘、叉、匙、菜盘盖、大小公勺、温酒壶等银器也较为常见。银器分纯银和镀银两种，以镀银餐具为主。银器必须定期抛光，几乎所有银制的餐具都可以用不锈钢代替。

### （三）玻璃器皿

在饭店餐厅里，最常用的玻璃器皿以各种形状、不同用途的酒杯为最多。还有各类摆台和服务过程中使用的玻璃器皿。玻璃器皿的优点是价格便宜，缺点是使用不够广泛，而且容易刮花和撞碎。

玻璃的品种多、质地差异大。如碱石灰玻璃又叫普通玻璃，以石英砂、纯碱和石灰石为原料生产，价格比较便宜；派热克斯玻璃（Pyrex），用含硼氧化物、钾硅酸盐、三氧化硅为原料制成，杯体结实，耐高温；铅化杯（Lead Crystal），用石英砂、红铅、钾硅酸盐为原料制成，声音清脆，透明度高；钢化玻璃杯（Pyroceram），用黏土、二氧化硅和稀有金属制成，防震、防碎，耐高温；水晶玻璃是在玻璃中加入铅和矿物质制成，优点是晶莹剔透、可塑性强、美观耐用、声音清脆，缺点是价格昂贵，而且不宜盛装过冷或过热的液体，否则会破坏水晶的内部结构。根据国际标准，水晶含铅量通常为 24 % 或更高些，这样可使水晶具有较大的软度，便于雕刻更深更细的花坑纹，这些花坑纹大大增加了光的折射率，如果在射灯下观赏，可隐隐看到一抹淡蓝的色彩。

【前言资讯】

## 创新旋风引爆餐具革命

目前，全球每年使用塑料餐具的个数大约为6400亿！大多数的餐具是一次性的，使用之后就立马被丢弃，给环境带来极大破坏。

Bakeys推出了世界上第一个可食用餐具，和一般餐具最大的不同是：这真的是一款可以吃的餐具，“饿得我真想把盘子吃了”这样的夸张戏言如今已然成真。可食用餐具由大米、小麦和高粱组成，这就保证了勺子完全是素食构成，并且其中不含有任何添加剂。除了你看到的勺子他们还生产筷子、甜点勺子和叉子（见图3–7–7）。

Bakeys还特地针对人们的口味喜好研发出各种口味，比如辛辣味、姜蒜味、薄荷味、胡萝卜味、糖果味等。虽然之前也有容易降解的餐具，但是降解的周期依然很长，像这样的可食用餐具不吃扔掉的话10天之内就会降解，或者是被其他动物吃掉。

图3–7–7 可以吃的勺子、筷子

## 二、认识餐厅家具

### （一）餐桌

餐厅所使用的餐桌基本以木质结构为主，其基本形状主要有：正方形、长方形和圆形。餐桌的大小以给予每位就餐者不少于75厘米的边长为宜，正餐餐桌的高度为72~76厘米，不能过高或过低。

中餐宴会常用圆桌，有些大型宴会的主桌会用长方形的桌子。西餐宴会常用正方桌、长方桌、椭圆桌、圆桌等，也可根据客人的需要拼设异形台。

圆桌大体分为整体圆桌和分体圆桌两种。整体圆桌的桌面与桌架固定在一起，可以折叠。桌面供 4 人用的直径为 120 厘米；6 人用的直径为 140 厘米；8 人用的直径为 160 厘米；10 人用的直径为 180 厘米；12 人用的直径为 200 厘米；14 人用的直径为 220 厘米。摆设花台宜用直径 240 厘米的桌面，桌面都是由两块或四块小桌面拼接而成，也可用圆桌面与相吻合的 1/4 圆弧形桌面拼接而成。

### （二）餐椅

#### 1. 木椅

木椅可分为一般木座椅和硬木座椅。木椅的做工要相当精细和考究，可用雕花和贝壳镶嵌作为饰物。硬木椅一般要有精美的坐垫，以显示出它的庄严和豪华。

#### 2. 钢木结构椅

钢木结构椅主要框架为电镀钢管或铝合金管，有圆形管和方形管，它的特点是重量轻、结实，可挥叠在一起，所需存放面积较小也便于搬动。中西餐厅均可使用。

#### 3. 扶手椅

带扶手的餐椅一般不用于中餐，通常档次高的西餐厅使用扶手椅。扶手椅的体积要比木椅宽大些，后靠背宽，弧度略大，坐在上面比木椅舒适。

#### 4. 藤椅

藤椅多为扶手椅，在南方使用较多，一般放置在中餐厅或茶室，藤椅的特点是不怕潮湿，但怕风吹和干燥，特别是夏季使用给人以凉爽的感觉。

#### 5. 儿童椅

为了方便儿童客人，饭店的中西式餐厅一般都配有专为儿童使用的餐椅。儿童餐椅座高为 65 厘米左右，座宽、座深都比普通餐椅小，但必须带扶手和栏杆，以免儿童跌落。

### （三）工作台

工作台是服务员在用餐期间为客人服务的基本设备，其主要功能是存放开餐服务所需的各种服务用品，如餐具、调味品以及菜单、餐巾等，是餐厅家具中重要的组成部分。

## （四）常见的服务车

### 1. 活动服务车

此类车用于在客前分菜服务，轻便灵巧，可用来上菜、收盘，大小和其他功能可根据需要设计，但太大则需较宽的餐厅通道并占去更多的空间。

### 2. 烈酒车

烈酒车主要用来陈列和销售开胃酒、各种烈性酒和餐后甜酒，备有相应的酒杯和冰块等，相当于一个餐厅内的流动小酒吧。

### 3. 燃焰车

燃焰车可用液化气作为燃料。燃焰车表面最好用不锈钢材料，这样易于清洁。使用时注意煤气开关、餐具的贮放以及抽屉和砧板的位置；面上的槽用来放置酒瓶和调味品。

### 4. 送餐车

送餐车是客房送餐服务员运送热菜所用的工具。有些送餐车用插头接通电源来保温。注意装车前必须将车内预热。

## （五）迎宾台、签到台、指示牌、致辞台

### 1. 迎宾台

通常设在餐厅门口的一侧，其高度以迎宾员平放肘部到地面的距离为准。台上摆放餐厅客人预订簿和客情资料、电话、插花等。

### 2. 签到台

多用长方形桌，一般设在餐厅的入口处，铺设台布，围上桌裙，上面摆放插花、签到簿、笔等文具用品和有关活动的图文宣传资料。有专人在此接待出席活动的客人。

### 3. 指示牌

是饭店承办的某些大型活动的告示和指南，通常用于大中型的宴请活动、大型会议等。指示牌上面的内容可以是宴会的名称、宴会厅的平面示意图、台形桌号、宾主的座次安排以及入席路线等。

### 4. 致辞台

它的形式与迎宾台相似，其朝外的一面镶有饭店的店徽标志，上面有麦克风，放置于主席台或主宾席的一侧，用于宾主双方相互致辞，台上还配有插花。

## 三、认识餐厅布件

### （一）台布

传统、正式的台布通常是白色的。此外，常见的还有乳黄色、粉红色、淡橙色等。台布的大小应与餐桌相配，正方形台布四边垂下部分的长度以 20~30 厘米为宜。

### （二）装饰布

装饰布是指斜着铺盖在正常台布上的附加布巾，其规格一般为 100 厘米 ×100 厘米或大小与台布面相适应，对于由正方形桌面拼接成的长方形桌必须加铺首尾相连的数块装饰布。圆桌装饰布规格与台布规格相当，覆盖整个台面，铺设角度与台布相错或四边平均下垂贴于桌裙前。

### （三）餐巾和围嘴

餐巾和围嘴都是餐桌上的保洁布件用品。餐巾的大小规格不尽相同，边长 50~65 厘米的餐巾最为适宜，规格比这小的餐巾则称为鸡尾酒巾。餐巾的颜色可根据餐厅和台布布置装饰的主色调选用，力求和谐统一。

围嘴是指在西餐服务过程中，客人进食龙虾、意式面条、烧烤、铁板烧等菜肴时，由服务员协助客人系在胸前的保洁布巾，以防汁酱、油污溅染衣物。

### （四）台布垫

台布垫又称台呢，一般用法兰绒制作，铺设在台布下面，可使桌面显得柔软，放置杯盘不会发出声音；另外，还可延长台布的使用寿命，减轻银器等贵重器皿直接与台面的碰撞和摩擦。

### （五）桌裙

对于高档豪华宴会的餐桌、宴会酒吧、服务桌、展示台等必须围设桌裙。具体的方法是：铺好台布后，沿台形桌子的边缘按顺时针方向将桌裙用大头针、尼龙搭扣或揿钮式夹固定。

### （六）其他布件

#### 1.“十”字形台布

“十”字形台布常见于咖啡厅，其规格一般为 30 厘米 ×140 厘米，便于撤换，在桌面上通常以“十”字形铺设。

**2. 托盘垫巾**

根据托盘的规格和大小由房务部洗衣房用报废的布件缝制的垫布，这一类垫布还可铺垫在餐具柜和工作台上。

**3. 服务布巾**

服务布巾用于擦拭杯具、金属餐具、餐厅服务用具等，服务布巾绝对不能用餐巾代替。

**4. 椅套**

椅套与台饰布件相互对应，互相映衬。椅套也广泛使用在各类高档典雅的中西宴会餐椅的布置和装饰中。

## 四、餐厅信息技术

2017 年，全国餐饮收入达 4 万亿元，与此同时，餐饮商家深受高人力成本、高食材成本、高房租、低毛利的“三高一低”困扰，再加上越来越多的跨界入局者和不断涌现的新型业态，加剧了餐饮行业的竞争。北上广深四大一线城市每个月餐饮门店的倒闭率高达 10%，高淘汰率成了餐饮行业的常态。目前新餐饮呈现在线化、数据化、模式化、品牌化、零售化的特征。其中，在线化和数据化反映了新餐饮与移动互联网、信息技术结合日渐加深；模式化和品牌化体现了餐饮业的管理理念升级；零售化则改变了餐饮业态，全面覆盖“堂食 + 外卖 + 外送 + 食品包装”，破除了此前餐厅的经营时间和空间限制。

“80 后”“90 后”伴随着互联网成长起来的一代逐渐成为消费主力，消费者对于个性化和品牌化要求进一步提升，而餐厅在运营中对精细化、数据化、模式化的运营能力要求也越来越高。新技术应用的具体场景，如人脸识别支付、语音识别点菜、送餐机器人等应用目前已经在试点。

技术服务主要指餐饮店在前台经营过程中使用信息化技术的服务，包含 ERP、CRM、SaaS 等服务软件以及配套硬件。当前，采用云端化架构、操作简易的 SaaS 服务已取代传统软件成为行业共识。

当前主流的 SaaS 服务覆盖了从线上预订、前台点餐用餐收银、后厨分单打印到后续的报表管理和会员营销等环节。此外，SaaS 服务商还继续沿上游（即供应链）发展，开发采购和库存管理系统，甚至是基于自己的产品理念在线下为餐企进行管理模式的培训。具体到产品而言，则包括前台收银 SaaS 及相关配件、自助点餐机、手持 POS/ 平板、后厨屏显、桌面自助点餐扫码、移动端 APP（包括 B 端和 C 端）。信息技术打通各项服务，服务商与平台结合实现价值。平台与餐饮服务商无缝衔接，将沉淀的业务能力开放给 SaaS 服务商，帮助商家实现外卖、团购、评价、预订、支付等各项功能，实现线上线下一体化。

## 五、餐具消毒方法

凡是盛装直接进口食物、饮料的杯盘碗碟及所有小件餐具都要实行消毒。常用的餐具消毒方法有以下几种。

### （一）电子消毒法

饭店广泛应用的一种消毒方法，它主要采用臭氧和远红外线加热的原理进行物理消毒。

### （二）蒸汽消毒法

将洗净的餐具放入消毒柜中，关严柜门后开放蒸汽。当温度升到 120℃，蒸 12 分钟就可达到消毒的目的。

### （三）红外线消毒法

使用红外线消毒箱是目前常见的一种餐具消毒方法。消毒时，要求箱中温度达 120℃并持续 30 分钟。消毒后的餐具可存放在柜内，用前再取出。

### （四）化学消毒法

常见的是“84”消毒液，它是目前使用方便、消毒效果最佳的消毒品。使用时，将洗净后的食品容器、加工工具、餐具以及瓜果蔬菜放入按 1∶200 配制好的药液中浸泡 5 分钟，再用清水冲洗干净即可。一般情况下餐具一般不提倡化学消毒法。

## 【思考与练习】

### 一、单项选择题

1. 将洗净餐具放入蒸汽消毒柜中，关严柜门后开发蒸汽，当温度升至 120℃，蒸（　　）分钟即可达到消毒目的。

A. 10　　B. 12　　C. 16　　D. 18

2. 餐桌的高度一般是（　　）厘米。

A. 72~75　　B. 72~76　　C. 73~77　　D. 70~75

3. 饭店 8 人用的整体圆桌直径通常是（　　）厘米。

A. 140　　B. 160　　C. 180　　D. 200

4. 餐厅设计第一要素是（　　）。

A. 客人的需求　　B. 服务的需求　　C. 文化的需求　　D. 盈利的需求

5. 餐饮产品现生产、现销售，生产与消费几乎同时进行，并且只能当次享用，过时则不能再试使用是餐饮服务（　　）的特点。

A. 差异性　　B. 直接性　　C. 一次性　　D. 个性化

**二、判断题**

1. 中式餐厅往往是团体用餐，参与人员较多，可以从较高的照度、开敞的空间等角度营造隆重、喜庆的氛围。（　　）

2. 餐饮产品的生产、销售与客人的消费几乎同时进行时餐饮服务一次性的特点。（　　）

3. 餐巾的大小规格不尽相同，边长为 35~55 厘米见方的餐巾最为适宜。（　　）

4. 餐饮有形产品质量能直接满足客人的心理需求。（　　）

5. 饭店一般在主楼顶层设立宴会厅，此种布局特别受旅游者和外地客人的欢迎。（　　）

**三、多项选择题**

1. 餐饮原料及产品具有很强的（　　）。

A. 变动性　　B. 季节性　　C. 时间性　　D. 价格性

2. 餐饮服务的直接性是指餐饮产品的（　　）几乎同步进行，即企业的生产过程就是客人的消费过程。

A. 生产　　B. 销售　　C. 消费　　D. 服务

3. 我国的餐饮营业将走向餐饮（　　）。

A. 市场化　　B. 地方化　　C. 国际化　　D. 多元化

4. 常用的餐具消毒法有（　　）。

A. 煮沸消毒法　　B. 蒸汽消毒法

C. 高锰酸钾溶液消毒法　　D. 紫外线消毒法

E. 漂白粉消毒法

5. 餐厅所使用的餐桌的基本形状主要有（　　）。

A. 正方形　　B. 六边形　　C. 长方形　　D. 圆形　　E. 椭圆形

**四、拓展作业**

活动一：餐厅平面设计

活动目的：占地200平方米的天府中餐厅，将于明年开业，请根据所学知识为它设计餐厅平面图，并绘制。

1. 了解餐厅的设计布局；

2. 了解餐厅的设计原则

活动形式：小组讨论并共同分析，制图

学习任务：1. 分析餐厅的布局；

2. 分析需要设计的餐厅情况；

3. 讨论布局图和线路分析；

4. 班级报告。

活动二：操作餐厅电器设备

活动目的：认识餐厅的电器设备，学会操作方法。

活动形式：师傅示范，学生操作

学习任务：

1. 走进一家餐厅

2. 认识餐厅电器的种类

3. 分类观看操作，A组饮料制作：全自动咖啡机、奶茶机、果汁机、豆浆机、饮水机、全自动开水机　B组加热设备：电磁炉、全自动煲汤炉、烘手器、消毒柜、烤炉、电子消毒柜　C组卫生设备：吸尘器、洗地机、净化器

4. 学生使用

# 单元八　储备丰富的餐饮知识

高星级饭店的餐饮部员工是为客人提供就餐服务的人员，应该储备中、西餐菜点、酒水的基本知识，通过该单元的学习，认识饭店餐饮部常见的中国名菜、外国名菜、中外酒水的基本知识，以便更好地为客人提供就餐服务。认知四川菜点酒水和四川餐饮文化，利于向客人传播四川文化。

## 【学习目标】

**1. 知识目标**

了解中国菜和外国菜的构成、分类与代表菜；了解软饮料的种类及代表；掌握酿造酒、蒸馏酒、配制酒的分类特点及代表品牌；掌握四川餐饮文化特色。

**2. 能力目标**

能向客人介绍菜肴、酒水和饮料；介绍四川餐饮特色；能运用推销技巧向客人推销餐饮产品。

**3. 素质目标**

“热情友好，宾客至上”的服务意识的养成；树立文明操作的工作习惯，养成良好的职业操守。

## 项目一　中外菜肴

中国是一个餐饮文化大国，千年文明的传承，已形成了特点鲜明的各类菜系。作为餐厅服务人员，必须了解一定的中国菜点知识，了解中式烹饪的原理及方法，了解中餐面点及风味小吃，这是确保提供一流服务的重要前提。

# 任务一　中国菜

## 【课前活动】

活动主题：认识川菜

活动步骤：

1. 分小组通过网络查找川菜特色菜肴图片和介绍
2. 班级报告川菜的分类和特色

## 一、中国菜肴的构成

我国地域辽阔，人口众多，不同的民族、不同的地理环境、不同的生活习惯和不同的文化形成了众多不同的菜肴风味。按照地区、历史和风味等特点，中国菜有地方菜、宫廷菜、私家官府菜、少数民族菜和素菜。

### （一）地方菜

地方菜主要有粤菜、川菜、鲁菜和苏菜等，是构成中国菜肴的主体。它选用本地出产的质地优良的烹饪原料，采用本地区独特的烹调方法，制作出具有浓厚地方风味的菜肴。经过千年的演变发展至今，各地逐渐形成了自己的风格。

### （二）宫廷菜

宫廷菜距今已有近 3000 年的历史，是指我国历代封建帝王、皇后、皇妃等享用的菜肴。它是我国封建社会烹调技艺的精华体现，标志着中国古代烹调的最高水平。现在人们品尝的宫廷菜主要是清代御膳房里传下来的一些菜肴。

### （三）私家官府菜

私家官府菜是历代封建王朝的高官宅邸中的厨师或网罗来的名厨，长年进行菜肴制作和研究，并形成具有一定影响的私家官府菜肴。

代表性的私家官府菜包括孔府菜、清末官僚谭宗浚的谭家菜、根据清代《随园食单》总结研制的随园菜、根据曹雪芹《红楼梦》中记述仿制而成的红楼菜肴等。

### （四）少数民族菜

少数民族菜又称民族风味菜，主要有清真菜、朝鲜族菜、维吾尔族菜等。

### （五）素菜

素菜是指以植物类食物和菌类食物为原料烹制成的菜肴，主要有佛教寺庙中的寺院素菜、都市素菜馆的市肆素菜和家常烹制的民间素菜等。

## 二、中国菜系的分类及风格特点

作为一个菜系，它必须在原材料的选择上有其特殊的要求，在烹饪技艺上形成独特的风格，在菜肴品种上要达到一定的数量并带有这一地方的浓厚风味。中国菜式被社会所公认的是八大菜系，即川菜、粤菜、鲁菜、苏菜、闽菜、浙菜、湘菜、徽菜。

### （一）川菜

川菜，是四川风味菜的简称，它素有"一菜一味，百菜百味"之美誉，以善用麻辣著称，尤其是号称"三椒"的花椒、胡椒、辣椒；"三香"的葱、姜、蒜。川菜取材广泛，菜品特点为其他地方菜所少有，形成川菜的独特风味，烹调方法有 30 多种，擅长用炒、煎、烤、烧、干煸、蒸等烹饪方法。川菜善于综合用味，收汁较浓，在咸、甜、麻、辣、酸五味基础上，加上各种调料，相互配合，形成各种复合味型，如麻辣、家常、咸鲜、鱼香、荔枝、怪味等 20 余种。代表菜肴的品种有"回锅肉""宫保鸡丁""鱼香肉丝""毛肚火锅""夫妻肺片""怪味鸡块""麻婆豆腐"等。

【知识链接】

### 川菜经典——回锅肉

回锅肉，它起源于四川农村地区，古代时期称作油爆锅；四川地区大部分家庭都会制作（见图 3-8-1）。所谓回锅，就是再次烹调的意思。回锅肉在川菜中的地位是非常重要的，回锅肉一直被认为是川菜之首，川菜之化身，提到川菜必然想到回锅肉。它口味独特，色泽红亮，肥而不腻，入口浓香是下饭菜的首选。配料各有不同，除了蒜苗（青蒜）还可以用彩椒、洋葱、韭菜、锅盔等来制作回锅肉，每家都有自己的秘方。

图 3-8-1　回锅肉

2018 年 9 月 10 日，“四川回锅肉”被评为“中国菜”四川十大经典名菜。

### （二）粤菜

粤菜，是广东菜的简称，它原料较广，花色繁多，形态新颖，善于变化，讲究鲜、嫩、爽、滑，一般夏秋力求清淡，冬春偏重浓醇。调味有五滋（香、松、臭、肥、浓）和六味（酸、甜、苦、咸、辣、鲜）之别。其烹调擅长煎、炸、烩、炖、煸等，菜肴色彩浓重，滑而不腻。

著名的菜品有“红烧乳鸽”“盐火焗鸡”“蚝油牛肉”“烤乳猪”和“冬瓜盅”等。

### 【知识链接】

## 粤菜经典——红烧乳鸽

红烧乳鸽是广东省传统名菜之一，主要材料有乳鸽，特点是皮脆、肉滑、骨嫩、多汁（图 3-8-2）。民间一直有“一鸽胜九鸡”的说法，红烧的乳鸽外酥里嫩，吃红烧乳鸽，大部分人是连骨头也不放过，因为经过卤煮再油炸的乳鸽是香到骨子里的。

图 3-8-2 红烧乳鸽

### （三）鲁菜

鲁菜，是山东菜的简称，有“北食代表”之称，具有“纯正平和、原汁原味、脆嫩滑爽、清香淡雅”的菜味特色，鲁菜擅长运用爆、炒、烧、扒、炸、汆、拔丝、蜜汁、挂霜等烹调技法；口味以鲜咸为主，亦不乏清鲜之品；喜用酱、豉、葱、蒜调味，尤善用汤。

其著名品种有“葱烧海参”“糖醋黄河鲤鱼”“九转大肠”“汤爆双脆”“爆大虾”“清汤燕窝”等。

### 【知识链接】

## 鲁菜经典——葱烧海参

图 3-8-3 葱烧海参

葱烧海参是鲁菜名菜之一（见图 3-8-3）。它选用章丘大葱和山东沿海刺参，经过精心烹制成菜，在色、香、味、形、质、养各方面都有独到之处。2018 年 9 月 10 日，“中国菜”正式发布，“大葱烧海参”被评为“中国菜”山东十大经典名菜。

### （四）苏菜

苏菜，是江苏菜的简称，有东南第一佳味之称。苏菜选料严谨，有“醉蟹不看灯、风鸡不过灯、刀鱼不过清明、鲟鱼不过端午”之说。江苏菜制作精细、因材施艺、风格雅丽、菜品追求本味、清鲜平和。它十分讲究刀工，形态精致，滋味醇和，善用火候，擅长炖、焖、煨、焐、蒸、烧、炒。著名的菜品有“清汤火方”“鸭包鱼翅”“松鼠鳜鱼”“西瓜鸡”“盐水鸭”“金蹼仙裙”等。

### 【知识链接】

## 苏菜经典——松鼠鳜鱼

图 3-8-4　松鼠鳜鱼

松鼠鳜鱼，是苏菜中的传统名菜（见图 3-8-4）。当炸好的鳜鱼（或桂鱼）上桌时，随即浇上热气腾腾的卤汁，它便吱吱地“叫”起来，因活像一只松鼠而得名。这道菜成菜后，形如松鼠、外脆里嫩、色泽橘黄，酸甜适口，并有松红香味。2018 年 9 月 10 日，“中国菜”正式发布，“松鼠鳜鱼”被评为江苏十大经典名菜。

### （五）闽菜

福建菜简称闽菜，由于福建地处东南沿海，盛产多种海鲜，如海鳗、蛏子、鱿鱼、黄鱼、海参等，因此，多以海鲜为原料烹制各式菜肴，在色香味形俱佳的基础上，尤以“香”“味”见长，别具风味。闽菜刀工严谨，有“剞花如荔，切丝如发，片薄如纸”的美誉。闽菜讲究火候，注重调味，偏于甜、酸、淡，有“甜而不腻，酸而不峻，淡而不薄”之说。闽菜烹调细腻，雅致大方，以炒、蒸、煨的技术最为突出。食用器皿别具一格，多采用小巧玲珑、古朴大方的大、中、小盖碗。著名菜肴品种有“佛跳墙”“醉糟鸡”“酸辣烂鱿鱼”“烧片糟鸡”“太极明虾”“清蒸加力鱼”“荔枝肉”等。

【知识链接】

#### 闽菜经典——醉糟鸡

醉糟鸡，以红糟作配料烹制菜肴，是福州菜的一大特色（见图 3–8–5）。是将肥母鸡加红糟煮熟、醉糟而成。色泽淡红，骨酥脆，肉软嫩，味道醇香，食之不腻。红糟具有防腐去腥，增加香味、鲜味和调色的作用。用于菜肴上的有枪糟、拉糟、煎糟、红糟、醉糟、爆糟等十几种烹调方法。尤以传统名菜“糟炒香螺片”、“醉糟鸡”最负盛名。

图 3–8–5 醉糟鸡

### （六）浙菜

浙菜历史悠久，源远流长，富有江南风味，被誉为“天堂美食”，是中国著名的地方菜种。浙菜选料讲究品种和季节时令，以充分体现原料质地的柔嫩与爽脆，浙江盛产鱼虾，又是著名的风景旅游胜地，湖光山色，淡雅宜人，故其菜如景，不少名菜，来自民间，制作精细，变化较多。烹调技法擅长于炒、炸、烩、熘、蒸、烧，重原汁原味。久负盛名的菜肴有“西湖醋鱼”“生爆鳝片”“东坡肉”“龙井虾仁”“干炸响铃”“叫花童子鸡”“大汤黄鱼”等。

### 【知识链接】

## 浙菜经典——龙井虾仁

龙井虾仁因选用清明节前后的龙井茶配以虾仁制作而得名，是一道具有浓厚地方风味的杭州名菜。成菜后虾仁白嫩、茶叶翠绿，色泽淡雅，味美清口（见图 3-8-6）。

图 3-8-6　龙井虾仁

### （七）湘菜

湖南简称“湘”，有“芙蓉国”之称。由于气候湿润，湖南人喜食辣椒，丝毫不亚于川蜀。湘菜多用辣椒调味，口味酸辣、香鲜，并善用烟熏腊肉为原料，湖南菜最大特色一是辣，二是“腊”，因此有“芙蓉国里品辣腊”之美誉，烹饪技法多样，尤其重煨。湘菜刀工精妙，基本刀法有 16 种之多，使菜肴千姿百态变化无穷。其著名菜肴品种有“腊味合蒸”“东安鸡”“麻辣仔鸡”“汤泡肚”“冰糖湘莲”“金钱鱼”“油爆肚月尖”“生熏大黄鱼”等。

【知识链接】

## 湘菜经典——腊味合蒸

腊味合蒸是湖南地方传统名菜。是以腊猪肉、腊鸡、腊鱼、鸡汤和调料，下锅清蒸而成（见图 3–8–7）。做法简单，其腊香浓重、咸甜适口、柔韧不腻，有开胃祛寒、消食等功效。

图 3–8–7 腊味合蒸

2018 年 9 月 10 日，“中国菜”正式发布，“腊味合蒸”被评为“中国菜”湖南十大经典名菜。

### （八）徽菜

徽菜是安徽地区的菜式，特点是选料朴实，主料和配料大都取于本地的土特产。其烹调方法擅长于烧、焖、炖。徽菜的“一品锅”是徽菜的一大特色。相传为乾隆特赐御名，著名学者胡适任北大校长时，用“一品锅”宴请女婿梁实秋，品尝之余，曾梁先生便写道：“一只大铁锅，口径差不多二尺，热腾腾端上桌，里面还滚沸，一层鸡，一层鸭，一层肉，一层油豆腐，点缀着一些蛋皮饺，底下是萝卜、青菜，味道极好。”

徽菜著名的菜肴品种有“火腿炖甲鱼”“徽州毛豆腐”“奶汁肥王鱼”“毛

峰熏鲥鱼”“无为熏鸭”“方腊鱼”“蝴蝶面”等。

【知识链接】

## 徽菜经典——徽州毛豆腐

徽州毛豆腐也叫霉豆腐，徽州地区传统名菜，是一种表面长有寸许白色茸毛的霉制品（见图 3-8-8）。主要做法是将豆腐切成块状，进行发酵的过程，使之长出寸许白毛，然后用油煎成两面略焦，再红烧。

图 3-8-8　徽州毛豆腐

最有情趣的吃法是，在街头遇到走街串巷的货郎，一头挑干柴，一头挑毛豆腐，浇上香油，淋上辣椒糊，就着油锅边吃边聊，既鲜美可口，又独具风味。久居外地的徽州人，一说到毛豆腐，就会激起浓浓的思乡之情。

【扫码阅读】

## 中西餐常见烹调方法

### 一、中餐常见烹饪方法

**1. 爆**

爆是用旺火热油、原料无骨并经刀工成形的烹调方法，常用于猪肉、牛肉、羊肉、鸡肉、鱿鱼和墨鱼等原料，可以分为酱爆、葱爆、油爆和汤爆等。

**2. 炒**

炒是用旺火和短时间烹炒的烹调方法。其速度快，原料形状较小，营养成分流失少，菜肴特点是滑、嫩、脆和鲜。

**3. 炸**

炸是一种油多、菜肴无汁的烹调方法，即将油烧至预定的温度，使经过加工的原料在油内上色、成熟。炸的菜肴需事先拌味、挂糊并直接下锅炸。

**4. 煮**

煮是一种将原料放在汤汁、水中长时间加热至成熟的烹调方法，有直接煮制菜肴和煮汤两种。

**5. 蒸**

蒸是以水蒸气的热量使食物原料成熟的烹调方法，也可作为保温的方法。

**6. 熘**

熘是先以炸、蒸和煮的方法使原料成熟，再以熟汁烹之的一种综合性的烹调方法。熘有直接下锅熘和盘内浇汁熘两种。

**7. 烩**

烩是将原料在汤中勾芡的一种烹调方法，即生料中的荤性原料都要拌味上浆，用温油滑透，素性原料用开水氽透，熟料则直接下锅烩制即可。

**8. 烹**

烹是把经油炸透的原料，再烹以适量的调味汁沾匀的烹调方法。从用油的多少可分为炸烹和煎烹两种。

**9. 煎、贴**

煎、贴都是以文火慢炸并使食物原料成熟的烹调方法。所不同的是，煎需要将原料翻身烹煎，而贴则无须翻身。

**10. 烤**

烤是利用火或电的热量辐射，使菜肴直接成熟的烹调方法，有明炉烤、挂炉烤、烤箱烤和微波炉烤等。

**11. 炖**

炖是将原料经过生熟加工后，用大火将水或汤烧开，再以小火烧烂的烹调方法，分直接炖和间接炖两种。

### 12. 扒

扒是指将加工成形（一般应为片状）的原料加调料腌渍后，放在扒炉上加热至规定的成熟度的一种烹调方法。扒的菜肴一般都要经过烧、蒸等方法烹制成熟后再进行扒制。扒类的菜肴有红扒和白扒，特点是质地酥烂和原汁原味。

### 13. 烧

烧是指原料经过煮或过油初加工，再加汤、调料用大火烧开、小火烧烂使菜肴入味的烹调方法。烧法有红烧、葱烧和清烧等。

### 14. 熏

熏是用烟气使食物受热，并使之带有烟熏香味的烹调方法。熏有锅熏和炉熏两种方法。

### 15. 挂霜

挂霜是把糖经过熬制后，再将主料放入，离火后在通风处一边吹一边进行翻动，使糖挂在原料上的烹调方法。

### 16. 拔丝

拔丝是把经过炸的食物原料放入炒制过的糖内均匀沾裹，并使之能拉出细丝的烹调方法。

### 17. 蜜汁

蜜汁是把糖溶化后熬成糖汁，然后将主料一般是经蒸制后的主料放入糖汁中，使之入味的烹调方法。其特点是香甜软糯。

## 二、西式烹饪常见的烹调方法

### 1. 铁扒

铁扒是以金属（如铁等）直接传热而使原料成熟的烹调方法。铁扒起初是烹制扒类菜肴的专用工具，可以随意移动，现已发展为相对固定的扒炉和铸铁板等。铁扒于是成为此种烹调方式的名称用于铁扒的原料大多为肉类，食材应加工成不同厚度的片状或具有平面的形状，以便于扒制成熟。

### 2. 烤

烤是一种利用辐射热能使原料成熟的烹调方法，一般分生烤和熟烤两种。生烤是将原料加工整理后直接进行烤制，成熟后切割装盘；熟烤是在原料整理加工后，将原料用其他方法预制，加入沙司调味，再进行烤制。用于烤制的原料很广，几乎所有的动物、植物原料都可以用这种方法烹制。

3. 焖

焖是将过油着色后的原料放置在焖锅内，加入沸水或汤、香料以及其他调味品，先大火后小火进行加热，使原料成熟的烹调方法。西餐焖制菜肴的方法有黄油焖、烤焖、罐焖和浓汁焖等，其中烤焖又可分为单一烤焖法和混合烤焖法。焖制菜肴的特点是酥软香糯和口味醇厚。

4. 炸

炸是用多油、旺火或中小火使原料成熟的烹调方法。因为风味和原料取材不同，炸又可以分为清炸、拖糊炸、面包炸等方法。炸制菜肴在食用时单跟或浇沙司，其特点是外焦里嫩和香酥脆口。

5. 煎

煎是使用油量不多（一般不漫过原料厚度）、运用多种火力（多为中火）使原料成熟的烹调方法。它是西餐烹调中使用最广的一种方法。煎制菜肴的油温一般以七八成热为宜。根据原料的需要，可分单面煎和双面煎。

6. 炒

炒是将加工成丝、片、条、块、丁、粒的原料，以少油、旺火急速翻拌，使原米料在短时间内成熟的烹调方法。

7. 烩

烩是将加工成片、丝、丁、块、粒等形状的原料，先过油着色或者汆水预制成半成品，再加入沙司，先旺火后小火，使原料成熟的烹调方法。

8. 煮

煮是将原料置入多量清水或汤汁中，用旺火烧开，以小火煮制，使原料成熟的烹调方法一般有冷水投料和沸水投料两种方法，保证原汁原味，软嫩鲜香，肥而不腻，清淡利口。

9. 炭烧

炭烧是将原料加工及腌渍后，置入炭火炉中，以明火辐射热能直接将原料烤炙成熟的烹调方法。炭烧也叫串烧。炭烧食品特点是外皮焦脆，内肉香嫩，色泽红褐，别具风味。原料，再进行烤制的烹调方法，其味更加鲜美。

**10. 氽**

氽与煮十分相似，只是时间要短，即沸水下料，快速成熟。氽制菜肴的特点是保证本色鲜味，肉质脆嫩爽口。

**11. 焗**

焗与烤制类似，不同之处在于它是把经加工切配、调好味的原料，加入沙司、蔬菜或较湿的原料，再进行烤制的烹调方法，其味更加鲜美。

# 任务二　外国菜

## 【课前活动】

活动主题：认识主要客源国的菜肴

活动步骤：

1. 分小组通过网络查找主要客源国的菜肴的图片和文字
2. 了解制作方法和服务方法
3. 班级报告

## 一、外国菜概述

外国菜主要指中国以外世界各地的菜肴。外国菜中最为重要的菜式是西餐，它是我国对欧美各国菜肴的总称，泛指根据以西方国家饮食习惯烹制出的菜点。西菜大致分为欧美式和俄式两大类，欧美菜式包括法、意、英、美、德等国家菜式。虽然西餐菜式不同，在用料和烹调操作等方面有以下四个共同点。

**1. 选料精细，口味香醇**

西式菜肴大多不烧得太熟，因此对原料新鲜程度要求很高；对牛、羊、猪肉的选料要求去骨、去皮并取无脂肪的精肉，禽类也去头去爪。一般不选用动物的内脏和无鳞鱼类等。

西餐独特的调料、香料和酒的使用，使菜肴口味香醇。西餐调料和香料有胡椒、番茄酱、咖喱、芥末、肉桂、丁香、薄荷叶、小茴香、月桂香叶、莳萝、罗勒、肉豆蔻、迷迭香、香草、蛇麻草和百里香等。另外，还常使用奶制品调味。

**2. 沙司单制**

沙司意思是调味汁水。西餐菜肴在形态上以大块为主，烹调时不易入味，所以大都要在菜肴成熟后拌以或浇上沙司，使其口味更富有特色。调味沙司与主料分开单独烹制，不同的菜肴配不同的沙司，食用时按客人要求烹制。

**3. 方法独特**

西餐的众多烹调方法中以铁扒、铁板煎烤和焗最具特色，是许多高档菜肴常用的烹饪法。

**4. 注重老嫩**

欧美人对牛、羊肉的老嫩程度很讲究，服务员在接受点菜时，必须问清客人的需求，厨师按客人要求烹饪。烹制牛，羊肉一般有五个火候。

（1）一成熟（Rare，简写 R）。表面焦黄，中间为红色生肉，装盘后血水渗出。

（2）三成熟（Mediumrare，简写 MR）。表面焦黄，外层呈粉红色，中心为红色，装盘不见血，但切开后断面有血流出。

（3）五成熟（Medium，简写 M）。表面褐色，中间呈粉红色，切开不见血。

（4）七成熟（Medium Well，简写 MW）。肉表深褐色，中间呈茶色，略见粉红色。

（5）全熟（Welldone，简写 WD）。表面焦煳，中间全部为茶色。

## 二、外国名菜简介

### （一）法国菜和意大利菜

**1. 法国菜**

法式菜被公认为西餐的代表，烹饪历史悠久，烹调技术经久不衰，法式菜在世界饮食之林名列前茅。法式菜主要特点有下列几种。

（1）选料广泛，品种繁多。

法国人的早餐是典型的欧陆式早餐，比较简单，只有咖啡和面包等。但午晚餐比较丰盛，尤其是晚餐，有色拉、汤、小盆（副盆）、主菜、奶酪、甜食、水果和咖啡等。选料也广泛，如蜗牛、生蚝、蛙腿、龙虾、奶酪、肥鹅肝等，这些都是法国人认为的美味佳肴。

（2）讲究烹饪，注重调味。

法式菜肴烹制除了讲究方法外，还注重用相应的酒调味，如清汤用白葡萄酒、火鸡用香槟酒、炸蛙腿用白兰地、点心和水果用甜酒、野味用红葡萄酒等。一般白色肉类用白葡萄酒，红色肉类用红葡萄酒，这些与用餐配的酒相互对应。法式菜常用有杀菌消毒、助消化去异味作用的调料，如生洋葱、大蒜头、芥末酱、白醋和柠檬汁等。

（3）用料新鲜，讲究搭配。

法国人爱吃生嫩菜肴，要求原料新鲜。另外，讲究蔬菜的搭配，一道荤菜往往要配两三种蔬菜，甚至更多，注重营养合理搭配。

法国菜大都以地名、人名、物名来命名，如里昂土豆、巴黎煎鱼、诺曼底猪排等。名菜有鹅肝酱、法式洋葱汤、巴黎龙虾、法式焗蜗牛、烤蒜头羊腿等。

#### 2. 意大利菜

意大利的烹饪技法与法国相似，但却是欧洲烹饪的鼻祖。其烹调技术注重食物本味，菜的特点是原汁原味、香醇味浓，烹调方法以红烩、红焖和炒的较多。意大利人爱吃甜酸味，不爱油腻，不食动物内脏、肥肉和奇形怪状的动物及软体动物。用米、面做菜是意大利餐饮的一大特色。面食中主要有各式各样的通心粉和实心粉、意大利馄饨等。意大利面做工精细，品种繁多，闻名于世。在制作时，有的加入番茄、菠菜、胡萝卜、鸡蛋等呈现各种颜色；同时制成各种形状如蝶形、螺丝形、贝壳形、五星形、齿轮形、米粒形、直的、弯的、粗的、细的，意大利面共同的特点是紧实而有韧劲，一般用肉酱、番茄酱佐食。另外，意大利比萨、意大利奶酪品种繁多，质量上乘，风靡世界各地。意大利人爱吃牛肉、羊肉、鸡和鱼等，但不重视蔬菜。新鲜水果是每餐后必吃的辅助食品。

意大利传统名菜很多，如米兰猪排、意大利牛腱子饭、意大利通心粉、罗马魔鬼鸡、那不勒斯烤龙虾、意大利比萨等。

### （二）英国菜和美国菜

#### 1. 英国菜

英国菜讲究花色，少而精，注重营养搭配，口味清淡、少油、鲜嫩焦香是其显著特色。英国菜原料多用牛肉、羊肉、水产、家禽、野味和新鲜瓜果蔬菜。烤肉、熏制的鳟鱼和鲱鱼一直是英国人喜爱的食品。另外，英国人爱吃羊肉和野味。

英国菜调味品很少用酒，也比较简单，主要有盐、胡椒粉、芥末酱、番茄沙司和醋等，通常放在餐桌上请客人自取。

英国传统名菜很多，如爱尔兰烩牛肉、英式各色铁扒、西冷牛排、波特好司牛排等。

#### 2. 美式菜

美国菜以英国菜为基础，讲究营养搭配，清淡不腻，要求量少而精，这是英美菜肴的共同之处。咸中带甜，微辣，略微酸甜。爱用水果做菜是美国菜的独到之处。讲究铁扒和色拉类菜肴的制作。美国人爱吃甜食和水果，尤其是冰激凌；不爱吃奇形怪状的动物，如海参、鱿鱼、无鳞鱼、动物内脏和头尾全形的菜肴。

常见的美式名菜有华道夫色拉、橙味烤野鸭、苹果烤鸭、美式什锦铁扒、丁香火腿和华盛顿奶油汤等。

### （三）俄式菜

俄式菜是世界上著名的菜式之一，由于俄罗斯地处高寒地带，其食物大多热量较高，油大味重。常用的调料有奶渣、奶皮、酸奶油、酸马奶、酸黄瓜、柠檬、白醋、辣椒、黄油、小茴香、香叶等。俄式高档宴会少不了鱼子酱，分为红鱼子（大马哈鱼卵）和黑鱼子（鲟鱼卵）。黑鱼子比红鱼子更为名贵。午餐一般由冷菜、汤、主菜、甜点、饮料等组成。晚餐在日常情况下则要简单些，通常一道冷菜和一道主菜，甚至只有一些蔬菜、水果、点心和红茶。俄国人爱吃牛肉、羊肉、猪肉、家禽、野味，很爱吃三文鱼和碎肉做馅的菜肴。土豆是俄国人一日三餐必不可少的，他们称土豆为“第二面包”。喜吃冷饮和冷菜，爱吃汤和油腻味浓的菜肴。肉类烧得很透才食用。

俄式名菜很多，如黄油鸡卷、俄式红菜汤、俄式冷盘、莫斯科蔬菜色拉、乌克兰羊肉饭、哈萨克手抓羊肉等。

## 【扫码阅读】

# 世界三大菜系：东方菜系、西方菜系、清真菜系

**1. 东方菜系**

包括东亚以及东南亚和南亚的若干国家，以中餐为代表，也是世界上人口最多的菜系。东方菜系又分为中国菜系，日本菜系，韩国菜系，东南亚菜系。

中国菜系：中国美食文化源远流长，经典美食更是数不胜数，包括鲁、川、粤、徽、闽、苏、浙、湘八大菜系，中国菜色、香、味、意、形俱全，是世界上最有影响力的菜系。

日本菜系：按照日本人的习惯又称之为“日本料理”，是当今世界上一个重要烹调流派，有它特有的烹调方式和格调，其影响仅次于中餐和西餐。

韩国菜系：以辣见长，兼具中国菜肉丰味美与日本料理鱼多汁鲜饮食特点，比较清淡，少油腻，保持食品原有的新鲜色彩。

东南亚菜系：包括东南亚以及南亚部分国家如泰国、越南、印度等的特色菜。酸、辣是东南亚料理的主要特色，无论是菜肴或是汤品，大都是酸、辣口感。

**2. 西方菜系**

包括欧洲、美洲以及大洋洲等许多国家，也是世界上面积最大的菜系。西方菜系又分为法国菜系，欧洲菜系，美洲菜系，大洋洲菜系。

法国菜系：法国菜特色在于使用新鲜的季节性材料，加上独特的调理，完成独一无二的艺术佳肴极品，无论视觉上、嗅觉上、味觉上、触感、交感神经上，都是无与伦比的境界。

欧洲菜系：由法国的烹饪技法加上欧洲其他国家本民族特色而自成一派的菜系，除了法国大餐外，意大利菜、希腊菜、西班牙菜及德国菜等也多少影响了整个欧洲。

美洲菜系：当哥伦布带着他的船员来到美洲和欧洲人大量的迁入此地时，他们自己本民族的饮食文化和本地印第安人的融合，使得美洲菜既有法国菜的香甜，也有印第安菜的浓郁。

大洋洲菜系：以澳大利亚、新西兰及夏威夷群岛为主，把法国菜系的烹饪

技法和本地的土著烹饪技法相融合，可以满足不同口味的要求。

**3. 清真菜系**

包括中亚，西亚，南亚以及非洲等伊斯兰国家。清真菜系又分为土耳其菜系，中亚菜系，中东菜系，南亚菜系。

土耳其菜系：土耳其菜肴一般包括酱汁美味配谷类食物、各种蔬菜、肉类、汤、橄榄油拌凉菜、糕点以及野菜，还有很多健康食品如熬成糖浆的葡萄汁、酸奶、蒸荞麦等。

中亚菜系：主要还是流行于中亚五国，受土耳其菜的影响颇深，区别只是肉多菜少。

中东菜系：以阿拉伯菜和伊朗菜为主，阿拉伯菜主食以牛羊肉为主，烹调手法多样，其点心味道以咸为主，采用孜然、咖喱和沙嗲等调味品。伊朗菜鲜香醇厚、清新爽口。

南亚菜系：南亚餐饮的最大特色是在各种香料的应用，虽然它基本种类不超过20种，但它们的搭配比例与使用方法都可以非常的个性，具体味道多变。

**【知识链接】**

## 西餐用餐礼仪

在高级西餐厅就餐讲究礼仪，注重传统。

**1. 服装**

在高级西餐厅用餐，男士着西装革履，打领带或领结；女士着礼服，穿戴整齐。

**2. 女士优先**

从进餐厅开始，贯穿服务全过程，注重对女士的尊重，始终坚持女士优先，如进门、拉椅、递菜单、酒水服务、点菜、上菜等。

**3. 坐姿**

保持上身端直，微前倾，一般不靠椅背，以示对来宾或主人的尊重。

**4. 语言**

西餐桌上应和别人轻松自由地交谈。说话时嘴里不嚼食物，通常说话前或喝酒前要用餐巾擦一下嘴。

**5. 用餐习惯**

面包用手掰成大小合适的小块送入口中；喝汤时，右手拿汤勺，勺子朝正前方向舀，再送入口中，不发出声响；不端盘子进餐；大块肉食不可用刀叉扎着食用，应切成大小适宜的小块送入口中；如用到带骨肉类菜肴和带骨刺的海鱼，先用刀、叉将肉与骨分开，再切成小块送入口中，不能发出刀、叉与盘子摩擦的刺耳声；讲究不同种类的菜肴配用不同的餐具和搭配不同口味的酒品。

**6. 刀叉语言**

席间饮酒水或暂时离席，应将刀叉呈“八”字形搭放在盘边，刀口朝向里侧。用餐完毕时，将刀叉并排放于盘中，暗示服务员可以撤盘。

# 项目二　中外酒水

## 任务一　酿造酒

### 【课前活动】

活动主题：认识葡萄酒和啤酒

活动步骤：

1. 通过网络或到商场，各小组收集中外啤酒、葡萄酒的图片
2. 了解葡萄酒和啤酒的生产工艺
3. 认识中外著名啤酒、葡萄酒的商标及瓶身标志

## 【学习内容】

### 一、酿造酒的概述

酿造酒，又称为原汁发酵酒，它是以富含糖质、淀粉质的果类、谷类等为主要原料，添加酵母菌或催化剂，经糖化、发酵而产生的含酒精的饮料。酒度一般不超过 15%（V/V），主要由原材料含糖量的多少决定。

典型的水果酿造酒主要是葡萄酒，它是用新鲜的葡萄汁发酵制成的，葡萄酒乙醇含量通常为 8%（V/V）~14%（V/V）。葡萄酒是一种国际酒种，欧美人喜欢饮用的一种低酒精饮料，主要是用餐时与食物一起享用，因此世界上最著名的葡萄酒生产国是法国、德国、意大利、西班牙、美国等国家。种植葡萄区主要分布在温带。影响葡萄酒质量的因素有葡萄品种、气候、土壤、湿度、酒水管理和酿造技术六个方面。其中最为重要的是葡萄品种，其次是土壤。

### 二、葡萄酒的分类

#### （一）按酒的颜色分：红葡萄酒、白葡萄酒、玫瑰红葡萄酒

**1. 白葡萄酒**

白葡萄酒用青葡萄或紫葡萄去籽、去皮后再压榨取汁，经过自然发酵（时间较短），一般贮陈 2~5 年即可饮用。酒色较淡，一般呈淡黄绿色。在品味上可分甜、半干、干三种。白葡萄酒具有怡爽清香、健脾胃、去腥味的特点，最佳饮用温度为 8℃ ~12℃，与海鲜贝类配饮更佳。法国勃艮地出产的白葡萄酒，清冽爽口，被誉为“葡萄酒之王”。

**2. 红葡萄酒**

红葡萄酒是用紫葡萄连皮一起压榨取汁，经过自然发酵，贮陈 4~10 年而成。红葡萄酒发酵时间长，葡萄皮中的色素在发酵中溶入酒里，使酒液呈红色。红葡萄酒口味上分强烈、味浓和清淡，一般在室温下饮用（与肉食配饮）。法国拥有酿造红酒最优越的条件，称为“红酒王国”。法国波尔多地区（Bordeaux）生产的红葡萄酒优雅甜润，被称为“葡萄酒之女王”。法国酒标如下所示（见图 3–8–9）。

图 3–8–9　法国酒标

3. 玫瑰葡萄酒

玫瑰葡萄酒在酿制中采取一些特殊方法，有的采用将紫葡萄榨汁连皮一起发酵并在发酵中除去葡萄皮的方法；有的采用将紫青葡萄混合在一起榨汁发酵的方法；有的在酿制白葡萄酒中浸入紫葡萄皮的方法，所以这样酒液呈玫瑰红色，一般贮陈两三年即可饮用。玫瑰葡萄酒不甜而粗烈，与白葡萄酒一样在低温下饮用，可与任何种类的菜肴食物配饮。

## （二）、按葡萄酒的含糖量分

（1）干型葡萄酒，含糖量在 0.5% 以下，口感酸而不甜。

（2）半干型葡萄酒，含糖量为 0.5%~1.2%，口感有微弱的甜味。

（3）半甜型葡萄酒，含糖量为 1.2%~5%，口感较甜。

（4）甜型葡萄酒，含糖量在 5% 以上，口感很甜。

## （三）、按含气的状态分

（1）静态葡萄酒，指不含二氧化碳气体的葡萄酒。

（2）起泡葡萄酒，分为两种，一种是将酿造过程中自然生成的二氧化碳气体保留在葡萄酒中，这种天然汽酒以法国香槟酒为代表；还有一种人工汽酒，是在葡萄酒中用人工方法加入二氧化碳气体，从而形成葡萄汽酒。

香槟酒是最具代表性的汽酒。法国酒法规定只有在位于巴黎东北方约 200 公里处的香槟地区，采用特定的葡萄品种和生产方法生产的起泡酒，才能叫香槟酒。香槟酒液呈淡琥珀色，气味清香，含气充足。在欧美宴会中，香槟酒是必备酒品。一般冰镇后饮用，因为冰镇可将二氧化碳气体稳定在酒液内，开瓶时酒液不致溢出，还可使酒品更加清凉爽口。

香槟酒按含糖量一般分为 5 种类型，即特别干味含糖量 0%~1.5%；干味含糖量 1%~2%；半干味含糖量 2%~4%；半甜味含糖量 4%~6%；甜味含糖量 8%~10%。

香槟酒的酿制方法与红葡萄酒、白葡萄酒基本相同。香槟酒发酵后放在石灰岩质的地窖里存放 6~7 年的时间，这期间气泡的由来主要发生在装瓶后的第二次发酵过程里，之后漫长的陈酿时间里，需不时轻摇并转动酒瓶，使发酵结束后形成的沉淀物逐渐累积在瓶颈位置并采用特殊的“转瓶”方法将其除去，以保证酒液澄澈明亮。

## 二、谷物酿造酒

谷物酿造酒的原材料主要是谷物类，谷物与葡萄等水果不同，制作发酵时需要加入酵母发酵，才能制成酒。制作原理是将谷物中含的淀粉水解生成麦芽糖，麦芽糖加入酵母后发酵便可产生酒精和碳化物。典型的谷物酿造酒有啤酒、黄酒和日本清酒。

### （一）啤酒

啤酒是一种古老的饮料，深受各国人民的喜爱，它以大麦为原料、啤酒花为香料经发酵酿制而成的一种含有大量二氧化碳气体的低度酒，营养物质非常丰富，容易被人体吸收，被称为“液体面包”，它具有显著的麦芽和酒花清香，口味清爽纯正。目前，我国是世界上生产啤酒最多的国家，根据 2014 年的数据，捷克人均啤酒年消费量超过 143 升。

啤酒之魂是啤酒花，我国的啤酒花产地主要位于新疆，世界各国酿造的啤酒都必须添加，它使啤酒具有清爽的芳香气、苦味和防腐力；形成洁白的泡沫；啤酒花还有利于麦汁的澄清。啤酒中水的含量为 90% 以上，水的好坏直接影响到啤酒的质量。在啤酒酿造中衡量水质的一个主要标准是水的硬度，不同品种的啤酒要求的硬度不同，我国著名的青岛啤酒就是采用软硬适度、洁净甘美的崂山矿泉水。

**1. 啤酒的“度”**

（1）酒度。啤酒的酒度较低，为 1、2%（V/V）~8、5%（V/V）。它与麦芽汁浓度成正比。

（2）麦芽汁浓度。啤酒的麦芽汁浓度一般为 7%~18%。啤酒通常以麦芽汁浓度来衡量其口味与颜色。另外，啤酒的颜色也受麦芽烘烤程度的影响。

**2. 啤酒的分类**

（1）按有无杀菌分。啤酒按有无杀菌（酵母菌）可分为熟啤酒和生啤酒两种。

熟啤酒是市面上最常见的，将酿成的啤酒经过加热杀菌处理的瓶（罐）装啤酒。熟啤酒稳定性较好，但口味及营养不如生啤酒，保存期一般为 2~6 个月。

生啤酒又称鲜啤酒或扎啤，是指酿成的啤酒不经加热杀菌处理而直接入桶密封，口味较鲜美，但稳定性较差，极易变质，其保存期为 3~7 天。在饮用生啤酒时，需经生啤机加工。

纯生啤酒是指不经过高温杀菌而保质期同样能达到熟啤酒的标准的啤酒，生啤酒经严格的过滤程序，除去杂质，称为纯生啤酒（纯鲜啤酒），可存放几个月不变质。生啤中的鲜酵母可刺激胃液分泌、增强食欲、促进消化吸收，对瘦人增强体质、增加体重很有帮助。它与普通啤酒的区别是风味稳定性好，口感好，营养丰富。

（2）按啤酒的颜色分。啤酒按其颜色可分为黄啤酒和黑啤酒。

黄啤酒呈浅黄色，酒度为 3%（V/V）~5%（V/V），麦芽汁浓度为 10%~12%，是啤酒中的最主要品种。

黑啤酒是以烘烤得较焦的麦芽作为原料经发酵后酿成的啤酒，呈咖啡色和棕黑色，其酒度为 5%（V/V）~8%（V/V），麦芽汁浓度为 14%~18%。

**3. 中外啤酒简介**

（1）中国啤酒。中国啤酒的产量和质量均居世界前列，著名品种有雪花啤酒、青岛啤酒、燕京啤酒、重庆啤酒、珠江啤酒、哈尔滨啤酒等。

（2）外国啤酒。外国啤酒的著名品种有美国的百威（Budweiser），俄罗斯的科罗娜，荷兰的喜力（Heineken），新加坡的虎牌（Tiger），德国的卢云堡（Lowenbrau）、贝克（Beck's），丹麦的嘉士伯（Carlsberg）、图波（Tuborg），爱尔兰的健力士（Guinness，又称吉尼斯，其黑啤非常有名），日本的麒麟

（Kirin）、札幌（Sapporo）等。

### （二）黄酒

源于中国，且唯中国有之，与啤酒、葡萄酒并称世界三大古酒，约在3000多年前，商周时代，中国人独创酒曲复式发酵法，开始大量酿制黄酒（见图3-8-10）。用谷物做原料，用麦曲或小曲做糖化发酵剂制成的酿造酒。一般酒精含量为14%~20%，属于低度酿造酒。黄酒的生产原料在北方以粟或者黍；在南方，普遍用稻米为原料（尤其是糯米为最佳原料）酿造黄酒。在清朝时期，南方绍兴一带的黄酒称雄国内外。中国黄酒名酒主要有：古越龙山、会稽山、石库门、塔牌、女儿红、即墨、西塘、沙洲、善好、古越楼台。

图3-8-10 黄酒

#### 1. 浙江绍兴加饭酒

加饭酒是绍兴黄酒中最具独特风味的一个品种。它以上等糯米为原料，加入酒曲后用摊饭法，加饭酒需在缸或坛中密封陈酿，陈酿期越长，酒质越好。加饭酒酒味浓醇，甘美可口，营养丰富，酒度为16.5%（V/V），含糖量为2%，有古越龙山、会稽山等品牌。

#### 2. 福建龙岩沉缸酒

福建龙岩沉缸酒产于福建省龙岩市，是以糯米为原料，加入红曲和药曲后发酵酿制而成。龙岩沉缸酒也需陈酿（一般为两年以上）沉缸酒香气浓郁、口味醇厚、余味绵长，酒度为15%（V/V），含糖量为20%。

黄酒加温后饮用，常根据客人喜好，跟配话梅、姜丝、鲜鸡蛋或橙皮味尤佳。

### （三）日本清酒

日本清酒借鉴了中国黄酒的酿造法，但却有别于中国的黄酒（见图 3-8-11）。日本清酒的制作工艺十分考究。精选的大米要经过磨皮，使大米精白；浸渍时吸收水分快，而且容易蒸熟；发酵时又分成前后发酵两个阶段；杀菌处理在装瓶前后各进行一次，以确保酒的保质期日本清酒酒体协调，口味甘甜醇和，清香淡雅，饮后整体感觉良好。如"松竹梅"清酒的质量标准是：酒度为 18%（V/V）、含糖量为 3%、5%、酸度在 0、0.3% 以下。日本清酒加温后饮用，口味尤佳。

图 3-8-11　日本清酒

## 任务二　蒸馏酒

### 【课前活动】

活动主题：认识中外蒸馏名酒

活动步骤：

1. 通过网络、商场等途径，各小组收集中国白酒和外国烈酒的图片
2. 通过网络或实地参观蒸馏酒生产工艺
3. 重点认识蒸馏酒中中外名酒的商标

## 【学习内容】

蒸馏酒通常指酒精含量40%（V/V）以上的烈性酒。所有大多数的名酒都采用多次蒸馏法或取酒心法等不同的工艺来获取纯度高、杂质含量少的酒液。

## 一、中国蒸馏酒

中国是世界上最早酿酒的国家之一，距今五千多年前的龙山文化时期，就已用谷物酿酒。中国蒸馏酒又称“白酒”或“烈酒”，因原料和生产工艺的不同而形成了众多香型，主要有以下五种。

### （一）酱香型

白酒采用高温制曲，堆积发酵等工艺，采用二次投料，一年为一个生产周期，取酱香型酒后精心勾兑并陈酿三年以上而成。在酱香型酒品中酱香是其主体香。酱香型白酒具有香而不艳，低而不淡，酒体完美，香气幽雅细腻，口味丰满协调，余香持久净爽，回味绵长等独特风格。酱香型白酒以贵州茅台酒为代表，因此酱香型又称为茅香型。酱香型白酒主要名品为贵州茅台酒（见图3-8-12）、四川郎酒、贵州仁怀赖茅酒、湖南常德五陵酒等。

图 3-8-12 贵州茅台酒

### （二）浓香型

浓香型白酒的特点是芳香浓郁，甘绵适口，香味协调，回味悠长，饮后留香。浓香型白酒以四川的泸州老窖和五粮液为代表，又称为泸香型或窖香型。浓香型名酒品种较多，主要有泸州老窖大曲、四川宜宾五粮液、江苏泗阳洋河大曲、安徽古井贡酒、江苏泗洪双沟大曲、四川成都全兴大曲、安徽的口子酒、河南伊川杜康酒、山东曲阜的孔府家酒等。

### （三）清香型

清香型白酒用大麦、豌豆为原料制曲，采用清蒸清烧二遍，固体连醇工艺生产，清香纯正，醇甘柔和，诸味协调，余味净爽，代表了中国白酒的传统风格。清香型以山西杏花村汾酒为代表，故又称汾香型。其主要品种有山西汾阳汾酒、山西祁县六曲香酒、山西汾阳特制北方烧酒、清香大曲、河南宝丰酒等。

### （四）米香型

米香型白酒主要是采用小曲发酵，这种发酵的方法是由传统“酒酿”酿造法发展而来生产过程中把小曲“根霉曲”粉末均匀地撒在蒸熟的大米中和匀，然后放入发酵池使根霉曲繁殖，同时糖化，使米变甜，小曲内的酵母菌在发酵过程中也随之繁殖，待酒精发酵完毕后蒸馏，从而生产出醇和绵甜的白酒。米香型白酒的特点是蜜香清柔，幽雅纯净，入口绵甜，回味怡畅。米香型白酒主要出产于我国南方稻米盛产地，著名的酒品有广西桂林三花酒、广东五华县的长乐烧、广东石湾酒厂的玉冰烧、湖南浏阳河小曲、岳阳小曲等。

### （五）兼香型

兼香型白酒的特点是一酒多香，即兼有两种以上主体香型，故又被称为混香型或复香型，如贵州董酒。

## 【知识链接】

### 中国八大白酒简介

**1. 茅台酒**

茅台酒产于贵州省仁怀市茅台镇，是以高粱为主要原料的酱香型白酒，酒度分别为53%（V/V）、43%（V/V）、33%（V/V）。茅台酒素以色清透明、醇香馥郁、入口柔绵、清冽甘爽、回香持久等特点而名闻天下，是中国酱香型白酒的典范，被称为中国的“国酒”。

**2. 汾酒**

汾酒产于山西省汾阳市杏花村，是以高粱为主要原料的清香型白酒，酒度分别为60%（V/V）、54%（V/V）、38%（V/V）。

**3. 五粮液**

五粮液产于四川省宜宾市，是以高粱、糯米、大米、玉米和小麦为原料的浓香型白酒，酒度分别为60%（V/V）、52%（V/V）、39%（V/V）。为四川省白酒的六朵金花（五粮液、泸州老窖特曲、郎酒、剑南春、全兴大曲、沱牌曲酒）之一。

**4. 剑南春**

剑南春产于四川省绵竹市，是以高粱、大米、糯米、玉米、小麦为原料的浓香型白酒，酒度分别为60%（V/V）、52%（V/V）、39%（V/V）、38%（V/V）等多种。

**5. 古井贡酒**

古井贡酒产于安徽省亳州市，是以高粱为主要原料的浓香型白酒，酒度有60%（V/V）等多种。

**6. 洋河大曲**

洋河大曲产于江苏省泗洋县洋河镇，是以高粱为主要原料的浓香型白酒，酒度有60%（V/V）、55%（V/V）。

**7. 董酒**

董酒产于贵州省遵义市，是以高粱为主要原料的兼香型白酒，酒度有58%（V/V）等多种。

**8. 泸州老窖特曲**

泸州老窖特曲产于四川省泸州市，是以高粱为主要原料的浓香型白酒，酒度有60%（V/V）等多种。

## 二、外国蒸馏酒

### （一）金酒（Gin）

金酒又称琴酒、毡酒或杜松子酒，是以玉米、麦芽等谷物为原料，经发酵、蒸馏，加入杜松子和其他一些芳香原料再次蒸馏而得的酒。金酒无须陈酿，酒度为 40%（V/V）~52%（V/V）。

**1. 荷兰金酒（Dutch Gin）**

荷兰金酒是以麦芽、玉米、黑麦等为原料（配料比例基本相等）经发酵、蒸馏，在蒸馏液中加入杜松子及其他一些芳香原料再次蒸馏而成（见图 3-8-13）。荷兰金酒具有芳香浓郁的特点，并带有明显的麦芽香味。

荷兰金酒只适宜做净饮，不能与其他酒类饮料混合调制鸡尾酒。

图 3-8-13 荷兰金酒

**2. 干金酒（Dry Gin）**

干金酒是以玉米、麦芽、裸麦等为原料（玉米占 75%）经发酵、蒸馏后，加入杜松子及 其他香料（以杜松子为主，其他香料用量较少）再次蒸馏而成。

干金酒既可净饮，又可广泛用于调制鸡尾酒，如著名的混合长饮 Gin Tonic，就是用干金酒和汤宁水混合调制的。

**（二）白兰地（Brandy）**

白兰地是以葡萄或其他水果为原料经发酵、蒸馏而得的酒，酒度为 43%（V/V）。白兰地主要用做餐后酒，饮用时一般不掺任何其他饮料。只有以葡萄为原料制成的蒸馏酒可称为白兰地，以其他水果为原料制成的白兰地必须标明水果名称，如苹果白兰地（Apple Brandy）、樱桃白兰地（Cherry Brandy）等。新蒸馏出来的白兰地须盛放在橡木桶内使之成熟，并应经过较长时间的陈酿（如法国政府规定至少 18 个月），白兰地才会变得芳郁醇厚，并产生其色泽。白兰地的储存时间越长，酒的品质越佳。

**1. 干邑白兰地（Cognac Brandy）**

法国是世界上首屈一指的白兰地生产国。在法国白兰地产品中，以干邑最为著名。干邑，又称科涅克，产于法国南部科涅克地区的一个法定区域内。法国政府规定，只有在这个区域内生产的白兰地才可称为干邑，其他地区的产品只能称白兰地，但不能称干邑。干邑白兰地通常以一些英文字母来表示其品质，如 E 代表 ESPECIAL（特别的）、F 代表 FINE（好）、V 代表 VERY（很好）、O 代表 OLD（老的）、S 代表 SUPERIOR（上好的）、P 代表 PALE（淡色而苍老）X 代表 EXTRA（格外的）。

另外白兰地在装瓶出售时，在瓶身上或标签上用以下几种等级符号来表示酒的贮藏年份：★表示3年；★★表示4年；★★★表示5年；V、O、表示10~12年；V、S、O、表示12~20年；V、S、O、P、表示20~30年；Napoleon表示40年以上；X、O、表示50年以上；X、表示70年以上等。

**2. 雅文邑白兰地（Armagnac Brandy）**

雅文邑白兰地是仅次于干邑的法国著名白兰地产区。

**（三）威士忌（Whisky）**

威士忌是以谷物为原料经发酵、蒸馏而得的酒，酒度为40%（V/V）。威士忌可纯饮，也可加冰块饮用，多被用于调制鸡尾酒和混合饮料。世界各地都有威士忌生产，如苏格兰、爱尔兰、美国、加拿大等国家，其中，以苏格兰威士忌最负盛名。

**1. 苏格兰威士忌（Scotch Whisky）**

以当地出产的大麦为原料，特别之处是以当地出产的泥煤（Peat）作为烘烤麦芽的燃料，精制而成。新蒸馏出来的威士忌至少在酒桶内陈酿4年以上，在装瓶销售前还必须进行掺和调制。

苏格兰威士忌的著名品牌较多有皇家芝华士（Chivas Regal）、白马（White Horse）、金铃（Bell's）、约翰尼·沃克（Johnnie Walker），红牌（Red Labe）和黑牌（Black Label）等多个品牌。

**2. 爱尔兰威士忌（Irish Whiskey）**

爱尔兰威士忌以大麦、小麦、燕麦、黑麦为主要原料（其中大麦占80%），经发酵蒸馏（3次）后入桶陈酿而成，陈酿期至少4年，通常为8~15年。是制作爱尔兰咖啡（Irish Coffee）的基酒。

爱尔兰威士忌的名品有约翰·詹姆森（John Jameson）、波威尔（Power's）、老布什米尔（Old Bushmills）等。

**3. 加拿大威士忌（Canadian Whisky）**

加拿大威士忌以玉米和黑麦等为主要原料经发酵、蒸馏后入桶陈酿而成，陈酿期一般为4~10年。

加拿大威士忌的名品有加拿大俱乐部（Canadian Club）、施格兰（Seagram's）、皇冠（CrownRegal）等。

#### 4. 美国威士忌（American Whiskey）

美国威士忌以玉米、大麦等为主要原料（其中玉米占 51 % ~ 75 %）经发酵、蒸馏后入桶陈酿而成。其陈酿期为 2 ~ 4 年，最长不能超过 8 年。美国威士忌以肯塔基州波本（Bourbon）地区的产品最为著名。

美国威士忌世界闻名的著名品牌有四玫瑰（Four Roses）、杰克·丹尼斯（Jack Daniel's）、老爷爷（OldGrand Dad）、占边（Jim Beam）、野火鸡（Wild Turkey）等。

### （四）伏特加

"伏特"是俄语"水"的意思，"伏特加"是俄罗斯人对水的昵称。它是俄罗斯和北欧寒冷国家十分流行的烈性饮料，是以土豆、玉米、小麦等原料经发酵、蒸馏后精制而成，无须陈酿，一般酒度可达 50%（V/V）。伏特加既可净饮，又可广泛使用于鸡尾酒的调制。主要有以下两类。

#### 1. 纯净伏特加（Straight Vodka）

纯净伏特加是指将蒸馏后的原酒经注入活性炭过滤槽内过滤掉杂质而得的酒，一般无色、无味，只有火一般的刺激。著名品牌有：瑞典的绝对伏特加、俄罗斯的红牌伏特加和绿牌伏特加等。

#### 2. 芳香伏特加（Flavored Vodka）

芳香伏特加是指在伏特加酒液中放入药材、香料等浸制而成的酒，因此带有色泽，既有酒香，又带有药材、香料的香味。芳香伏特加名品有波兰的蓝野牛、前苏联的珀特索伏卡（Pertsovka）等。

### （五）朗姆酒（Rum）

朗姆酒是以蔗糖汁或蔗糖浆为原料，经发酵和蒸馏加工而成的酒，有时也用糖渣或其他蔗糖副产品做原料。新蒸馏出来的朗姆酒必须放入橡木桶陈酿 1 年以上，酒度为 45%（V/V）。朗姆酒既可净饮，也可加冰块饮用，还可广泛用于调制鸡尾酒或混合饮料。朗姆酒按其色泽可分为以下三类。

#### 1. 银朗姆（Silver rum）

银朗姆又称白朗姆，是指蒸馏后的酒，需经活性炭过滤后入桶陈酿 1 年以上。银朗姆酒味较干、香味不浓。

**2. 金朗姆（Golden Run）**

金朗姆又称琥珀朗姆，是指蒸馏后的酒，需存入内侧灼焦的旧橡木桶中至少陈酿3年而成。金朗姆酒色较深、酒味略甜、香味较浓。

**3. 黑朗姆（Dark run）**

黑朗姆又称红朗姆，是指在生产过程中加入一定的香料汁液或焦糖调色剂的朗姆酒。黑朗姆酒色较浓（深褐色或棕红色），酒味芳醇。

著名品牌有：百加地、摩根船长。

**（六）特基拉（Tequila）**

特基拉为墨西哥的一个小镇，因产酒而闻名。特基拉为墨西哥的独有的酒类饮品，采用龙舌兰为原料，故又被称为龙舌兰酒。将新鲜的龙舌兰汁加糖发酵后经两次蒸馏，酒精度达到52%（V/V）~53%（V/V），香气突出，口味凶烈，新蒸馏出来的特基拉需放在木桶内陈酿，也可直接装瓶。特基拉酒可净饮或加冰块饮用，也可用于调制鸡尾酒。在净饮时，常用柠檬角蘸盐伴饮，以充分体验特基拉的独特风味，代表酒品有：欧类、玛丽亚希。

## 任务三　配制酒

### 【课前活动】

活动主题：认识国内外配制酒

活动步骤：

1. 各小组通过网络或到商场收集配制酒图片及文字介绍
2. 重点了解国内竹叶青、国外开胃酒
3. 班级报告，展示著名配制酒商标图案

### 【学习内容】

配制酒是酒类里面一个特殊的品种，是一个比较复杂的酒品系列，它的诞生晚于其他单一酒品，但发展却很快。是酒与酒之间勾兑或者酒与药材、香料和植物等浸泡而成的。外国配制酒与中国配制酒一样，最早源于药用目的。配制酒工艺主要有两种：一种是在酒和酒之间进行勾兑配制，另一种是以酒与非酒精物质（包括液体、固体和气体）进行配制。

## 一、中国配制酒

中国配制酒种类很多，如在成品酒中加入中草药材制成的五加皮酒；加入名贵药材的人参酒；加入动物性原料的鹿茸酒、蛇酒；加入水果的杨梅酒、荔枝酒等，这其中以山西竹叶青酒最为著名。

竹叶青酒产于山西省汾阳市杏花村酒厂，它以汾酒为原料，加入竹叶、当归、檀香等芳香中草药材和适量的白糖、冰糖后浸制而成。该酒色泽金黄、略带青碧，酒味微甜清香，酒性温和，适量饮用有较好的滋补作用。山西竹叶青酒度为 45%（V/V），含糖量为 10%。

## 二、外国配制酒

### （一）开胃酒（Aperitif）

也称餐前酒，是餐前饮用的酒品。具有生津开胃、增进食欲之功效，通常以葡萄酒或蒸馏酒为酒基，加上调制材料制成。

#### 1. 味美思

味美思又称苦艾酒，有强烈的草本植物味道。通常是以白葡萄酒，特别是中性干白葡萄酒为基酒，调配各种香料，经过浸泡、浸渍或蒸馏的方法从香料中提取香味，生产成酒。

味美思（Vermouth）以苦艾为主料，配以龙胆草、大茴香、小茴香、丁香、肉桂、酒花等 30~40 种香料。香料直接浸泡在白葡萄酒中，或先用酒精浸泡，提取味美思香精后再调制。再加糖、加酒精或白兰地，使糖度达 13%~16%，酒精度达 15%（V/V）~21%（V/V），陈放一段时间除去酒石，过滤后装瓶。

味美思按颜色分为白味美思和红味美思，后者加焦糖调色。也可按国别分为意大利型、法国型和中国型三个类型。意大利型以麝香葡萄酒为酒基，苦艾味颇重；法国型以干葡萄酒为酒基，加香料、药材，但不加糖，味道较淡；中国型味美思于 1913 年在烟台张裕葡萄酒公司开始生产，以肉桂、豆蔻、藏红花等20多种名贵药材浸泡在上等白葡萄酒中制成。中国味美思开胃健脾、舒筋活血、补血益气、滋阴补肾，风味独特，自成体系。目前，世界上60多个国家和地区生产味美思。

2. 比特酒（Bitter）

比特酒又称苦酒或必打士，是在葡萄酒或蒸馏酒中加入树皮、草根、香料及药材浸制而成比特酒，比特酒酒味苦涩，酒度为16%（V/V）~40%（V/V）。

3. 茴香酒（Anisette）

茴香酒是以茴香为主要香料，再加上少量的其他配料（如白芷根、柠檬皮等），在蒸馏酒中浸制而成的一种酒精饮料，酒度为25%（V/V）~30%（V/V）。

### （二）甜食酒（Dessert Wine）

甜食酒，又称餐后甜酒，是佐助餐后甜点时饮用的酒品。通常以葡萄酒作为酒基，加入食用酒精或白兰地以增加酒精含量，故又称为强化葡萄酒，口味较甜。

1. 雪利酒（Sherry）

雪利酒是较普通的强化葡萄酒，产于西班牙加的斯省的一个名叫雪利的小镇上，雪利酒就以该地命名。由于酿造时加入了适量的白兰地，因而酒精度较其他葡萄酒高。雪利酒以其独具个性的风味与生产工艺被誉为西班牙的国酒。著名的品牌有：西班牙圣地曼雪利、西班牙天杯雪利等。

2. 波特酒（Port）

又名钵酒，是葡萄牙国酒，一般为红色强化甜型葡萄酒，公元17世纪后期，起源于杜洛河畔的拉梅古。公元19世纪中叶正式生产。问世160多年来，获取无数各种国际奖。进入中国市场后是很受消费者欢迎的甜葡萄酒之一。只有葡萄牙杜罗河流域生产的强化葡萄酒才能称为波特酒，它是世界上第一个受法律保护的名酒。波特酒既可净饮，也可佐餐。著名品牌有：鹤钵白、马拉塞拉等。

### （三）利口酒（Liqueur）

利口酒（Liqueurs）是一种甜性加香配制酒。过去曾作为药酒饮用，有强心、退烧、助消化等作用。是在蒸馏酒或葡萄酒中加入芳香原料（如树根、果皮、香料等）配制而成。该酒色泽娇艳、气味芳香，有较好的助消化作用，因其香味突出、色彩斑斓，所以主要用作餐后酒或调制鸡尾酒，且是混合酒的主要加色、加味成分。

利口酒种类极多，香气庞杂，大多采用数十种甚至上百种赋香原料，按香气成分来源，分为香料利口酒和香精利口酒两大类。名品有下列几种。

**1. 本尼狄克丁（Benditine）**

以 D.O.M（Deo Optiomo Maximo）为名牌标记，意为“献给伟大全能的上帝”，本尼狄克丁又称当酒。本尼狄克丁产于法国诺曼底地区，系该地僧侣按照古方制成的一种利口酒，被称为“圣酒”。该酒是在干邑白兰地中加入数十种芳香原料配制而成，较为名贵。

**2. 谢托利斯（Chatreuse）**

谢托利斯由法国谢托利斯修道院的僧侣酿制，主要工艺是在白兰地中加入香料蒸馏而成，又被称为修道院酒。它有黄色和绿色两种。黄色酒较淡，酒精度为 42%（V/V）；绿色酒较浓，酒度为 55%（V/V）。

**3. 乔利梳（Curacao）**

乔利梳又称库拉索或橙皮甜酒，产于安的列斯群岛中的荷兰属乔利梳岛，是在食用酒精中加入乔利梳橙皮配制而成。乔利梳酒度在 27%（V/V）~ 40%（V/V）之间。

**4. 金万利（Grand Marnier）**

金万利又称大马尼埃，产于法国科涅克地区，是在干邑白兰地中加橙皮配制而成，酒度为 40 %（V/V）。

**5. 君度（Cointreau）**

君度产于法国，是橙味利口酒，它无色透明，酒度为 40 %（V/V），广泛用于调制鸡尾酒。

**6. 薄荷酒（Creme de Menthe）**

薄荷酒主要产于法国和荷兰，是在蒸馏酒中加入薄荷油配制而成。薄荷酒酒度为 30 %（V/V），有绿色和白色两种。荷兰产的薄荷酒称为 Peppermint。

**7. 可可奶油利口酒（Crème de Cacao）**

可可奶油利口酒又称为可可利口酒或巧克力利口酒，是将可可豆浸入基酒中或直接用可可豆加入其他植物蒸馏而成的利口酒，主要用于调制鸡尾酒。

**8. 咖啡利口酒（Coffee Liqueur）**

咖啡利口酒以卡鲁瓦（Kahlua）、添万利（Tia Maria）和咖啡奶油利口酒（Crème de Café）最著名。主要用来调配鸡尾酒，还可以浇在冰激凌上或调在牛奶中。

**9. 彼得 · 亨瑞樱桃利口酒（Peter Heering）**

这是世界上最佳的樱桃利口酒，取名于创始人彼得·亨瑞。该酒是由丹麦的戴尔比（Dalby）酒厂生产，色泽暗红，口味极为柔顺，带有水果香味。

利口酒的种类很多，除上述外，还有其他很多种独具特色的利口酒。如杜林标（Drambuie），以威士忌为酒基，加入蜂蜜、草药调香；用蛋黄酿制的蛋黄酒（Advocaat），等等。

# 项目三　软饮料

## 【课前活动】

活动主题：认识咖啡、茶、可乐、矿泉水

活动步骤：

1. 各小组收集不同品牌咖啡、茶、可乐、矿泉水的实物
2. 班级展示实物
3. 交流饮用过的其他软饮料

## 【学习内容】

软饮料（soft drink）：酒精含量低于 0.5%（V/V）的天然的或人工配制的饮料。按原料和加工工艺分为碳酸饮料、果汁及其饮料、蔬菜汁及其饮料、植物蛋白质饮料、植物抽提液饮料、乳酸饮料、矿泉水和固体饮料 8 类。

### 一、茶

中国茶的历史悠久，茶树的原产地是在我国西南部的原始森林中，是原产于中国的一种山茶属植物。

## （一）茶叶的分类方法

茶叶按照加工方法不同分为六种：绿茶、红茶、黄茶、青茶、黑茶、白茶，以及以花茶为代表的再加工茶。

### 1. 绿茶

绿茶的历史最悠久，花色品名最多，是一种不发酵的茶，因其汤色和叶底均呈绿色而得名，著名的绿茶有西湖龙井、洞庭碧螺春等。

### 2. 红茶

红茶是一种全发酵茶，因其汤色和叶底均呈红色而得名。红茶是世界上产销量最大的一类茶叶，著名的红茶有安徽的祁红，云南的滇红等。产于我国安徽的祁门红茶与印度大吉岭红茶、斯里兰卡乌伐茶并称“世界三大高香红茶”。

### 3. 黄茶

黄茶制法基本上和绿茶相似，不同的是多了个闷堆。闷堆也称“闷黄”，这个闷黄过程，是黄茶制法的主要特点。黄茶代表是产于四川蒙顶山的蒙顶黄芽等。

### 4. 青茶

又名乌龙茶，是介于红茶和绿茶之间的半发酵茶，它综合了红茶和绿茶的加工技术，既有红茶的甘醇，又有绿茶的清鲜；既无红茶的涩味，又无绿茶的苦味。在六大茶类中，青茶制法最为精巧，品质别具一格。青茶分为武夷岩茶和乌龙茶。主要品种有铁观音、乌龙、水仙等。

### 5. 黑茶

以前四川一带为茶叶便于长途运输，不致变质，将绿毛茶加工成团块茶。经过 20 多天的湿坯堆积，颜色逐渐变黑。我国边疆地区的少数民族地区较喜欢黑茶。黑茶的成品茶有湖南的湘尖、花砖，湖北的青砖，四川的茯砖，云南的紧压茶等品种。

### 6. 白茶

白茶是一种不发酵，也不经过揉捻的特种茶。这种茶不用香花熏制但却有天然的香味。因茶林分大白、小白、水仙白等类，故称白茶。

### 7. 花茶

花茶又名香片，是一种经过花香熏制而成的茶。其特点是既有茶香风味又有鲜花的芬芳，是我国特有的品种。著名的花茶品种有茉莉花茶、玉兰花茶、柚子花茶等。

## 二、咖啡

咖啡具有振奋精神、消除疲劳、除湿利尿，帮助消化等功效，所以成为深受人们喜爱的饮料。咖啡树是生长在热带和亚热带高原（海拔为1000~2000米）上的一种常绿灌木，栽种三年后开始结果。世界咖啡产量居第一位的国家是巴西，哥伦比亚次之，印度尼西亚、牙买加、厄瓜多尔、巴布亚新几内亚等国家的产量也很高。我国的云南省、海南省所产的咖啡豆的质量丝毫不比世界名咖啡逊色。每一品种的咖啡豆都有其不同的特点，为适应不同饮用需求，一般应将不同种类的咖啡豆进行混合。混合后的咖啡豆即可进行焙炒，使其变得香味浓郁。焙炒好的咖啡豆经磨制成咖啡粉后即可调制咖啡。磨制时，应注意咖啡粉的颗粒大小，一般来说，细颗粒的咖啡粉味浓，粗颗粒的咖啡粉芳香，为使调制好的咖啡既浓又香，应将粗细不同的咖啡粉进行混合，这样做也利于咖啡粉的保存。

世界上著名的咖啡品种有蓝山、摩卡、巴西圣多斯、哥伦比亚、曼特宁、危地马拉和罗姆斯达等。

在咖啡饮谱中，流行的有清咖啡、牛奶咖啡、法式咖啡、土耳其咖啡、皇家咖啡、维也纳咖啡、爱尔兰咖啡、西班牙咖啡和意大利咖啡等。

### 【扫码阅读】

#### 咖啡的起源

咖啡被发现的真正年代已不可考，在无数有关咖啡发现的传说中，最令人津津乐道的就是《牧羊人的故事》。相传在非洲埃塞俄比亚高地有一位名叫柯迪的牧羊人，他偶然发现他的羊在无意中吃了附近树林里的一种红色果实后，变得精神倍增、充满活力。后来他将自己的发现告诉了附近修道院的僧侣们，僧侣们为克服长夜祈祷时的昏昏欲睡，开始食用这种果实。最早栽培及食用咖啡的是阿拉伯人。早期阿拉伯人食用咖啡的方式是将整颗果实咀嚼，以吸取其汁液；其后他们将磨碎的咖啡豆与动物的脂肪当成长途旅行的体力补充剂。直至大约公元1000年，绿色的咖啡豆才被放在滚水中煮沸成为芳香的饮料。又过了三个世纪，阿拉伯人开始烘焙及研磨咖啡豆。由于《可兰经》中严禁饮酒，使得阿拉伯人消费大量的咖啡以代替酒力的刺激。所以，阿拉伯人的宗教教义其实也是促使咖啡在阿拉伯世界广泛流行的一个很重要的因素，据说，“咖啡”一词来自阿拉伯语（QAHWAH），也就是酒的意思。

## 【知识链接】

### 卡布奇诺

卡布奇诺咖啡（Cappuccino）是比较流行的一种，它的颜色好像意大利修道士戴的头巾，所以称为卡布奇诺（见图 3-8-14）。此种咖啡伴有肉桂粉，再淋上柠檬汁，显示出复杂的风味。它有一种让人无法抗拒的独特魅力，起初闻起来时味道很香，第一口喝下去时，可以感觉到大量奶泡的香甜和酥软，第二口可以真正品尝到咖啡豆原有的苦涩和浓郁，最后当味道停留在口中，你又会觉得多了一份香醇和隽永。

图 3-8-14　卡布奇诺

咖啡种类如图 3-8-15 所示。

图 3-8-15　咖啡种类

## 三、可可

可可原产美洲热带地区，我国的广东、台湾等省也有栽培，是人们喜爱的巧克力的主要制作原料。它是用可可豆的粉末配制而成的饮料。可可豆含有50%的脂肪、10%的蛋白质、10%的淀粉，还有少量的糖分和兴奋物质可可碱。可可具有强心、利尿功效。可可种子在发酵、焙干后可提取30%的药用可可脂，余下物质加工成可可粉。可可粉具有浓郁的香味，加糖后即可冲饮。常见的可可饮品有清可可、牛奶可可、冰激凌可可等。

## 四、矿泉水

矿泉水是高山岩石浸出的清泉，含有多种矿物质，它以水质好、无杂质污染、含丰富的矿物质而深受人们的欢迎。其味有微咸和微甜两类，饮之清凉爽口，可助消化。在法国，大多数的人在用餐时不喝自来水管道里的水，而是喝酒或喝矿泉水。法国的皮埃尔矿泉水（Perrier Water）和依云矿泉水（Evian Water）不仅在法国本土销售，而且远销海外。我国较好的矿泉水有农夫山泉、崂山等多种品牌。

## 五、牛奶

牛奶含有丰富的供给人体热量的蛋白质、脂肪、乳糖和人体所需的最主要的矿物质钙、磷以及维生素等，其营养丰富，利于消化，极易为人体所吸收。没有任何一种单一的食品营养成分能和牛奶相比。

## 六、果蔬汁

各种鲜果蔬菜含有丰富的矿物质、维生素、糖类、蛋白质以及有机酸等物质。餐厅中常售的果蔬汁有橙汁、西瓜汁、菠萝汁、西柚汁、黄瓜汁、胡萝卜汁等等。

## 七、汽水

汽水是一种含有大量二氧化碳气的清凉解暑饮料。它是用水、柠檬酸、小苏打、白糖、柠檬香精、食用色素等原料按一定比例配制而成的。汽水中的二氧化碳对胃壁有轻微刺激作用，能加速胃液分泌，帮助消化，同时二氧化碳很快从体内排出，带走了人体内的热量，使人饮后有清凉的感觉。

### 八、冷甜品（奶制品）

**1. 冰激凌（ice cream），又称圣代，雪糕**

是以饮用水、牛乳、奶粉、奶油（或植物油脂）、食糖等为主要原料，加入适量食品添加剂，经混合、灭菌、均质、老化、凝冻、硬化等工艺制成的体积膨胀的冷冻饮品。是一种极具诱惑力的美味冷冻奶制品。约800年以前，冰激凌源于中国。在元朝的时候，一位精明的食品店商人突发奇想，他尝试着在冰中添加一些蜜糖、牛奶和珍珠粉，结果制成了世界上最早的冰激凌。

圣代（Sundae，港译新地），即水果冰激凌。圣代有英式和法式两种。

英式：冰激凌平放在玻璃杯或玻璃碟中，加新鲜果品和鲜奶油、红绿樱桃、华夫饼干做成。

法式：又称为巴菲，与英式的区别是，一般用桶型高身有脚玻璃杯作为容器，除英式的材料外，加入红酒或糖浆制成。

**2. 奶昔（Milk shake），是牛奶、水果、冰块的混合物**

最先出现于美国。制作奶昔这种食品，主要的用意就是体现出一个“冰、凉”，首先一步将水果和酸奶、冰激凌粉混合倒入搅拌机，搅拌成水果糊倒入碗里备用；将冰块用刨冰机碎掉，将碎好的冰倒入一器皿备用；取一半的冰与水果糊搅拌，搅拌充分倒入杯子；将剩下的冰倒入水果糊上；最后把西瓜打成汁，浇入冰上。这样，冰凉水果奶昔就做好了。

## 项目四　四川餐饮文化

### 【课前活动】

活动主题：谈谈你对“食在中国，味在四川”的理解

1. 川菜的代表名菜

2. 我最喜欢的家乡美食并予以推介

## 【学习内容】

### 一、川菜简介

最能代表四川饮食文化特色的莫过于川菜了。

四川省地处长江上游，天宝物丰，地杰人灵，山奇水丽，味美食精，素有“天府之国”之称，又有“食在中国，味在四川”之说。

四川的粮食以稻米为主，其次是小麦、玉米、红苕（即甘薯）、豆类、青稞、荞麦、洋芋（马铃薯）等。家畜以猪为大宗，其次是牛、羊、兔等。家禽鸡、鸭饲养量大。蔬菜四季不断，调味品应有尽有。油料作物以油菜籽为主，还有芝麻、白苏。水果以柑橘为代表，另有甘蔗、荔枝、雪梨、柿子、苹果等。

#### （一）川菜发展简史

川菜是一个历史悠久的菜系，其发源地是古代的巴国和蜀国。在战国时期墓地出土文物中，已有各种青铜器和陶器食具，川菜的萌芽可见一斑。川菜的出现可追溯至秦汉，早在一千多年前，西晋文学家左思所著《蜀都赋》中便有“金垒中坐，肴隔四陈、觞以清酊，鲜以紫鳞”的描述。东汉末，古典巴蜀菜开始出现自己的特色；到魏晋时，古典巴蜀菜与其他菜系出现分野。唐宋时期，川菜更为脍炙人口。诗人陆游曾有“玉食峨眉木耳，金齑丙穴鱼”的诗句赞美川菜。

至两宋时，川菜发展成独立菜系并达到高峰，这一时期，川菜成为一个在全国具有影响力的菜系，开始向巴蜀之外传递川菜文化。明清时期，川菜进一步发展，直至民国时期，近代川菜最终形成“一菜一格，百菜百味”、“清鲜醇浓，麻辣辛香”的特点，并发展成为中国菜四大菜系之一。

随着生活水平的提高，人们对口味的要求也越来越高，传统菜式已不能满足人们的口腹之欲，新派川菜便应运而生。受外来菜系的影响，新派川菜从原料、制法、用具上都发生了很大变化，在味型上，广泛采用粤、闽、港台的定型复合调味料与川菜的烹调方法相结合，并深受东南亚、海南、云南、贵州等味型的影响。一些川菜还借鉴了更现代的理念，比如在环境上、餐具上、菜品形状上更趋向于港式粤菜。为了满足人们对健康的关爱，川菜中也加入了一些传统药膳；另外，四川作为内陆省份，海鲜在菜肴中很少使用，新派川菜把鲍鱼、鱼翅等海鲜也列入其中，不仅使川菜原料品种更加丰富，还提高了川菜的档次。

2010 年 2 月，成都市获批加入联合国教科文组织创意城市网络，并被授予“世界美食之都”的殊荣。这是世界对川菜文化的肯定，同时对川菜文化的传承、川菜烹饪技术的提升、川菜餐饮行业的发展具有重要意义。

【知识链接】

## 成都的新旅游名片——川菜博物馆

图 3-8-16　川菜博物馆

川菜博物馆是世界上唯一以菜系文化为陈列内容的活态主题博物馆（见图 3-8-16）。其位于成都市郫都区古城镇，占地约四十亩，投资近亿元、藏品数千件。川菜博物馆是一座可以吃的博物馆，博物馆内分典藏馆、互动演示馆、品茗休闲馆、灶王祠、川菜原料展示区、川菜原料加工工具展示区等。

成都川菜博物馆以继承川菜文化传统、弘扬四川美食为宗旨，秉承“美食面前有食无类”的理念，为美食王国的无国界公民打造川菜文化传播平台。馆内拥有价值 400 万元人民币的泡菜坛、全国最大的灶王祠、世界上最好的氨氮含量超过国家出品26倍的手工豆瓣。在双语体验师的专业带领讲解下，游客将感受一回穿越时空的美妙的川菜文化之旅。

在互动演示馆，游客将由体验师指导，亲手制作几道经典川菜菜品。该馆首席烹饪师作为《川菜》杂志的封面人物，曾为世界500强总经理讲授川菜文化、传授传统川菜的烹饪技艺。游客将全方位感受川菜刀功、火候及成菜过程，感受川菜“炒菜不过油、不换锅，芡汁现炒现兑，急火短炒、一锅成菜”的特点，并通过鼻闻口尝，体验川菜的色香味形器以及“一菜一格，百菜百味”“五味调和，百味生香”的丰富内涵。

## （二）川菜分类

### 1. 川菜的分类

主要由筵席菜、大众便餐菜、家常菜、三蒸九扣菜、风味小吃五大类组成。

（1）筵席菜原料精细，制作工艺精湛，组合适时，调味清鲜，品种丰富，味道多变，烹调方法多样。代表品种有：一品熊掌、开水白菜、虫草鸭子等。

（2）三蒸九扣菜为四川民间风味菜品，就地取材，荤素兼有，汤菜并重，朴实无华，辣味偏少。代表品种有：粉蒸肉、扣肉、扣肘子、清蒸杂烩。

（3）大众餐厅菜以烹调速度快，经济实惠为基本特点。口味丰富，品种多样，麻辣味中，适应面广。代表品种有：鱼香肉丝、水煮肉片、宫保鸡丁等。也包括毛肚火锅。

（4）家常菜为四川最普通菜品，是普通餐馆和家庭厨房都可以制作的，其特点是取材方便，操作简单，口味多样，经济实惠。代表品种有：回锅肉、蒜泥白肉、河水豆花。

（5）民间小吃包含糕、点和菜肴，其特点是品种丰富、风格突出，具有浓郁的地方风味。代表品种有夫妻肺片、灯影牛肉、棒棒鸡、小笼蒸牛肉等，还有主副食兼备的民间小吃龙抄手、担担面等。

【知识链接】

## 成都小吃简介

成都小吃品种繁多，制作精美，选料严谨，味道多变，色香味形俱全。据不完全统计，在成都常见的小吃有500多种，全市有1/3的店铺是小吃铺。从品种上分有面食、米制品、菜肉制品、杂粮制品四大类。从档次上有宴席、传统小吃、通俗小吃三类。成都名小吃多由小商小贩在实践中创制出来，天长日久，逐渐创制出某人或某个地点的名小吃，如春熙路的龙抄手，总府街的赖汤圆，荔枝巷的钟水饺，耗子洞张鸭子，洞子口凉粉，长顺街治德号小笼蒸牛肉等。成都小吃是一个大的概念，它不仅包括各种糕饼、羹汤及席菜细点，另外还有一个与外地小吃不同的地方，就是小吃还包括一些肉类食品：如“麻婆豆腐”“夫妻肺片”“棒棒鸡”“怪味兔”“软烧鸭子”“小笼蒸牛肉”等，这又是成都小吃的一大特点。成都小吃之所以有名，还在于口味丰富。其味型特别多，是其他地方小吃所不能比拟的，常用的口味就有香甜、咸甜、椒麻、红油、怪味、家常、麻辣、咸鲜、糖醋、芥末、蒜泥等十余种，而每一种口味针对不同的品种又各有不同的使用方法和变化。在国内外享有盛名的成都小吃，是正宗川菜的一个组成部分。

### 2. 川菜派系

川菜在悠久的历史长河中形成了自己的文化与风格，川菜的分类中，有自己的派系：上河帮、小河帮、下河帮。

（1）上河帮以成都和乐山为核心的蓉派菜系，其特点为亲民平和，调味丰富，口味相对清淡，多传统菜品。蓉派川菜讲求用料精细准确，严格以传统经典菜谱为准，其味温和，绵香悠长，同时集中了川菜中的宫廷菜、公馆菜之类的高档菜，通常颇具典故。精致细腻，多为流传久远的传统川菜，旧时历来作为四川总督的官家菜，一般酒店中高级宴会菜式中的川菜均以成都川菜为标准菜谱制作。著名菜品有开水白菜、麻婆豆腐、回锅肉、宫保鸡丁、盐烧白、川式粉蒸肉、青城山白果炖鸡、夫妻肺片、蚂蚁上树、蒜泥白肉、芙蓉鸡片等。

四川各地小吃通常也被看作是川菜的重要组成部分。川菜小吃主要以上河帮小吃为主，以川西坝子为中心，诸如四川泡菜系列、凉粉系列（川北凉粉、伤心凉粉）、川北米粉（如绵阳米粉、绵竹羊肉粉）、红薯粉系列（酸辣粉、肥肠粉）、锅盔系列（卤肉锅盔、肺片锅盔）等。

（2）小河帮以川南自贡为中心的盐帮菜，以自贡和内江菜为主；其特点是大气，怪异，高端（其原因是盐商）。自贡盐帮菜又分为盐商菜、盐工菜、会馆菜三大支系，以麻辣味、辛辣味、甜酸味为三大类别。盐帮菜以味厚、味重、味丰为其鲜明的特色。最为注重和讲究调味。除具备川菜“百菜百味、烹调技法多样”的传统之外，更具有“味厚香浓、辣鲜刺激”的特点。盐帮菜善用椒姜，料广量重，选材精确，煎、煸、烧、炒，自成一格；煮、炖、炸、熘，各有章法。尤擅水煮与活渡，形成了区别于其他菜系的鲜明风味和品位。有水煮牛肉、火鞭子牛肉、富顺豆花、火爆黄喉、牛佛烘肘、粉蒸牛肉（或名牛肉蒸笼）、风萝卜蹄花汤、芙蓉乌鱼片等不下百种菜品。

火锅，作为川菜的一个极为重要的分支，发展于下河帮的重庆川菜，在川菜各派系中均各有特色火锅，小河帮则发挥的重辣的特点，火锅有鲜锅兔火锅，同时发明了冷吃做法，譬如冷锅鱼，在引入到成都后，经由这个饮食重镇发扬光大成了一个非常流行的新吃法。

（3）下河帮以重庆、达州、万州为中心，下河帮川菜大方粗犷，以花样翻新迅速、用料大胆、不拘泥于材料著称，俗称江湖菜。其代表作有酸菜鱼、毛血旺、口水鸡、干菜炖烧系列（多以干豇豆为主）、水煮肉片和水煮鱼为代表的水煮系列、辣子鸡、辣子田螺、豆瓣虾、香辣贝和辣子肥肠为代表的辣子系列、泉水鸡、烧鸡公、芋儿鸡和啤酒鸭为代表的干烧系列。

**（四）川菜特色调味品**

四川（含重庆）地区的特产一直处于全国前列。平原的粮、油、蔬菜，山区的野味、虫草，江河的江团、雅鱼等，无一不是川菜厨师选择的烹饪原料。调辅料的品种多样，如自贡井盐、内江白糖、阆中保宁醋、中坝酱油、郫县豆瓣、汉源花椒、永川豆豉、叙府芽菜、涪陵榨菜、温江独蒜等，不一而足。

**1.“川菜之魂”——郫县豆瓣**

现代川菜之所以能够享誉中外，离不开郫县豆瓣的居中调和，可以毫不夸张地说，郫县豆瓣是当之无愧的“川菜之魂”。从郫县陈家发明利用“霉豆瓣”酿造出第一缸郫县豆瓣开始，300年来，经过无数后人对豆瓣工艺进行提炼，今天的“郫县豆瓣”对于四川人来说，不仅仅是一道美味的调味品，更是与地道的川菜一起，构成了极具四川特色的美食名片。它在选材与工艺上独树一帜，与众不同。香味醇厚却未加一点香料，色泽油润却未加任何油脂，全靠精细的加工技术和原料的优良而达到色、香、味俱佳的标准，具有辣味重、鲜红油润、辣椒块大、回味香甜的特点，是川味食谱中常用的调味佳品。

**2.“川菜之骨”——四川泡菜**

四川泡菜，又叫泡酸菜，味道咸酸，口感脆生，色泽鲜亮，香味扑鼻，开胃提神，醒酒去腻，老少适宜，一年四季都可以制作，但制作时气候环境十分讲究，是居家过日子常备的小菜，是中国四川家喻户晓的一种佐餐菜肴。四川的地理和气候条件有利于各种蔬菜生长，一年四季都为四川泡菜提供了丰富的原材料。四川泡菜制作简单，普通的家庭就能做出很好的泡菜，它也是四川家庭中必备的菜品。泡菜极大地增添了菜肴独特的酸辣清新口感，让川菜的口感层次更加丰富，因此被称为“川菜之骨”。

**3.“川菜的心脏”——红辣椒和花椒**

辣椒原产自南美秘鲁，在墨西哥被驯化为栽培种，15世纪传入欧洲，16世纪末，即明代后期从海上传入中国。辣椒引进四川进行种植并广泛运用于川菜烹调中，是古代川菜与近代川菜划分的一个分水岭，被视为近代川菜初现雏形的开始，这个时期大致在清朝初期的康熙时代。

花椒在古代中国饮食文化中历史悠久，中国人食用花椒至少有两千多年的历史，而花椒作为古代中国人主要调味品的历史一直延续到16世纪。因为花椒起源于四川盆地（这也是英文中花椒名字SichuanPepper的来源），颇受四川当地人喜爱，他们经常用花椒来给茶和酒提味，当然也包括日常烹饪。16世纪之后，当大多数中国菜系不再将花椒作为常用调料时，四川人却始终执着地将花椒用于烹饪。花椒那种独特的麻味，最后与新传入的辣椒一起，终于创造出当今川菜最独特的味道——麻辣。

**4.“川菜血液”——红油**

“丽质天成、色泽红亮、油质清澈、香辣扑鼻”的川式红油，是以四川的朝天椒加植物油、其他香料（如花椒、八角、三奈、葱、蒜、姜、糖）用慢火精熬而成。好的红油是成就美味凉拌菜和蘸水的第一步，可以说多数川味小吃都离不开红油，如素面、甜水面、钟水饺、龙抄手、夫妻肺片、红油兔丁，等等，红油更是重庆小面、宜宾燃面的关键。红油属于复合香型的调料，里面包含有煳香、酥香和脂香。

## 二、川酒

四川是中国白酒最重要的产销地之一。数据显示，四川白酒产量、主营业务收入和实现利税接近全国比重的三分之一，四川原酒在全国原酒市场占比曾达到 60% 以上。2017 年，四川白酒产业实现白酒产量 436 万千升，规模以上酒企实现营业收入 2470 亿元，利润 290 亿元。

川酒中，最有名的“六朵金花”：五粮液、泸州老窖、郎酒、沱牌曲酒、全兴大曲、剑南春。巧合的是，把“六朵金花”所处的地理位置连接起来，正好是一个酒瓶的形状。

### （一）五粮液

大曲浓香型白酒，产于四川省宜宾市，用小麦、大米、玉米、高粱、糯米 5 种粮食发酵酿制而成，在中国浓香型酒中独树一帜（见图 3–8–17）。宋代宜宾姚氏家族私坊酿制，采用大豆、大米、高粱、糯米、荞子五种粮食酿造的“姚子雪曲”是五粮液最成熟的雏形。公元 1368 年，宜宾人陈氏继承了姚氏产业，总结出陈氏秘方，时称“杂粮酒”，后由晚清举人杨惠泉改名为“五粮液”。现在五粮液由宜宾五粮液集团有限公司酿制。

### （二）泸州老窖

传统名酒，其酿造始于 1573 年，钟天地之灵气，聚日月之精华，贯华夏之慧根，酿人间之琼浆。其施曲蒸酿，贮存醇化之工艺，不仅开中国浓香型白酒之先河，更是中国酿酒历史文化的丰碑。泸州老窖特曲酒，作为浓香型大曲酒的典型代表，以“醇香浓郁，清洌甘爽，饮后尤香，回味悠长”的独特风格闻名于世（见图 3–8–18）。1915 年，其曾获巴拿马国际博览会金质奖，且历届国家评酒均获“国家名酒”的称号。

### （三）郎酒

使用古蔺县二郎滩郎泉之水酿制，因此得名，一个拥有百年历史的中国白酒知名品牌，是我国名酒园中的一株新秀，郎酒和茅台并称为中国两大酱香型白酒。1979 年被评为全国优质酒；1984 年，在第四届全国名酒评比中，郎酒以“酱香浓郁，醇厚净爽，幽雅细腻，回甜味长”的独特香型和风味而闻名全国，首次荣获全国名酒的桂冠，并获金奖（见图 3–8–19）。

图 3–8–17　五粮液

图 3–8–18　泸州老窖

图 3–8–19　郎酒

## （四）沱牌曲酒

产于有“观音故里，诗酒之乡”美称的四川省遂宁市射洪县沱牌镇。在全国首开“生态酿酒”先河，建有全国首座生态酿酒工业园，以“生态循环、绿色环保”著称于中国白酒行业。产品包括沱牌系列酒和舍得系列酒（见图 3–8–20）。

## （五）全兴大曲

产于成都全兴酒厂，前身是成都府大曲，具有酒香醇甜、爽口尾净等特点。全兴大曲选用优质高粱为原料，以小麦制成中温大曲，采用传统老窖分层堆糟法工艺，经陈年老窖发酵酿成。全兴大曲为系浓香型大曲酒，分 38 度、52 度、60 度三种酒度（见图 3–8–21）。

## （六）剑南春

产于四川省绵竹市，因绵竹在唐代属剑南道，故称“剑南春”。绵竹市素有“酒乡”之称，绵竹市因产竹、产酒而得名。早在唐代就闻名遐迩的名酒——“剑南烧春”，相传李白为喝此美酒曾在这里把皮袄卖掉买酒痛饮，留下“士解金貂”“解貂赎酒”的佳话。北宋苏轼称赞这种蜜酒“三日开瓮香满域”“甘露微浊醍醐清”，其酒之吸引人可见一斑（见图 3–8–22）。

图 3-8-20 沱牌曲酒

图 3-8-21 全兴大曲

图 3-8-22 剑南春

## 三、四川传统饮食习俗

四川物产丰富，人杰地灵，为其形成独具特色的饮食文化奠定了基础。四川民风绚丽多姿，幽默的方言，独特的茶馆，可口的川菜和小吃，丰富多彩的节庆，腔调优美的川剧，以及广泛流传的曲艺、杂耍和令人叹为观止的工艺。四川有其独特的饮食习俗，主要有以下几类。

### （一）盖碗茶

盖碗茶流行于四川各地，形成了四川人独特的饮茶习俗。盖碗由茶盖、茶碗、茶托三件组成。多为瓷器，茶托也有金属制成的。茶托下中有一圆形凹坑，茶碗圈足刚好放入其中。当茶客在茶馆坐定后，喊一声“泡茶”，掺茶的师傅便会应声而至，一手提开水壶，一手夹一摞茶具来到桌前。只见他一挥手，茶托子满桌开花，放在客人面前。接着，把装好茶叶的茶碗一一放在茶托上，左手扣住茶盖，右手提壶嘴一翘，卤上滴水不洒。“吧嗒”一声，茶盖翻过去将碗盖住。茶盖讲究盖而不严，既可保温，又能透气，并可用来搅动碗中茶水，调匀茶味。而且隔着茶盖品茶，可免茶叶入口，既科学又艺术。该习俗已经成为四川茶文化的象征。

### （二）九大碗

九大碗流行于四川民间各地至今。民间凡遇婚娶、新居落成、小儿诞生、老人寿辰等喜事，都要办一顿丰盛的酒席。旧时，除猪肉外，或鸡或羊必上满九碗，故称。后来发展演变为上九道菜，依次顺序为：一、干盘菜；二、凉菜；

三、炒菜；四、镶碗；五、墩子；六、膀；七、烧白；八、鸡或鸭；九、汤菜。

## （三）滤米饭

滤米饭是四川人喜爱的煮饭方式。将米淘洗后放入锅中，加水煮至半熟，连汤舀入筲箕中过滤。将半熟的米饭倒入铁锅中，加少许水。以微火慢慢烘熟。或将半熟的米饭倒入木甑中上盖，放入铁锅中加水蒸熟。

## （四）鸣堂

鸣堂是四川餐馆的一种辅餐侍席世术，分为空店鸣堂和侍席鸣堂两类。前者是在店内无顾客时，幺师站在店堂门前，对街上往来过客吆喝着介绍店内设施、技术、菜目等。后者是从顾客进店门开始，将客人视为“上帝”，自己充当待从，围绕吃喝而开展的一系列辅餐工作的鸣堂。

## （五）火锅

火锅是四川非常流行的一种餐饮形式，其历史悠久。商朝时即具雏形，称“纳福”，后经历代演变，至三国时称“五熟釜”，宋朝时称“拨霞供”，清朝定名“火锅”。由于地域差别，食俗异样，火锅呈现出不同的风格流派。主要有北方的涮羊肉火锅、四川的川味火锅和广东的“打边炉”等。

在麻辣火锅起源上，存在泸州小米滩、自贡盐场和重庆江北船工（当时四川重庆同属一省）三种说法。火锅不仅是美食，而且蕴含着饮食文化的内涵，为人们品尝倍添雅趣。吃火锅时，男女老少、亲朋好友围着热气腾腾的火锅，把臂共话，温情荡漾，洋溢着热烈融洽的气氛，适合了“大团圆”这一中国传统文化。

因其融汇了的精华要素，很快普及全川并迅速风靡海内外，成为人们的一种餐饮形式。客人将备好的各种荤、蔬菜、豆制品类食品以及海鲜等放在带佐料的沸水的锅中现烫现吃。火锅的菜品种类繁多，几乎无所不包。一般常用的荤菜有新鲜的毛肚（牛百叶）、黄喉、鸭肠、鱼片、肉片、腰片、肝片、鱼、泥鳅、香肠、腊肉等；常用的蔬菜有香菇、菜花、金针菇、黑木耳、藕、土豆、青笋、菠菜、白菜、蒜叶等；豆制品类食品有豆腐、豆腐皮、豆芽。除此以外还有粉丝、凤爪、海白菜、海带、蟹、虾、鱿鱼、鸭血、脑花、墨鱼等。川味火锅的调料一般是香油、蒜泥、味精、精盐等，还可根据个人爱好加入蚝油、醋、鸡蛋清等，也可加花椒粉、辣椒粉等。

川味火锅的经营方式有自助餐和点菜两种。自助餐是固定每位客人的用餐价格，菜品除海鲜等贵重菜限量外，其余各取所需不限量。点菜是按菜单选菜，按单进行结算。一个火锅厅可两种方式同时经营，由客人自行选定。

## 四、四川少数民族餐饮文化

四川省为多民族聚居地，有 55 个少数民族，主要是彝族、藏族、羌族、苗族、回族、蒙古族等，他们大都居住在川西，由于自然环境不同，人们生产活动、生活方式、宗教信仰、风俗习惯的差异，孕育着独特的饮食文化。

### （一）彝族饮食文化

彝族是四川境内人数最多的少数民族，主要聚居在大小凉山与安宁河流域。彝族是个好客的民族，是个好饮但痛恨酗酒的民族，彝族人最爱用的调味料有：辣椒、姜、花椒、盐等。彝族菜的特色是鲜、嫩、脆、香、既有油香味、又不油嘴不腻心，味美无穷。彝族菜以肉食为主，菜中必不可少的就是辣味，代表菜有坨坨肉（见图 3-8-23）、辣子鸡汤、圆根酸菜汤、面糊酸菜肉、连渣菜等。彝族人能歌善舞，热情豪爽，而且喜欢大口吃肉大口喝酒，无论时间地域如何变化，一个民族骨子里的特性是绝对不会改变的。不仅如此，彝族餐馆的布置和餐具都还使用具有彝族特色的漆器和饰物，尽显民族文化特色。

图 3-8-23 坨坨肉

【知识链接】

## 彝族烤茶

彝族主要居住在四川、云南、贵州、广西等省区，彝族同胞亦称茶为“拉”，是最早发现和利用茶的民族之一。据四川凉山彝文《茶经》记载：“彝人社会初始，已在锅中烤制茶叶。”在日常饮食生活中，彝族总是将茶放在酒和肉之先，形成了“一茶二酒三肉”的饮食文化的特色。

彝族饮茶，饮用方法有两种：一是喝烤茶，一是喝清茶。喝烤茶时，先选用一个土陶罐，也有用铜制作的，拳头大小，肚微突，有护手。先将茶罐在火塘上烤热，然后放上适量绿茶焙烤，边焙边翻动茶罐，使茶焙烤均匀，待茶叶色转黄，发出缕缕焦香时，冲入热水至8分罐满，沸腾2~3分钟后，将茶渣滤去，茶水倒入预先置有盐、炒米、核桃、芝麻等佐料的木质或铜质茶碗中即成。烤茶的特点是茶食合一，看起来色如琥珀，尝起来滋味酽甘，闻起来浓香扑鼻。

### （二）藏族饮食文化

四川省是中国第二大藏族居住区。藏族主要居住在甘孜、阿坝州和凉山州的木里藏族自治县等高原地区。藏族是一个以快乐性情和轻松节奏面对人生的愉快祥和的民族，大部分从事畜牧业，少数从事农业。牲畜主要有藏系绵羊、山羊、牦牛等。农作物有青稞、豌豆、荞麦、蚕豆、小麦等。大部分藏族日食三餐，一般以糌粑为主食，糌粑被誉称为藏族的“方便面”。四川一些地区的藏族还常食“足玛”（俗称人参果）“炸裸子”以及用小麦、青稞去麸和牛肉、牛骨入锅熬成的粥。副食以牛、羊肉为主，猪肉次之，食用牛、羊肉讲究新鲜。民间吃肉时不用筷子，而是用刀子割食。藏族喜饮奶、酥油茶及青稞酒。藏族民众普遍信奉藏传佛教，藏历年“洛萨节”（汉族新年）是最大的节日，届时，家家都要用酥油炸裸子，酿青稞酒。初一，年迈长者先起床从外边打回第一桶“吉祥水”；合家人按长幼排座，边吃食品边相互祝福；长辈先逐次祝大家“扎西德勒”（吉祥如意），晚辈回敬“扎西德勒彭松错”（吉祥如意，功德圆满）；之后，吃酥油熟人参果，并互敬青稞酒，吃饭讲究食不满口，嚼不出声，喝不作响，拣食不越盘。

【知识链接】

### 糌粑

糌粑是藏族牧民传统主食之一。“糌粑”是炒面的藏语译音，它是藏族人民天天必吃的主食，在藏族同胞家做客，主人一定会给你双手端来喷香的奶茶和青稞炒面，金黄的酥油和奶黄的“曲拉”（干酪素）、糖叠叠层层摆满桌（见图 3-8-24）。糌粑是将青稞洗净、晾干、炒熟后磨成的面粉，食用时用少量的酥油茶、奶渣、糖等搅拌均匀，用手捏成团即可。它不仅便于食用，营养丰富、热量高，很适合充饥御寒，还便于携带和储藏。

图 3-8-24　酥油糌粑

**（三）羌族饮食文化**

四川省是羌族唯一的居住区，主要居住在岷江上游的茂县、汶川、黑水、松潘、北川等地。羌族自称“尔玛”，意为“本地人”，被称为“云朵上的民族”，其族源可溯至三千多年前的左羌人。

羌族无本民族文字，但有自己的语言，通用汉文。羌族人的主要食物有玉米、小麦、青稞、胡豆、荞麦、雅南猪、山羊等；还有圆根萝卜、白菜、辣椒、莲花白等蔬菜。喜欢吃羊肉汤、腊肉、风酱肉、洋芋糍粑和自制的泡菜等。

## 【扫码阅读】

### 羌族十三花

羌族长期以来形成的各类喜庆宴席模式，根据家庭经济状况和原材料拥有的具体情况决定其档次和形式。凡修房造屋、婚丧寿庆，席桌上的配菜、盘、碗都有规定，下酒菜、下饭菜大体分开，其形式多为“十三花”（即十三个菜），下酒菜“十三花”，即以腊肉为主的五荤干盘子加核桃花、豆腐干、野生菜菌为主的四素，另加三个炒菜、一个工艺性品碗。

下饭菜“十三花”，即最简单也不低于四荤，好一点的就以全鸡、全鱼、全肘、烧白、龙眼、甜肉等六至八个荤菜，其余以比较名贵的野菜、野菌配足“十三花”。

上菜、开席、撤席均有规矩，违者视为对客人不敬。开席时辰一到，支客司宣布上菜，先上堂屋正中一桌带品碗的“十三花”即可，主人开始敬神、鸣炮、烧香、招呼祖老先人就位，然后将品碗回笼。待各席桌上摆好九个干盘子、餐具等，支客司向众亲友宣布设宴目的，并按客人的不同身份（辈分）的高低按上下左右顺序入席就餐、鸣炮。

每桌由支客司安排一名主方客人坐正面右侧下角陪客斟酒，待客人全部入座后，随之上炒菜三盘；待酒过三巡，上品碗、鸣炮，支客司代表主家向客人致辞，并由主人分别向客人敬酒，边敬酒边唱酒歌，敬酒完毕，便将菜盘全部收捡，再上下饭菜“十三花”，不断向客人劝菜，直至客人酒足饭饱；待所有客人全部下席后，方可撤席。

## 【前沿资讯1】

2018 中国火锅餐饮集团 20 强（摘自中国餐饮 2018 报告）如下表所示。

表 3-8-1 2018 中国火锅餐饮集团 20 强

| 序号 | 企业名称 |
|---|---|
| 1 | 四川海底捞餐饮股份有限公司 |
| 2 | 呷哺呷哺餐饮管理有限公司 |
| 3 | 成都小龙坎餐饮管理有限公司 |
| 4 | 北京黄记煌餐饮管理有限责任公司 |
| 5 | 重庆德庄实业（集团）有限公司 |
| 6 | 内蒙古小尾羊餐饮连锁有限公司 |
| 7 | 重庆刘一手餐饮管理有限公司 |
| 8 | 四川香天下餐饮管理有限公司 |
| 9 | 重庆鲁西肥牛餐饮文化发展有限公司 |
| 10 | 巴奴毛肚火锅 |
| 11 | 北京新辣道餐饮管理有限公司 |
| 12 | 上海龙辉餐饮管理有限公司 |
| 13 | 北京东来顺集团有限责任公司 |
| 14 | 浙江凯旋门澳门豆捞控股集团有限公司 |
| 15 | 上海傣妹餐饮管理有限公司 |
| 16 | 重庆五斗米饮食文化有限公司 |
| 17 | 成都大龙燚餐饮管理有限公司 |
| 18 | 重庆朝天门餐饮控股集团有限公司 |
| 19 | 成都蜀大侠餐饮管理有限公司 |
| 20 | 名都晓荷塘主题火锅 |

## 【前沿资讯2】

### 四川海底捞火锅的超常服务（来自客人的评价）

（1）他家的服务是真的好，一次我老板踢完球去吃海底捞，服务员看到我老板扭伤了，就拿了瓶红花油给他，走的时候服务员还追出来把那瓶红花油叫我老板带回家用。瞬间我老板那个感动啊。

（2）去年我爸在北京住院，中午我跟朋友出去吃海底捞，吃完把剩余的菜打包后，想装点调料走，服务员说调料不可以打包的，那我想想就算了，没想到过了会儿，她拿了一杯封好的调料给我，当时我也没觉得什么。上洗手间路过总台，看那个服务员从自己身上掏了10块钱给收银，我就觉得奇怪，问收银干吗，对方居然说是服务员自己掏钱买的调料给我！当时我真的不知道该说什么好了。这种服务，那叫一个绝！

（3）海底捞的服务无敌了！今天救天井小猫被蚊子咬了好多包！结果海底捞服务员居然跑到马路对面买了风油精送给我，下面的是止痒药也是服务员一起买来给我的，因为药店的人说那个止痒效果比风油精好。

（4）人类真的已经无法阻止海底捞了。周六去火锅，朋友不小心把丝袜给挂了，她饭后还有第二轮，正郁闷得不得了，居然结账时服务员递上了全新的丝袜！还是3双！我一下就怔住了，此时那位服务员小妹妹微笑着对我们说，所有海底捞都常年订有丝袜和棉袜，随时给袜子挂坏或者弄脏了的客人更换。

（5）点名表扬海底捞送餐员冯波同志，顶着寒风为十人送来丰盛晚餐，并餐布，插线板，垃圾筒，电磁炉一应俱全。来后发现餐点不够，主动要去超市买菜，回来后洗菜，切菜。竟然做到这个地步了！怎么我们家就没有海底捞呢？

（6）在海底捞发现服务员帮顾客代练游戏，地球已经抵挡不住海底捞了……

（7）昨天在海底捞，无意中跟朋友抱怨京东抢的奈良美智大画册怎么还没到货，结果服务员结账的时候问了我京东会员账户，今天一早三本大画册都送来了！

## 【思考与练习】

**一、单项选择**

1.（　　）时，川菜发展成独立菜系并达到高峰，这一时期，川菜成为一个在全国具有影响力的菜系，开始向巴蜀之外传递川菜文化。

A. 明末　　B. 晚清后期　　C. 两宋　　D. 魏晋

2. 具有“纯正平和、原汁原味、脆嫩滑爽、清香淡雅”的菜味特色的是（　　）。

A. 苏菜　　B. 粤菜　　C. 鲁菜　　D. 闽菜

3. 含糖量为1%、2%~5%的葡萄酒，属于（　　）。

A. 甜型葡萄酒　　B. 半甜型葡萄酒　　C. 半干型葡萄酒　　D. 干型葡萄酒

4. 西餐肉类菜肴“表面焦黄，外层呈粉红色，中心为红色，装盘不见血，但切开后断面有血流出。”成熟度表示为（　　）。

A. MR　　B. M　　C. MW　　D. WD

5. 被称为“葡萄酒之女王”的是（　　）。

A. 香槟地区，采用特定的葡萄品种和生产方法生产的起泡酒

B. 法国勃艮地出产的白葡萄酒

C. 在酿制白葡萄酒中浸入紫葡萄皮，酒液呈玫瑰红色的葡萄酒

D. 法国波尔多地区（Bordeaux）生产的红葡萄

**二、判断题**

1. 素菜指的是佛教寺庙中的不用鸡蛋和葱蒜等“五荤”的寺院素菜。（　　）

2. 川菜的独特风味，享有“一菜一味，百菜百味”的美誉。（　　）

3. 法式菜肴烹制注重用相应的酒调味，如火鸡用红葡萄酒、野味用香槟酒。（　　）

4. 白兰地主要用做餐后酒，饮用时一般不掺任何其他饮料。（　　）

5. 俄式高档宴会少不了鱼子酱（Caviar），分为红鱼子和黑鱼子。红鱼子比黑鱼子更为名贵。（　　）

**三、多项选择题**

1. 茅台酒的酒度分别为（　　）。

A. 53%（v/v）　B. 38%（v/v）　C. 60%（v/v）　D. 43%（v/v）　E. 33%（v/v）

2. 下列关于酒的描述正确的是（　　）。

A 酒的重要成分是醇

B 在国际酿酒业中，酒度在温度为 25 摄氏度下测试

C 酒具有医药的功能

D 发酵只能使酒精含量达到 15%（v/v）

3. 中国四大菜系有（　　）。

A. 川菜　　B. 鲁菜　　C. 粤菜　　D. 淮扬菜　　E. 徽菜

4. 川菜中的三香是指（　　）。

A. 花椒　　B. 葱　　C. 姜　　D. 蒜

5. 徽菜的三重指的是（　　）。

A. 重味　　B. 重油　　C. 重色　　D. 重火功

**四、拓展活动**

活动——发现当地特色饮食

活动目的：发现地方特色饮食，学会推销

活动形式：走访、网络了解

学习任务：

1. 收集所在地的特色饮食、习俗、沿革

2. 形成调查报告

3. 在班上展示

# 单元九　提供周到的餐饮服务

熟练地掌握餐饮服务基本技能是做好服务工作、提高服务质量的基本条件。服务人员要努力学习餐饮基本理论知识，熟练掌握过硬的餐饮服务基本技能，做到在操作规范化、程序化和标准化的基础上，提供周到、优质的个性化服务。

## 【学习目标】

### 1. 知识目标

（1）掌握餐饮技能的操作要领和方法及中餐零点、火锅服务程序和方法。

（2）掌握中餐宴会服务程序，并能进行宴会预订和设计。

（3）掌握西式早餐、正餐、自助餐的服务程序和方法。

（4）掌握西餐宴会和咖啡厅设计布局、服务程序和方法。

### 2. 能力目标

（1）能根据餐饮服务方法及要领完成中餐、西餐、自助餐服务。

（2）能根据设计基本要求完成简单餐会设计。

### 3. 素质目标

（1）培养良好的审美意识、团队合作意识。

（2）树立“热情友好，宾客至上”的服务理念。

# 项目一　餐饮服务基本技能

## 任务一　托盘

### 【课前活动】

活动主题：调研现在星级饭店餐饮、社会餐饮主要使用的托盘材质、形状、大小、用途有哪些？

活动步骤：

1. 查找、走访周边的星级饭店和社会餐饮
2. 了解饭店餐饮、社会餐饮使用的托盘材质、形状、大小、用途
3. 用 PPT 方式分小组展示活动成果

### 【学习内容】

托盘是餐厅餐前摆台准备、餐间菜点酒水服务、餐后收台整理时运送各种物品的一种基本服务工具。正确有效地使用托盘是每一位餐厅服务人员在工作中必须掌握的基本操作技能。

### 一、托盘的种类及其用途

#### （一）按材质分类（见表 3-9-1）

表 3-9-1　托盘按材质分类

| 序号 | 类别 | 特点及用途 |
|---|---|---|
| 1 | 木质托盘 | 具有隔热特点，在特色餐厅用于撤换餐具、酒具、菜品托送等服务 |
| 2 | 金属托盘 | 由不锈钢、银、铜等材料加工而成。具有坚固耐用、使用寿命长、易于维护和适用广泛等特点。不锈钢托盘一般用于菜品运送及厨房菜品配制；镀银、镀铜托盘主要用于小件物品、账单及贵重物品的运送 |
| 3 | 塑胶防滑托盘 | 由碳、氢、氧、氮及其他有机或无机元素所构成。具有防滑性好、卫生洁净、质轻、耐酸碱、易于护理等特点。主要用于餐厅服务中的餐具托送、撤换餐具、酒具、菜品托送等服务 |

### （二）按大小分类（见表 3-9-2）

表 3-9-2　托盘按大小分类

| 序号 | 类别 | 特点及用途 |
|---|---|---|
| 1 | 大型托盘 | 圆形托盘直径大于 45 厘米，长方形托盘长边边长大于 50 厘米，主要用于托运较重的菜品、酒水和盘碟等物品 |
| 2 | 中型托盘 | 直径在 40 厘米左右，主要用于摆台、撤换餐酒具、斟倒酒水、托送饮料等 |
| 3 | 小型托盘 | 直径小于 30 厘米，通常用于递送餐桌上的小器皿及账单、贵重物品 |

## 二、托盘的操作方法

在使用过程中，要求动作娴熟，姿态大方，运用自如。根据所托物品的重量，托盘分为轻托（胸前托）、重托（肩上托）两种方式。

### （一）轻托

轻托主要用于托送较轻的物品和对客服务，所托重量一般在 5 公斤左右。又名“胸前托”，一般在客人面前操作，操作时要求动作熟练、优雅和平稳（见表 3-9-3）。

表 3-9-3　轻托

| 序号 | 操作流程 | 操作标准及要求 |
|---|---|---|
| 1 | 理盘 | 1. 准备托盘<br>2. 在盘内垫上干净的餐巾或专用的托盘垫布，起到整洁美观并防止盘内物品滑动的作用 |
| 2 | 装盘 | 1. 根据物品的形状、体积、重量和使用的先后顺序合理装盘。一般是重物、高物放在托盘里档，轻物、低物放在外档；先用的物品在上、在前；后用的物品在下、在后<br>2. 物品之间不要过于分散，并排摆放，横竖成行，重要分布要均匀，托盘的重心在中间或稍偏里 |
| 3 | 起托 | 将托盘拉出台面 1/3，屈膝直腰；左手五指分开，掌心向上、成凹型，用大拇指指尖到指根部分和其余四指的指尖部分连成一个平面托住盘底中部，掌握好重心后，右手协助左手将盘托起 |

续表

| 序号 | 操作流程 | 操作标准及要求 |
|---|---|---|
| 4 | 行走 | 头正肩平，双眼平视前方，上身挺直，略向前倾，左手手腕要轻松灵活保持托盘平稳，右手自然摆动，脚步轻捷，步距均匀快慢适宜 |
| 6 | 落托 | 落托时，右手护盘扶托盘边缘，屈膝直腰，将托盘前端 1/3 放于台面上，然后平稳地将托盘推进去放好 |
| 7 | 卸盘 | 待托盘平稳放到工作台时，有序安全取出物品。卸盘原则：先装的物品后撤，后装的物品先撤 |

## 【知识链接】

### 托盘的“三平”“三稳”“一松”

**1. 平**

掌握好托盘的重心，做到“三平”，即盘平、双肩平、眼平视。

**2. 稳**

合理稳妥装盘，做到“三不”，即托盘平稳不晃动，行走稳健不摆动，转让灵活不碰撞，给人身稳踏实的感觉。

**3. 松**

在托盘的整个过程中，始终保持面部表情轻松，按一定的节奏走路，给人一种轻松优雅的感觉。

### （二）重托

重托是托载较重的菜点或物品，所托重量一般在 10 公斤左右，又名“肩上托”。重托须用质地坚固的材料（如塑胶或木质品）制成的长方形托盘。西餐的上菜与派菜，多用重托。重托的目的有三：一是易于运送较重的东西；二是托在肩部在运送过程中容易被客人看到，避免碰撞等事故发生，同时又能起到吸引视线、激发客人的联想、调解情趣之效；三是西餐宴会的就餐人数较为集中，派菜与切配有时使用同一托盘，同种菜点需同时分派给客人，避免客人冷场。目前国内酒店使用重托的不多，一般用小型手推车递送重物，既安全又省力。

## 【知识链接】

### 徒手端托（端盘）

徒手端托是指用手端盘碟或碗，目前西餐厅采用较多，中餐厅主要用于自助餐服务。运送方便、快速高效，既可以向客人展示菜品的精致，也可极大地引起客人的购买欲。操作时要求服务人员上身垂直，两臂自然放松，一般用左手单手端盘（端时上下臂成 90° 角），右手留空做其他工作（如在行走时随时排除前方障碍等）。

# 任务二　餐巾折花

## 【课前活动】

活动主题一：调研星级饭店餐饮、社会餐饮主要选择折叠的餐巾花类型。

活动步骤：

1. 查找、走访周边的星级饭店和社会餐饮
2. 了解饭店餐饮、社会餐饮使用的餐巾花类型
3. 用 PPT 方式分小组展示活动成果

活动主题二：将调研的餐巾花类型模仿折叠展示出来

## 【学习内容】

餐巾，英文“Napkin”，是客人用餐时的保洁方巾，又称口布、席巾；它具有防止汤汁油污弄脏衣服、标示宾主席位、装饰餐台烘托用餐气氛的作用。

## 一、餐巾的种类及特点

### （一）按质地分类

#### 1. 全棉和棉麻混纺餐巾

吸水性强、触感好、色彩丰富，但易褪色、不够挺括，每次洗涤需上浆，平均寿命4~6个月。

#### 2. 化纤餐巾

使用寿命较长，可以反复使用，价格适中，但触感和吸水性较差，且染上污渍不易洗掉。

#### 3. 维萨（visa）餐巾

色彩鲜艳丰富、挺括、方便洗涤、不褪色并且经久耐用，可用2~3年，但吸水性差、价格较高。

#### 4. 纸质餐巾

一般在快餐厅和团队餐厅里使用得较广泛，其特点是一次性使用，成本较低。

### （二）按颜色分类

#### 1. 白色餐巾

给人以洁白庄重、恬静雅致之感，可以调节人的视觉平衡，安定人的情绪。

#### 2. 彩色餐巾

分冷色和暖色两种。暖色色调柔美，令人兴奋热烈；冷色色调清新，令人平静、舒适。

【知识链接】

### 餐巾的由来

据说在15~16世纪时的英国，因为还没有剃刀，男人们都留着大胡子。在当时就餐还没有使用刀叉的情况下，手抓肉食时很容易把胡子弄得全是油，他们便扯起衣襟往嘴上擦。于是，家庭主妇就在男人的脖子上围块布巾，这就是餐巾由来的一种说法。由于这种大块的餐巾在使用时显得过于累赘，英国伦敦的一名裁缝想出了一个新主意，将原来的餐巾裁成小方块，使用时挺方便，从而逐渐形成了现在宴席上用的餐巾。

## 二、餐巾花的种类及特点

### （一）按造型外观分类

#### 1. 动物类造型

包括鱼虫鸟兽造型，如鸽子、海鸥、金鱼、蝴蝶和孔雀等，有的取其特征，形态逼真，生动活泼。

#### 2. 植物类造型

包括各种花草和果实造型，如月季、荷花、水仙、竹笋和玉米等。其造型美观，变化多样。

#### 3. 其他类造型

包括模仿自然界和日常生活中的各种形态的实物造型，如冰川、折扇、水晶鞋、花篮等。

### （二）按折叠方法与放置用具的不同分类

#### 1. 杯花

杯花是将折好的餐巾插入水杯或红葡萄酒杯中。特点是立体感强、造型逼真，但常用推折、捏和卷等复杂手法；缺点是容易污染杯具，不宜提前折叠储存，从杯中取出后即散形且褶皱感强。一般应用在中式餐台的布置中。

#### 2. 盘花

盘花是将折叠好的餐巾花直接放在餐盘中或台面上。特点是手法卫生简捷，可以提前折叠，便于储存，打开后平整，由于其简洁大方、美观实用的特点，目前被中西餐厅广泛使用。

#### 3. 环花

环花是将餐巾平整卷好或折叠成造型，套在餐巾环内。餐巾环也称为餐巾扣，有瓷制、银制、象牙、塑料、骨制等。此外，餐巾环也可用色彩鲜明、对比感较强的丝带或丝穗带代替，将餐巾卷成造型，中央系成蝴蝶结状，然后配以鲜花；餐巾环花通常放置在装饰盘或餐盘上，特点是传统、简洁和雅致。目前多应用于宴会摆台中。

## 【前沿资讯】

### 餐巾花发展趋势

（1）花型折叠趋向时间短，速度快，线条简洁明快、挺括。

（2）趋向盘花。因为杯花是用手将花插入杯中的，所以折花之前手要进行严格消毒。盘花可减少手握杯的环节，满足宾客清洁卫生的心理。同时，环花等特殊花型也受到宾客的欢迎。

## （三）餐巾花折叠技法（见表 3–9–4）

表 3–9–4　餐巾花折叠技法

| 序号 | 技法 | 操作要领及标准 | 图例 |
| --- | --- | --- | --- |
| 1 | 折叠 | 是最基本餐巾折花手法，几乎每朵花型都要用到这种方法。折叠时要求看准角度，一次叠成避免重复，否则餐巾留下折痕，影响造型挺括美观 | 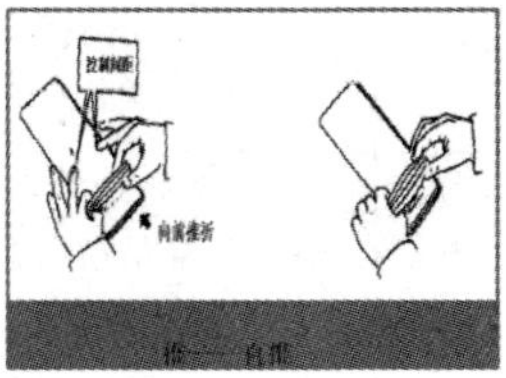 |
| 2 | 推折 | 推折是打折时运用的一种手法。将餐巾叠面折成褶裥的形状，使花形层次丰富、紧凑、美观。推折时应在干净光滑的台面或托盘背面上进行，用拇指、食指紧握折叠处，中指控制间距向前推。三个手指相互配合，要求均匀整齐，距离相等。一般应从中间分别向两边推折。分为直推和斜推两种方法，直褶两头大小一样、平等，用直推法即可。斜褶一头大一头小，形似扇状，推折时用斜推手法，用一手固定所折餐巾的中心不动，另一手按直推法围绕中心点沿圆弧形推折 | 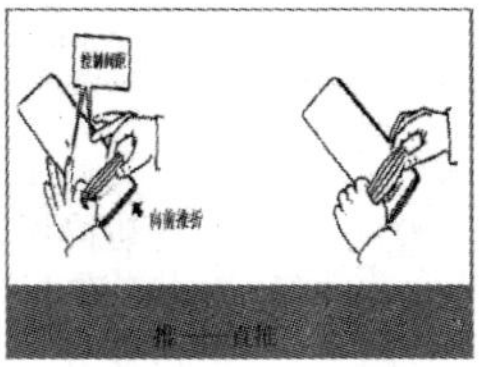 |
| 3 | 卷 | 卷是用大拇指、食指、中指三个手指相互配合，将餐巾卷成圆筒状并制出各种花型。卷分为直卷（平行卷）和螺旋卷（斜角卷）。直卷要求两手用力均匀，平行卷动，餐巾两头形状大小一样。螺旋卷要求按一定的角度大小卷。要求卷紧、卷挺，否则会因松软无力，弯曲变形而影响造型 | 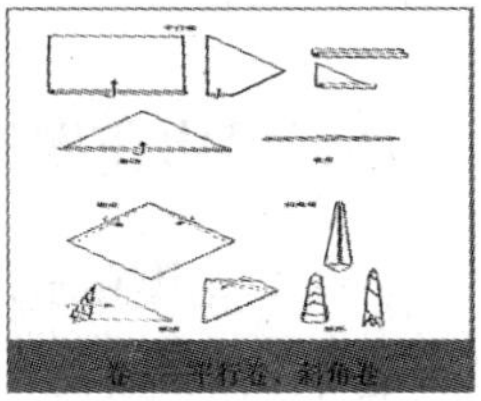 |

续表

| 序号 | 技法 | 操作要领及标准 | 图例 |
| --- | --- | --- | --- |
| 4 | 翻 | 是在折叠过程中，将餐巾折、卷后的部位翻成所需花样。翻是指将餐巾的巾角从下端翻折至上端，两侧向中间翻折，前面向后面翻折，或是将夹层里面翻到外面等，以构成花、叶、芯、翅、头颈等形状 | 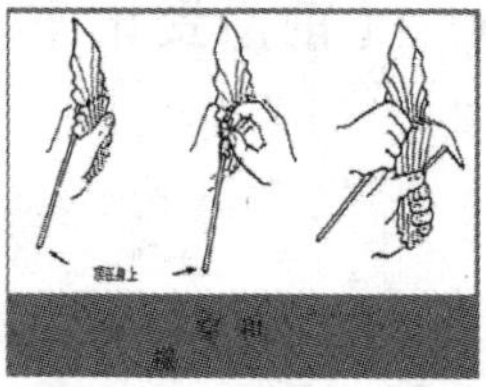 |
| 5 | 拉 | 拉是在翻的基础上，为使餐巾造型挺直而使用的一种手法，如鸟的翅膀、尾巴、头颈，花的茎叶等。通过拉的手法可使折巾的线条曲直明显，花型挺括而有生气 | 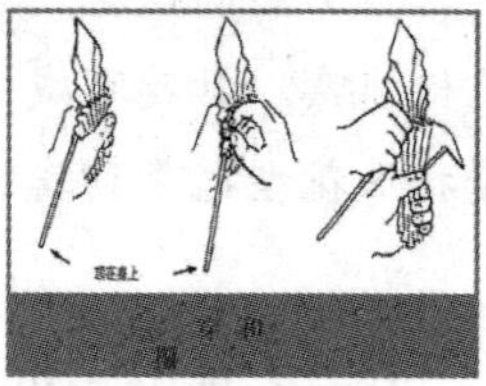 |
| 6 | 捏 | 捏主要用于折鸟的头部造型。操作时先将餐巾的一角拉挺做颈部，然后用右手大拇指、中指头捏住鸟颈的上端，食指向下将巾角尖端向里压，同时用中指与拇指将压下的巾角捏出尖嘴状，作为鸟头 |  |
| 7 | 穿 | 穿是指用工具（一般用筷子）从餐巾花的夹层折缝中边穿边收，从而形成皱。将餐巾先折好后在左手掌心内，用筷子一头穿进餐巾的褶缝里，然后用右手的大拇指和食指将筷子穿出餐巾。穿好后先将餐花插入杯子内整理，然后再把筷子抽掉，否则容易松散 | 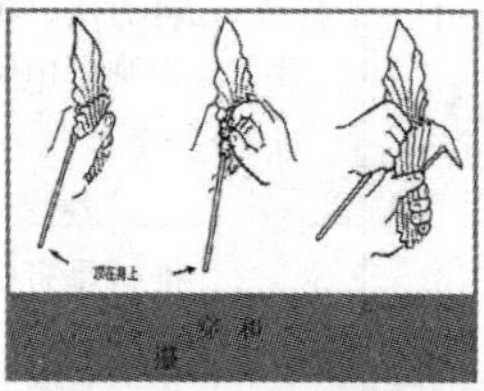 |
| 8 | 掰 | 将餐巾做好的褶用手一层一层掰出层次，掰成花蕾状，如折玫瑰花时，需要将花圈片片掰出。要求层次分明，间距均匀，掰时不要用力过大，以免松散 | 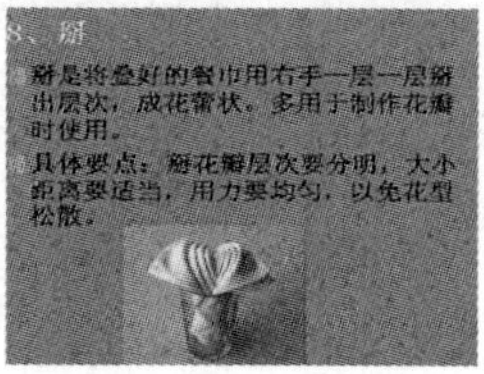 |

## 四、餐巾花摆设

### （一）花型的选择和运用

餐巾花的选择和运用，一般应根据宴会的性质、规模、规格，冷菜的名称，季节时令，来宾的宗教信仰、风俗习惯，宾主座位的安排，台面的摆设需要等多方面因素来考虑。要用与之相适应的花型，以取得协调、形状美观的效果。

（1）根据宴会的性质来选择花型。一般大型宴会可选用简单、快捷、挺括美观的花型折叠。小型宴会可以在同一桌上使用各种不同的花型，形成既多样又协调的布局。婚宴可选用百合花、玫瑰花和并蒂莲，寿宴可选用寿桃和松鹤等。

（2）根据花式冷拼选用与之相配的花型。

（3）根据时令季节选择花型。用台面上的花型反映出季节的特色，使之富有时令感。

（4）根据宾客身份、宗教信仰、风俗习惯和爱好来选择花型。如接待信仰佛教的客人时，勿叠动物造型，宜叠植物、实物类造型，信仰伊斯兰教的勿用猪的造型等。

（5）根据宾主席位的安排选择花型。宴会主人座位上的餐巾花称为主花。主花要选择美观而醒目的花型，其目的是使宴会的主位更加突出。如在接待国际友人的宴会上，可以选用和平鸽表示和平，选用花篮表示欢迎，为女宾叠孔雀表示美丽，为儿童叠小鸟表示活泼可爱，使宾主均感到亲切。

**【案例选读】**

## 宴会上的黄菊花

某大酒店要举行一盛大宴会，各国客户汇聚一堂，听取某大公司总经理关于寻找合作伙伴的讲话。会后，客人被请到了大宴会厅。每张桌上都放着一盆大绣球似的黄澄澄的菊花型折花，远远望去，甚是可爱。客人按指定的桌位一一坐定，原先拥塞的入口处在引座小姐来回穿梭的引领下，很快又恢复了常态。客人们开始了新一轮的谈话。引座小姐发觉，左边有几张桌子前仍有数名客人站着，不知是对不上号还是有别的原因，于是她走上前去了解。原来那些客人都是法国人，由于她不懂法语，只得把翻译请来，交谈后获知，法国人认为黄菊花是不吉利的，因此不肯入座。引座小姐赶紧取走折花，换上红玫瑰花束，客人脸色顿时转愁为喜，乐滋滋地坐下了，引座小姐再三请翻译转达她真切的歉意。

分析：宴会摆花是一种艺术，涉及许多美学以外的学问，特别是高档宴会，更要考虑周全，精心摆设。世界上不同民族对鲜花的好恶不尽一致。以黄菊花为例，法国人认为此花会带来晦气，所以引为一忌；而日本人却正好相反，因为在日本，黄菊花是日本皇室专用的一种贡花，它代表高贵尊严，所以在宴请日本客人时，如果在花盆中插上几枝黄菊花，效果很好。又如中日两国对待荷花的态度大相径庭，中国人普遍喜欢荷花的纯洁和高雅，而日本人却对它毫无好感。所以在餐厅摆设鲜花时定要了解各个国家、各个民族对待不同色彩、不同花种的不同情感，以免弄巧成拙，产生负面效应。

### （二）餐巾花的摆设

（1）插入杯中的餐巾花要恰当掌握深度。插时要保持花型的完整，杯内部分也应线条清晰。插花时，要慢慢顺势插入，不能乱塞或硬性塞入。塞入后，要整理一下花型。盘花则要摆正摆稳，挺立不倒。

（2）主花要摆放在主位，一般餐巾花则摆放在其他宾客席上，高低均匀，错落有致。

（3）摆放餐巾花时，要将其观赏面朝向宾客席位。适合正面观赏的餐巾花如孔雀开屏、和平鸽等，要将头部朝向宾客。适合侧面观赏的花型要选择一个最佳观赏角度摆放。

（4）不同品种的花型同桌摆放时要位置适当，将形状相似的餐巾花错开并对称摆放。一般不宜将相同造型的餐巾花摆放在一起。

（5）各餐巾之间的距离要均匀，整齐一致。餐巾花不能遮挡台上用品，不要影响服务操作。

通过对餐巾进行艺术化的加工和折叠，普通的餐巾既可以成为餐桌的点缀，也可以烘托宴会的气氛，增添宴会艺术效果，因此餐厅服务员不仅要了解每个花型的最佳观赏位置，还要掌握餐巾折花摆放的基本要求。

## 五、餐巾花实例

### （一）盘花

盘花的样式见图 3–9–1，图 3–9–2，图 3–9–3，图 3–9–4，图 3–9–5 和图 3–9–6。

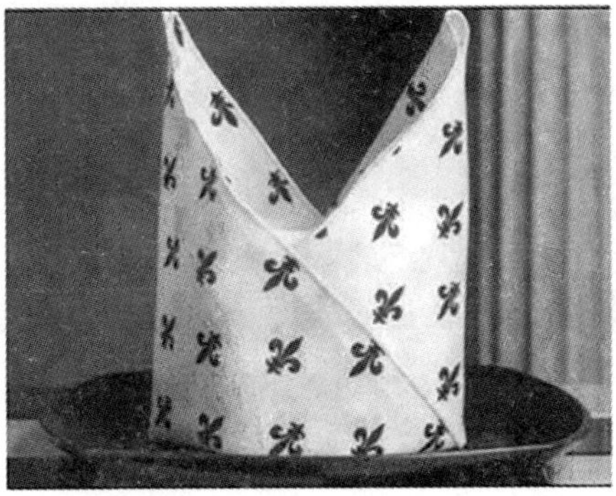

图 3–9–1　王冠

图 3–9–2　乘风破浪

图 3–9–3　一帆风顺

图 3–9–4　金元宝

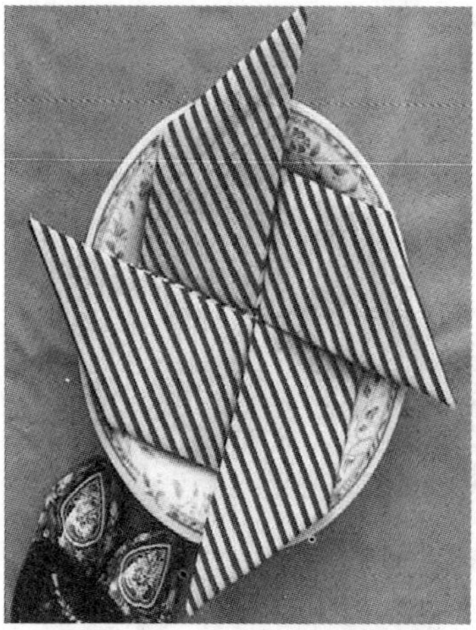

图 3-9-5 大风车

图 3-9-6 星形扇面

## （二）杯花

杯花的样式见图 3-9-7，图 3-9-8，图 3-9-9，图 3-9-10 和图 3-9-11。

图 3-9-7 金鱼

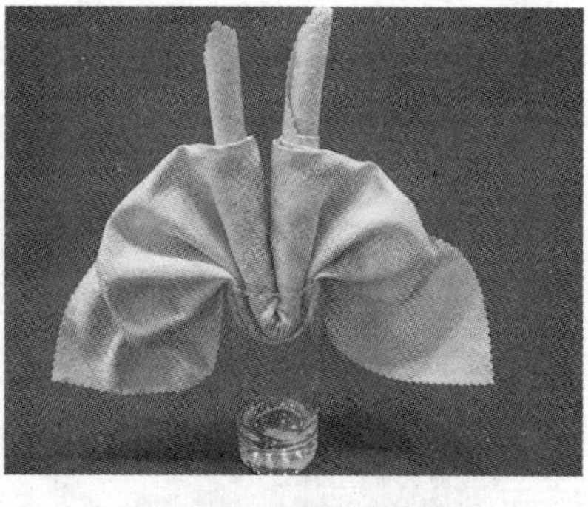

图 3-9-8 蝴蝶

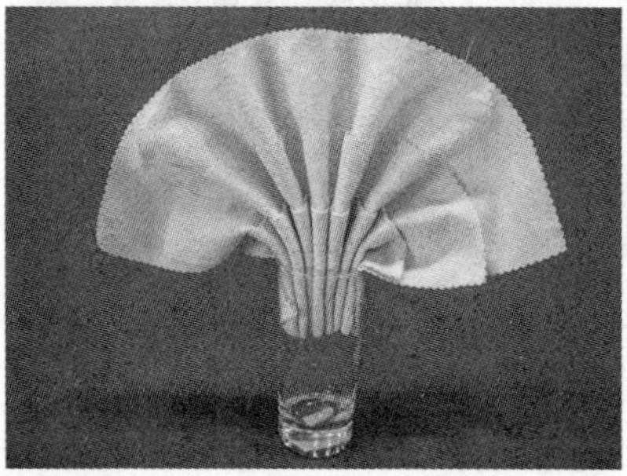

图 3-9-9 叶

图 3-9-10 鸟

图 3-9-11　慈姑叶

【知识链接】

## 餐巾折花的注意事项

（1）卫生。操作前，洗手消毒，选择好操作台和相关用具；操作过程中，不用嘴吹咬、下巴摁餐巾，放花入杯时，手指不接触杯口，不在杯口留下指纹。

（2）一次成型。餐巾折花时，要做到一次成形，避免反复，以免在餐巾上留下褶痕，影响餐巾的美观。

（3）分清餐巾的正、反面。餐巾折花应在干净的托盘背面或大圆盘中进行。

（4）放花入杯时，要注意卫生，手指不能接触杯口，杯身不能留有指纹。

（5）协调、美观。同一餐台的餐巾布及花型设计要根据宴会的类型和特色而定，注意和谐，同时应考虑到客人的禁忌和喜好。

# 任务三　摆台

【课前活动】

活动主题：调研现在星级饭店餐饮、社会餐饮的摆台形式。

活动步骤：

1. 查找、走访周边的星级饭店和社会餐饮

2. 了解饭店餐饮、社会餐饮摆台的形式

3. 用 PPT 方式分小组展示活动成果

## 【学习内容】

摆台主要是餐桌席位的安排和台面的摆设。摆台技术是餐厅服务员必须掌握的一项基本技能，也是宴会设计的重要内容。摆设一桌造型美观的台面，不仅能为客人就餐增添舒适高雅的气氛，而且能给客人以赏心悦目的艺术享受，给宴会增添喜庆隆重的气氛。摆台分中餐摆台和西餐摆台两大类。

## 一、中餐摆台

中餐摆台根据服务对象不同，分为中餐零点摆台和中餐宴会摆台。无论哪种类型的摆台，都应做到餐台摆放合理、符合传统习惯；餐具卫生、摆设配套齐全、规格整齐一致，既方便用餐，又利于席间服务，同时富有美感。

### （一）中餐零点摆台

中餐便餐有两种形式，一种是包餐，一种是零点。包餐标准固定、餐桌固定，一般是 10 人一桌，座位无主次之分。零点则不固定座次，由客人任选座位，入座后按菜单点菜（见表 3–9–5）。

表 3–9–5　中餐零点摆台

| 操作步骤 | 操作要领 |
|---|---|
| 合理布局 | 1. 中餐厅主要任务是接待散客，特点是客人到餐厅的时间不一、人数不定，所以要求准备不同人数的餐台以满足要求<br>2. 一般小桌可以靠边摆放，供 5 ~ 6 人用餐的中等圆桌摆放在餐厅中间，大桌放在靠里的角落或靠边不打扰其他客人处<br>3. 餐厅可以采用绿色植物、地面抬高或栏杆等方法分割不同的服务区域，每个区域餐位数大致相同，并配工作台，方便服务员操作 |
| 摆放桌椅 | 餐桌腿正对门的方向，椅子整齐有序，大桌三三两两，椅背对齐，成行的桌子和椅子排列整齐 |
| 铺台布 | 站在主人位，拉开餐椅，打开台布，正面朝上，一次到位，台布凸缝向上，台面平整，从主位指向副主位，四角下垂均等 |
| 放转盘 | 大台面需要配置转盘，方便客人取菜。转台位置要求居中，轻拿轻放 |

续表

| 操作步骤 | 操作要领 |
| --- | --- |
| 摆放餐具 | 1. 早餐摆台：中式早餐摆台比较简单，一般是将骨碟摆在座位正中，距桌边约1厘米，汤碗或小饭碗摆在骨碟左侧，筷子摆在骨碟的右侧，汤勺摆在汤碗内，匀把朝向同一方向<br>2. 午、晚餐摆台：午、晚餐摆台与早餐摆台基本相同，只是在餐碟前面加放一个水杯，将叠好的餐巾花摆在餐碟内或插放在水杯中。摆放时，要求桌面上各种餐具、用具摆放有条理，整齐、一致、美观大方 |

## 【知识链接】

### 中餐摆台小贴士

**1. 准备工作**

（1）仪表仪容。着装规范，面容整洁，发型符合酒店要求；精神饱满，面带微笑；站姿规范，动作大方。保持个人卫生，手、指甲干净，并要消毒。

（2）物品准备。根据需要准备需用物品的数量，注意用具要保证有一定的周转量。按照物品铺设或摆放的先后顺序、高低和使用方便性进行整理摆放。要求餐具和酒具洁净无残缺、无破损；布件洁净，不得有损坏和褶。

**2. 餐具拿取规范与要求**

（1）使用托盘。所有餐用具一律使用托盘拿取。

（2）注意顺序。所有餐用具均从主人位开始顺时针摆放。

（3）讲究卫生。摆放餐具遵循“一步到位”的原则。拿取杯具时手握杯柄；拿取金属器皿时，拿柄部及边沿；拿取瓷器时，尽量避免手指与边口的接触，减少污染。如果餐具不慎落地，需经清洗、消毒后，才可继续使用。

## （二）中餐宴会摆台

### 1. 中餐宴会席位安排

中餐席位安排是根据宴会性质、主办单位和主人的要求，按出席宴会的客人身份来确定的。席位安排要点：符合礼仪规格、尊重风俗习惯、便于席间服务。一般按照十人宴会席位安排，主人位于正对门的方向，副主人相对面坐，主人右侧为第一主宾，主人左侧为第二主宾，副主人右侧为第三主宾，副主人左侧为第四主宾，按先右后左依次安排。也有另一种安排方法：主人右侧为第一主宾，左侧为第三主宾；副主人右侧为第二主宾，左侧为第四主宾，依次安排（见图 3–9–11）。

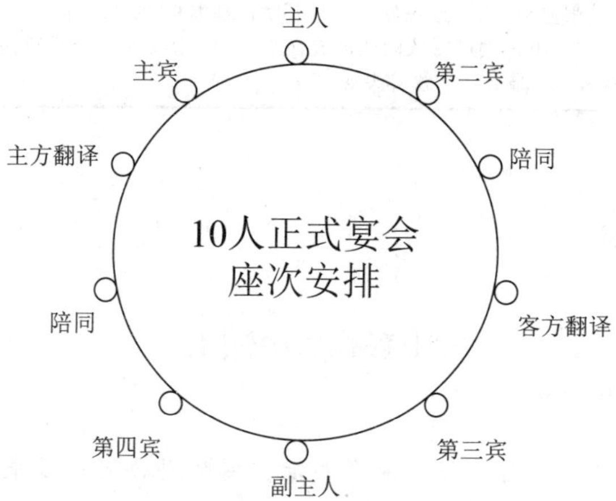


**图 3–9–11 座次图**

### 2. 中餐宴会摆台操作要领

中餐宴会摆台操作要领见表 3–9–6，中餐宴会摆台图见图 3–9–12。

**表 3–9–6 中餐宴会摆台操作要领**

| 操作程序 | 操作要领 |
| --- | --- |
| 铺装饰布、台布 | 拉开主人位餐椅，在主人位铺装饰布、台布；装饰布平铺在餐桌上，正面朝上，台面平整；台布铺在垫布上，正面朝上；定位准确，中心线凸缝向上，且对准正副主人位；台面平整；台布四周下垂均等 |
| 餐碟定位 | 从主人位开始一次性定位摆放餐碟，餐碟边沿距桌边 1.5 厘米；每个餐碟之间的间隔要相等；相对的餐碟与餐桌中心点三点成一直线；操作要轻松、规范、手法卫生 |
| 摆放汤碗、汤勺和味碟 | 汤碗摆放在餐碟左上方 1 厘米处，汤勺放置于汤碗中，勺把朝左，与餐碟平行，味碟摆放在餐碟右上方。汤碗与味碟之间距离的中点对准餐碟的中点，汤碗分别与味碟、餐碟间相距 1 厘米 |
| 摆放筷架、席面更、牙签、筷子 | 筷架摆在餐碟右边，其横中线与汤碗、味碟横中线在同一条直线上；筷架左侧纵向延长线与餐碟右侧相切。席面更、筷子搁摆在筷架上，筷子与对座餐碟中心线平行，筷尾的右下角距桌沿 1.5 厘米，筷套正面朝上；牙签位于席面更和筷子之间，牙签套正面朝上，底部与席面更齐平 |

续表

| 操作程序 | 操作要领 |
|---|---|
| 摆放葡萄酒杯、白酒杯、水杯 | 葡萄酒杯摆放在餐碟正上方（汤碗与味碟之间距离的中点线上）；白酒杯摆在葡萄酒杯的右侧，水杯位于葡萄酒杯左侧，杯肚间隔 1 厘米，三杯杯底中点连线成一直线，该直线与相对两个餐碟的中点连线垂直；水杯待餐巾花折好后一起摆上桌，杯花底部应整齐、美观，落杯不超过 2/3 处，水杯肚距离汤碗边 1 厘米；摆杯手法正确（手拿杯柄或中下部）、卫生 |
| 折餐巾花 | 花型种类丰富，突出正、副主人位；有头尾的动物造型应头朝右，主人位除外；巾花观赏面向客人；巾花挺拔、造型美观、款式新颖；操作手法卫生，不用口咬、下巴按、筷子穿；手不触及杯口及杯的上部 |
| 摆放公用餐具 | 公用筷架摆放在主人和副主人餐位水杯正上方，距水杯肚下沿切点 3 厘米，公勺、公筷置于公用筷架之上，勺柄、筷子尾端朝右 |
| 上花盆、桌号牌和菜单 | 花盆摆在台面正中；桌号牌摆放在花盆正前方、面对副主人位；菜单摆放在正副主人的筷子架右侧，位置一致，菜单右尾端距离桌边 1.5 厘米 |
| 拉椅让座 | 先拉第一主宾（主人位右侧第 1 位）、第二主宾（主人位左侧第 1 位）、主人位，然后按顺时针方向逐一定位，示意让座；座位中心与餐碟中心对齐，餐椅之间距离均等，餐椅座面边缘距台布下垂部分 1 厘米；让座手势正确，体现礼貌 |

图 3-9-12　中餐宴会摆台图

## 二、西餐摆台

西餐厅一般使用正方形或长方形餐台，根据餐厅的形状和规模摆放不同餐位数的餐桌，满足不同客人的就餐需要。在西餐厅，要求餐台餐具摆放合理，摆设配套齐全，规格整齐一致，既方便用餐，又利于席间服务，同时具有美感。根据就餐形式与就餐规格的不同，西餐摆台可以分为零点摆台和宴会摆台。

## （一）西餐零点餐摆台（见表 3–9–7）

表 3–9–7 西餐零点餐摆台

| 操作流程 | 操作要领及要求 |
| --- | --- |
| 摆放桌椅 | 根据餐桌和餐椅。要求餐桌的腿正对门的方向，椅子整齐有序 |
| 铺台布 | 打开台布，正面朝上，抖动手腕，抛出台布，一次到位。高级西餐厅餐台上一般有三层布草 法兰绒垫布、台布和装饰布。布件的色彩可以搭配使用 |
| 装饰盘定位 | 西餐厅摆台定位一般使用直径约 33 厘米精美的装饰盘。要求摆放均匀，盘边离桌边约 2 厘米，轻拿轻放 |
| 金属餐具与面包盘 | 左手托盘，右手操作从装饰盘的右侧开始。先放餐刀和汤勺，在上端摆放甜品叉和甜品勺，左端摆放餐叉、面包盘和黄油刀。要求轻拿轻放，餐刀离装饰盘 1 厘米，刀刃朝左，刀柄离餐桌 2 厘米，汤勺与餐刀平行；甜品叉和甜品勺平行，甜品叉叉头朝右，甜品勺勺头朝左；餐叉离桌边 2 厘米；面包盘盘心与装饰盘盘心在一横直线上；黄油刀在面包盘的右侧 |
| 玻璃器皿 | 在餐刀尖延长线上 1 厘米处摆放冰水杯，冰水杯的右上角 1 厘米处摆放红葡萄酒杯，右下角 1 厘米处摆放白葡萄酒杯，三杯杯身相距 1 厘米 |
| 餐巾折花 | 西餐厅一般以简洁的盘花或餐巾环花为主，整齐划一 |
| 公共用具 | 摆放花瓶、盐瓶、胡椒瓶 |

**【想一想】**

西餐宴会摆台所用的餐具与西餐正餐餐具比起来要多得多，比如说鱼刀、开胃品刀、开胃品叉、甜品刀、甜品叉……那在台面准备过程中我们应遵循什么样的规律呢？

## （二）西餐宴会摆台

西餐宴会摆台操作流程、操作要领及要求如表 3–9–8 所示，西餐宴会摆台示意图如图 3–9–13 所示。

表 3–9–8 西餐宴会摆台

| 操作流程 | 操作要领及要求 |
| --- | --- |
| 铺台布 | 站在正、副主人位将台布打开，用推拉式或抖铺式将台布铺好，台布的中凸线向上置于餐台的纵向中心，四周下垂均匀，拼铺时，台布的凸线方向一致，台布四边下垂均等 |
| 摆放鲜花 | 双手持鲜花，摆放时注意鲜花的观赏面，鲜花装饰应置于餐台中心且四边均等，鲜花高度距离台面不超过 30 厘米，以客人落座不遮挡视线为准 |

续表

| 操作流程 | 操作要领及要求 |
|---|---|
| 装饰盘 | 从主人位开始，手持装饰盘边沿按顺时针方向用右手摆放，盘内的店徽图案要端正。装饰盘放置于餐椅正前方，距离餐台 1.5 厘米，它起到定位的作用 |
| 主菜刀、鱼刀开胃品叉、汤匙主菜叉、鱼叉开胃品叉 | 1、主刀摆放于展示盘的右侧，与餐台边呈垂直状，刀柄距桌边 1.5 厘米，刀刃向左，与展示盘相距 1 厘米<br>2. 鱼刀放于主菜刀右侧，汤匙放于鱼刀右侧，开胃品刀放于汤匙右侧，餐具间距 1 厘米<br>3. 主菜叉放于展示盘左侧，与装饰盘相距 1 厘米，叉柄距桌边 1.5 厘米<br>4. 鱼叉放于主叉左侧，开胃品叉放于鱼叉左侧，餐具间间距 1 厘米 |
| 面包盘黄油刀甜品叉、勺 | 1、面包盘摆放在餐叉的左侧，面包盘的中心与装饰盘的中心线平行摆放，面包盘距餐叉 1 厘米<br>2. 黄油刀置于面包盘右侧 1/3 处，刀刃向左，柄端在右边<br>3. 甜品叉、甜品勺放在展示盘前方，平行摆放，甜品叉叉柄向左，距展示盘 1 厘米；甜品勺匙柄向右，距甜品叉 1 厘米 |
| 水杯红葡萄酒杯白葡萄酒杯 | 摆放时，手持水杯杯柱，手不可触摸杯口<br>1. 水杯摆在主刀的上方（杯底中心在主刀的中心线上），杯底距主刀尖 2 厘米<br>2. 红葡萄酒杯在水杯的右下方(杯底中心与水杯中心的连线与餐台边形成 45 度角)，杯壁间间距 1 厘米<br>3. 白葡萄酒杯摆放在红葡萄酒杯右下方 |
| 餐巾折花烛台盐椒瓶 | 餐巾花造型美观、挺括，突出主人位<br>1. 餐巾花置于装饰盘内<br>2. 烛台置于装饰花一侧，位于台布中骨线上，距 10 厘米，也可以摆放两个烛台，置于装饰鲜花左右两侧<br>3. 盐椒瓶分别摆放于烛台两侧，距烛台 5 厘米，分别置于中骨线两侧，左盐瓶右胡椒瓶，间距 1 厘米 |

图 3–9–13　西餐宴会摆台

# 任务四 酒水服务

## 【课前活动】

活动主题：调研现在星级饭店餐饮、社会餐饮的酒水服务形式。

活动步骤：

1. 查找、走访周边的星级饭店和社会餐饮
2. 了解饭店餐饮、社会餐饮酒水服务的形式
3. 用PPT方式分小组展示活动成果

## 【学习内容】

酒水服务是餐厅服务工作中的一项基本服务技能，由于酒水的品种繁多，饮用要求的温度、盛载的杯具和服务都不尽相同，因此应掌握中、西餐厅酒水服务技能，才能真正向客人提供优质服务。

### 一、酒水的准备

#### （一）准备杯具

餐桌上晶莹美观的各式酒杯，不仅能增添餐厅用餐的气氛，还能使酒水的特性得以更好地发挥。服务员要了解不同酒水使用的杯具、清洁卫生标准以及操作方法。如啤酒杯的容量大、杯壁厚，可较好地保持啤酒的冰镇效果；葡萄酒杯做成郁金花型，斟倒五成或七成，使酒与空气保持充分接触，让酒香更好地发挥；中国烈性酒杯容量较小，以使杯中酒更显名贵与纯正。

## 【知识链接】

### 餐厅常用杯具

| 酒杯名称 | 特点及功用 |
| --- | --- |
| 红葡萄酒杯 | 1. 搭配肉类饮用<br>2. 持杯饮用时，手不要碰到杯身，以避免手的温度影响酒的温度 |
| 白葡萄酒杯 | 1. 搭配海鲜饮用<br>2. 适合较低温度饮用。从冷藏的酒瓶中倒入酒杯时，每次倒酒要少，斟酒次数可多些 |
| 白兰地杯 | 1. 肚大口小又矮脚<br>2. 饮用时置于手掌，以手掌的温度来温酒。喝酒时先轻晃酒杯，再闻酒香，然后浅酌细品。每次饮用只倒约一盎司 |
| 香槟酒杯 | 高脚且杯身细长，略缩口 |
| 威士忌杯 | 无杯脚且杯口大，杯身厚实。可随意加冰块或加水 |
| 啤酒杯 | 口大身长，方便豪饮 |
| 烈酒杯 | 酒精浓度高，容量较小，一般为 30~60mL |

### （二）准备酒水

酒水准备工作除了根据客人的要求填写点酒单从酒吧取出酒水，还要保证酒水的温度符合要求。

#### 1. 冰镇

白葡萄酒、葡萄汽酒、玫瑰露酒、啤酒和一些软饮料最佳的饮用温度应低于室温。如啤酒的最佳饮用温度为 8℃ ~10℃，白葡萄酒的最佳饮用温度为 8℃ ~12℃，葡萄汽酒的最佳饮用温度为 6℃ ~8℃。因此，在饮用前需要对此类酒进行冰镇处理。

冰镇的方法通常有用冰块冰镇和冰箱冷藏冰镇两种。为保持较低的温度，整瓶的白葡萄酒、葡萄汽酒和玫瑰露酒主要用冰桶放冰块冰镇，连同冰桶架放在餐桌一侧。啤酒和软饮料需提前放入冰箱冷藏冰镇。另外，还可以对杯具进行降温处理，如可以将杯子冷藏或在杯中放冰块降温。此种方法主要用于鸡尾酒的调制。

#### 2. 温热

中国的黄酒和日本的清酒需要提高温度饮用才更有滋味。温热黄酒和日本清酒的方法主要是水烫法，即将黄酒或清酒倒入烫酒壶，再将烫酒壶放入蓄有开水的烫酒器内温热至60℃左右。

## 二、酒水开瓶

### （一）示瓶

示瓶是向客人展示其所点的酒水。整瓶的葡萄酒和烈性酒在开瓶前，应向主人展示酒的商标，让其验看。这样一可以避免差错，二表示对客人的尊重，三可以促进销售。

示瓶方法是站在主人座位右侧，右手握酒瓶颈部，左手持餐巾托住瓶底，使瓶身倾斜45°角，商标朝向客人，请客人验看。

### （二）酒水开瓶

酒水瓶罐的封口常见的有皇冠瓶盖、易拉环、软木瓶塞和旋转瓶盖等。常用开启酒盖的工具有开塞钻和扳手。

#### 1. 葡萄酒开瓶

开瓶时尽量避免晃动瓶身，动作要准确、敏捷和果断。具体的方法是用开瓶刀割取下包装纸，将酒钻垂直钻进木塞，将木塞拔出，再用干净的布巾擦拭瓶口，检查木塞。

#### 2. 香槟酒（葡萄汽酒）开瓶

香槟酒的瓶塞是用外力将木塞大部分压进瓶口，露有一截帽形物，并用铁丝绕扎以稳定瓶内丰富的气体。开瓶前首先提前冰镇，开时将瓶身倾斜约60°角，左手大拇指紧压塞顶，用右手扭开铁丝，然后握住木塞，轻轻转动往上拔，靠瓶内的压力和手拔的力量使瓶塞弹出，再保持倾斜数秒，防止酒液溢出。

#### 3. 皇冠瓶盖饮料开启

用托盘将饮料托至工作台，当众用扳手开启。

#### 4. 易拉罐饮料开启

用托盘将饮料托送至餐台，左手托盘。在客人右侧用右手开启，不可对着客人拉。开启啤酒和汽水前不可晃动易拉罐，避免液体外喷。

【知识链接】

## 开瓶注意事项

（1）将酒瓶放在桌上开启，以减少瓶体的晃动。

（2）开拔瓶塞越轻越好，要防止突爆声产生。

（3）拔出瓶塞后以嗅辨的方法（以嗅瓶塞插入瓶内的部分为主）检查瓶中的酒是否有品质问题。

（4）瓶塞开启以后，用干净的布巾仔细擦拭瓶口。

（5）开启的酒瓶、酒罐若留在顾客的餐桌上，一般放置在主人的右侧。使用冰桶的冰镇酒水要放在冰桶架上，距离餐桌不要过远。用酒篮盛放的酒连同篮子一起放在餐桌上，空瓶、空罐应随时从餐桌上撤下、回收。封皮、木塞等杂物可以放在小盘里，操作完毕后一起带走，不要留在顾客的餐桌上。

（6）开酒动作应正确、规范、优美，注意站立姿势和拿开酒器的方法，防止意外伤害。

## 三、酒水斟倒

### （一）试酒

开瓶后，为了表示对主人的尊敬以及核实酒品的质量，服务员应为点酒客人斟倒30mL左右的酒让他品尝，证实选酒无误。斟倒时，酒标朝向客人，控制酒量，避免酒液滴洒在餐台或客人衣物上。在客人试尝时，应保持微笑，站在客人右侧耐心等候。

### （二）斟倒方法

#### 1. 徒手斟酒

站于客人右侧，右脚前跨踏在两椅之间，身体微前倾；左手持干净的餐巾背于身后，右手持酒瓶的下半部，商标朝外，正对客人，在客人右侧将客人选好的酒水依次斟入客人的杯中。此方法多用于客人酒水单一时使用。

#### 2. 托盘斟酒

左手托盘，餐巾布搭在左手手腕上或折成条形固定在瓶。站在客人右后侧，身体前倾，手臂前伸，商标朝向客人。斟倒时托盘不可越过客人头顶。应自然向后伸展，掌握好托盘重心。此方法多在酒水品种较多时使用。

**3. 捧斟**

此种方法多用于酒会和酒吧服务，适用于非冰镇酒品。斟酒时，服务员站立客右后方，右手握瓶，左手将酒杯捧在手中，斟酒后从顾客的左侧将酒杯放回原来的位置。

**4. 斟酒顺序和量度控制**

中餐零点一般从主宾位置开始，按顺时针方向依次进行。烈性酒斟至酒杯八成满；红葡萄酒斟至五成；白葡萄酒斟至七成；软饮料斟至八成；啤酒顺着杯壁斟倒，以泡沫不溢出为佳。

**【知识链接】**

## 酒水斟倒服务要点

（1）掌握不同酒水的最佳饮用温度，并根据客人要求保证酒的温度。

（2）斟倒时，瓶口不可触碰杯口，更不可搭在酒杯上，相距1~2厘米为宜，以防止碰破杯口或将杯子碰倒。不宜将瓶口拿得过高，以防控制不当，使酒水溢出。

（3）掌握好酒瓶的倾斜度，控制好酒水流出瓶口的速度，斟倒时酒液徐徐注入杯内注意，瓶内酒水越少，流速越快，斟倒时稍不留意，酒水将会冲出杯外。

（4）随时注意杯内酒量的变化，当杯中斟倒适度酒水时，顺时针方向旋转瓶身，并向上抬起小手臂，以免瓶口酒水滴在餐台上，每斟倒一次应用餐巾擦拭瓶口。注意抬起小手臂时不要碰到身旁的客人。

（5）在操作中，若不慎将杯子碰翻，应立即扶起杯子，并向客人表示歉意。检查杯子有无破损，如有破损要立即更换新杯，并在酒水痕迹上铺一块干净的餐巾，重新为客人倒酒水。

## 四、几种常见酒水服务

### （一）中国白酒服务（见表 3–9–9）

表 3–9–9　中国白酒服务

| 服务程序 | 服务标准 |
|---|---|
| 准备工作 | 1. 客人订完白酒后，立即去酒吧取酒，不超过 5 分钟<br>2. 准备一块洁净餐巾，叠成 12 厘米宽的方形<br>3. 准备和客人人数相符合的白酒杯，酒杯须干净、无破损 |
| 示瓶 | 将叠好的餐巾放于左手掌心，再将白酒瓶底放在餐巾上，右手扶住瓶颈，商标向上，倾斜 45° 角，站在主人右侧展示商标 |
| 开瓶 | 征得客人同意后，当着客人的面打开白酒瓶 |
| 斟倒 | 1. 征得主人同意后，进行酒水斟倒服务<br>2. 服务时，左手持方形餐巾，右手持白酒瓶，征求客人的同意从主宾位依次为客人倒酒，倒入酒杯八成即可<br>3. 每倒完一杯时，轻轻转动瓶身，避免酒滴在餐台上，再用左手中的餐巾擦拭瓶口 |
| 续杯 | 1. 注意观察客人饮酒情况，及时征求意见为客人添加酒水<br>2. 当整瓶酒将要倒完时，询问主人是否再加一瓶，如果主人表示不再加酒，及时将空的酒杯撤掉<br>3. 若主人同意再加一瓶，其服务方法和标准同上 |

### （二）啤酒服务（见表 3–9–10）

表 3–9–10　啤酒服务

| 服务程序 | 服务标准 |
|---|---|
| 准备工作 | 1. 客人订完啤酒后，根据客人要求立即到吧台取酒，不超过 5 分钟<br>2. 准备一块叠成 12 厘米见方的洁净餐巾 |
| 示瓶 | 左手掌心放置叠成 12 厘米见方的餐巾，将啤酒瓶底放在餐巾上，右手扶住酒瓶上端，商标向上，呈 45° 角倾斜，站在主人右侧展示商标 |
| 开瓶 | 使用扳手，当着客人的面开启啤酒瓶，开瓶时切忌摇晃，以免酒液喷出 |
| 斟倒 | 1. 征求客人意见从主宾位开始顺时针为客人斟倒啤酒<br>2. 站在客人右侧，右手持啤酒瓶，将啤酒轻轻倒入饮料杯，须使啤酒沿杯壁慢慢流入杯中，以啤酒泡沫不溢出为准<br>3. 倒入量为八分酒二分泡沫，若是外国人，倒入量为七分酒三分泡沫<br>4. 倒酒时，酒瓶商标须面对客人，瓶口不准搭在杯口上，以免有碍卫生或发出声响<br>5. 若瓶中啤酒未倒完，须把酒瓶商标面向客人，摆放在饮料杯右侧，间距 2 厘米 |
| 续杯 | 1. 当客人杯中啤酒仅剩 1/3 时，主动询问客人是否需要再添加。如客人不再加酒，须及时将倒空的酒瓶撤下台面<br>2. 新打开的啤酒，其服务方法和标准同上 |

## （三）红葡萄酒服务（见表 3–9–11）

表 3–9–11　红葡萄酒服务

| 服务程序 | 服务标准 |
|---|---|
| 准备工作 | 1. 客人订完酒后，立即去酒吧取酒，不超过 5 分钟<br>2. 准备好红酒篮，并将一块干净的餐巾铺在红酒篮中<br>3. 将取回的红葡萄酒擦拭干净放在酒篮中，商标向上 |
| 示瓶 | 1. 取一个小碟子放在主人餐具的右侧，稍后用于放置木塞<br>2. 服务员右手持酒篮，左手轻托住酒瓶的底部，商标向上，倾斜 45° 在主人座位的右侧展示商标，并询问宾客是否可以立即开瓶 |
| 开瓶 | 1. 按葡萄酒开瓶要求开瓶<br>2. 将木塞放入准备好的小碟子中，请主人过目 |
| 斟倒 | 1. 在主人右侧倒 1/5 杯红葡萄酒，请主人品评酒质<br>2. 得到主人许可后，按照女士优先、先宾后主的原则，站在客人右侧依次为客人倒酒，倒入杯中 1/2 量即可<br>3. 每倒完一杯酒须将瓶身顺时针旋转一下，防止瓶口的酒滴落到台面上<br>4. 倒完酒后，把酒篮放在客人餐具的右侧，注意不能将瓶口对着客人 |
| 续杯 | 1. 留意客人杯中酒量，随时为客人添加红葡萄酒<br>2. 当整瓶酒将要倒完时，要询问主人是否再加一瓶。若主人表示不再加酒，待其喝完杯中酒后及时将空杯撤掉<br>3. 若主人同意再加一瓶，其服务方法和标准同上 |

## （四）白葡萄酒服务（见表 3–9–12）

表 3–9–12　白葡萄酒服务

| 服务程序 | 服务标准 |
|---|---|
| 准备工作 | 1. 客人订完酒后，立即去酒吧取酒，不超过 5 分钟<br>2. 准备冰桶，在冰桶中放入 1/3 桶冰块，再加入 1/2 冰桶的水，放在冰桶架上，并配一条叠成 8 厘米宽的条形餐巾<br>3. 将取回的白葡萄酒擦拭干净，放入冰桶中，商标向上 |
| 示酒 | 1. 左手持餐巾布，右手持白葡萄酒瓶，将酒瓶底部放在条状餐巾布的中间部位，再将餐巾两端拉起至酒瓶商标以上部位，并使商标全部露出<br>2. 右手持餐巾布包好酒瓶，用左手轻托住酒瓶底部，送至主人面前，展示商标，并询问主人是否立即开启酒瓶 |
| 开瓶 | 1. 按葡萄酒开瓶要求开瓶<br>2. 将木塞放入准备好的小碟子中，请主人过目 |

续表

| 服务程序 | 服务标准 |
| --- | --- |
| 斟倒 | 1. 在主人右侧斟倒 1/5 杯葡萄酒，请主人品评酒质<br>2. 主人认可后，按照女士优先、先宾后主的原则，站在客人右侧依次为客人倒，倒入杯中 3/4 量即可<br>3. 最后为主人斟倒，再把白葡萄酒瓶放回冰桶，商标向上 |
| 续杯 | 1. 留意客人杯中酒量，随时为客人添加酒水<br>2. 当瓶中酒将要倒完时，要询问主人是否再加一瓶；若主人表示不再加酒，待喝完杯中酒后及时撤去<br>3. 若主人同意再加一瓶，其服务方法和标准同上 |

## 【知识链接】

### 葡萄酒的鉴别

第一步，看酒瓶外观。看酒瓶标签印刷是否清楚、是否为仿冒翻印；看酒瓶的封盖是否有异样、有没有被打开过的痕迹；对于法国的葡萄酒，要看酒瓶背面标签上的国际条形码是否以 3 字打头，法国国际码开头是 3；看酒瓶背面标签上是否有中文标志，根据中国法律，所有进口食品都要加中文背标，如果没有中文背标，有可能是走私进口，则质量不能保证。

第二步，看葡萄酒液。看葡萄酒的颜色是否自然，酒液上面是否有不明悬浮物（注：瓶底的少许沉淀是正常的结晶体），酒质变坏时颜色有浑浊感。

第三步，看酒塞标志。打开酒瓶，看木头酒塞上的文字是否与酒瓶标签上的文字一样。

第四步，闻葡萄酒的气味。如果葡萄酒有指甲油般呛人的气味，则说明酒变质了。

第五步，品葡萄酒的口感。饮第一口酒，酒液经过喉头时，正常的葡萄酒是平顺的，问题酒则有刺激感；咽酒后，残留在口中的气味有化学气味或臭气味，则不正常。好葡萄酒在饮用时应该令人神清气爽。

## （五）香槟酒服务（见表 3-9-13）

表 3-9-13　香槟酒服务

| 服务程序 | 服务标准 |
|---|---|
| 准备工作 | 1. 客人订完酒后，立即去酒吧取酒，不超过 5 分钟<br>2. 准备冰桶，在冰桶中放入 1/3 桶冰块，再加入 1/2 冰桶的水，放在冰桶架上，并配一条叠成 8 厘米宽的条形餐巾<br>3. 将取回的香槟酒擦拭干净，放入冰桶中，商标向上 |
| 示酒 | 1. 左手持餐巾布，右手持白葡萄酒瓶，将酒瓶底部放在条状餐巾布的中间部位，再将餐巾两端拉起至酒瓶商标以上部位，并使商标全部露出<br>2. 右手持餐巾布包好酒瓶，用左手轻托住酒瓶底部，送至主人面前，展示商标，并询问主人是否立即开启酒瓶 |
| 开瓶 | 1. 按香槟酒开瓶要求开瓶<br>2. 将木塞放入准备好的小碟子中，请主人过目 |
| 斟倒 | 1. 向主人杯中注入 1/5 的酒，交由主人品酒<br>2. 按女士优先、先宾后主的原则，在客人右侧接顺时针方向依次倒，倒入杯中 3/4 量即可<br>3. 每斟一杯酒最好分两次完成，以免杯中泛起的泡沫溢出，完后须将瓶身顺时针旋转一下，防止瓶口的酒滴落到台面上<br>4. 酒瓶商标须始终朝向客人，最后为主人斟倒，再将酒瓶放回冰桶内 |
| 续杯 | 1. 留意客人杯中酒量，随时为客人添加酒水<br>2. 当酒瓶中只剩下一杯酒量时，须及时征求主人意见是否再加酒，若主人表示不再加酒，待客人喝完酒后，立即将空杯<br>3. 若主人同意再加一瓶，其服务方法和标准同上 |

# 任务五　菜肴服务

## 【课前活动】

活动主题：调研现在星级饭店餐饮、社会餐饮的菜肴服务形式。

活动步骤：

1. 查找、走访周边的星级饭店和社会餐饮企业
2. 了解饭店餐饮、社会餐饮菜肴服务的形式
3. 用 PPT 方式分小组展示活动成果

## 【学习内容】

### 一、中餐菜肴服务

厨房做好的菜品由传菜员送至餐厅后，由值台服务员按要求将菜肴摆放上桌。上菜服务应按客人的风俗习惯而定。清朝袁枚在《随园食单》上，就曾对上菜程序做过如下论述：“上菜之法，威者宜先，淡者宜后，浓者宜先，薄者宜后，无汤者宜先，有汤者宜后。度客食饱则脾困矣，需用辛辣以振动之，虑客酒多则胃疲矣，需用酸甘以提醒之。”当今社会饭店上菜的顺序是：先上冷菜后上热菜，热菜先上海鲜名贵菜肴，再上肉类、禽类、整形鱼、蔬菜、汤、面饭、甜点，最后上水果。

#### （一）零点餐上菜服务流程（见表 3–9–14）

表 3–9–14　零点餐上菜服务流程

| 服务程序 | 服务标准 |
|---|---|
| 上菜准备 | 1. 准备好上菜的托盘等服务工具<br>2. 确定上菜顺序<br>3. 把握上菜时机 |
| 上菜要领 | 1. 上菜之前仔细核对台号、品名和分量，整理餐台，留出位置<br>2. 根据客人入座情况选择合适的上菜口。摆放时注意荤素，颜色、口味的搭配，盘与盘之间距离要相等<br>3. 菜肴上桌后，服务人员退后一步报菜名，声音明亮清晰<br>4. 上带壳的菜肴时，要跟上洗手盅和小毛巾<br>5. 上带调味品的菜肴时，应先上调味品，再用双手将菜肴端上<br>6. 大圆桌上菜时，应用转盘将刚上的菜肴转至主宾面前 |
| 介绍菜肴 | 对于特色菜肴应为客人作简单介绍，主要介绍菜肴的原料、配料、口味特点以及历史典故等 |
| 请客品尝 | 1. 请客人品尝菜肴，并征求意见<br>2. 请客人慢用，声音明亮清晰，使用肢体语言配合服务语言“请慢用” |

#### （二）中餐零点上菜服务注意事项

1. 上菜时以不打扰客人为原则，灵活选择上菜口，一般在副主人右侧或在陪同和翻译之间上菜，严禁从主人或主宾之间上菜。

2. 上菜应迅速，尽快送上冷菜，当冷菜吃到 1/3~1/2 时上热菜，控制上菜节奏，一道一道依次送上。

3. 小桌客人点的菜肴道数少，一般控制在 20 分钟左右上完，大桌客人所点菜肴道数多，一般控制在 30 分钟左右上完，也可根据客人需求灵活掌握。

4. 大圆桌上菜时，先清理台面，刚上的菜肴用转盘转至主宾面前。

5. 对于鸡、鸭、鱼等特殊菜肴上菜，摆放时应遵循“鱼不献脊，鸭不献掌，鸡不献头”，将最嫩、最鲜、最好吃的部位朝向客人。

6. 上菜时要做到不推、不擦、不压、严禁盘子叠盘子，应将大盘换小盘。

7. 派送菜肴应从主宾右侧开始，按顺时针方向绕台进行。

### （三）中餐宴会上菜

目前中餐宴会上菜的顺序一般为：凉菜、主菜（较高贵的名菜）、第三道热菜（菜数较多）、汤菜、甜菜（点心）、最后上水果（以示宴会结束）。

由于中国的地方菜系分支多，宴会种类多，菜系不同，宴会席面也大不相同，其菜肴设计安排也就不同。在上菜程序上，也会有所讲究。例如，谭家菜燕翅席，因为席上根本无炒菜，所以在主菜之后上的是烧、扒、蒸、烩一类的菜肴；全鸭席的主菜，北京烤鸭不作为头菜上，而是作为最后一道大菜上，人们称其为“千呼万唤始出来”。又如上点心的时间，各地习惯亦有不同，有的是在宴会进行中上，有的是在宴会即将结束时上，有的甜、咸点心一起上，有的则分别上。这都是根据宴席的类型、特点和需要，因人因事因时而定。

总的来说，中餐宴会上菜应根据菜单把握：先冷后热、先菜后点、先咸后甜、先清淡后肥厚、先炒后烧、先名贵后一般的原则。

### 【知识链接】

## 几种特色菜肴的上菜要求

火候菜：服务员要动作迅速，免得耽误时间，使菜肴失去焦、酥、脆、嫩的风味；如叫花鸡、细匋鸡、荷香鸡等，应先将菜肴端上餐台，宾客观赏后，再拿到工作台上，当着客人的面打破或启封，即可保持某品的香味和特色，同时为客人提供观赏服务。

易变形的菜肴：如高丽虾仁、炸虾球、油爆肚仁等。变形菜一出锅，服务员就要立即端上餐桌，以美观漂亮的某型吸引客人的眼球，达到为客人提供视觉服务的效果，如果动作较慢，菜就会干瘪变形。

拔丝类菜肴：如拔丝鱼条、拔丝苹果、拔丝山芋、拔丝荔枝肉等。服务要求是速度快、动作敏捷，并提醒客人尽快趁热食用。应事先盛好凉开水，让客人把夹起的拔丝菜在碗中浸一下，使糖稍稍降温凝固后再吃，这样糖脆而不粘牙，才能品尝拔丝菜的风味。

原盅炖品：如冬瓜盅、南瓜盅、金瓜盅等。炖品上桌后在宾客面前启盖，以保持炖品的原汁原味，香气四溢，达到为客人提供味觉服务的效果。启盖时要翻转过来再移开，以免汤水滴落在客人或自己身上。

### （四）分菜

中餐分菜历史悠久，早在古代帝王饮宴时就已出现了。进餐者席地而坐每人一桌，所上食品一人一份，中餐分菜由此产生。中餐零点或宴会上菜时，对于不方便客人取用的汤、炒饭、炒面和整形的鸡、鸭、鱼类等菜肴，服务人员应帮助客人分派或剔骨。操作时，先将菜肴送至客人桌边，先请客人观赏，然后由服务人员均匀地为客人分菜分汤，又称派菜或让菜。中餐分菜的方式主要有转盘式分菜、旁桌式分菜、分叉分勺派菜和各客式分菜，一般可将几种方式结合起来使用（见表 3-9-15）。

**表 3-9-15　中餐分菜**

| 服务程序 | | 服务标准 |
|---|---|---|
| 分菜准备 | | 准备餐盘、服务车，分菜用具（常见的分菜的工具：服务叉、服务勺、一双长筷子、一把长柄勺、一刀、一叉、一勺等）确保卫生、整洁 |
| 分菜 | 转盘式分菜 | 1. 将餐盘摆放在转台上<br>2. 核对菜品，从上菜口将菜肴送上餐桌，展示菜肴，报菜名<br>3. 用长柄勺、筷子或分叉、分勺分派，全部分完后，将分菜用具放在空菜盘里<br>4. 取托盘，从主宾右侧按顺时针方向撤去前一道菜的餐碟，然后将转盘上的菜肴端给客人<br>5. 撤下空盘和分菜用具 |
| | 旁桌式分菜 | 1. 核对菜品，从上菜口将菜肴送上餐桌，展示菜肴，报菜名并作简单介绍<br>2. 将菜肴取下放在服务车或服务桌上分菜，操作时面对客人<br>3. 将分好的菜肴从主宾右侧按顺时针方向送上 |
| | 分叉分勺派菜 | 1. 核对菜品，从上菜口将菜肴送上餐桌，展示菜肴，报菜名并作简单介绍<br>2. 撤下菜肴，左手用餐巾托垫菜盘，右手拿分菜用的叉和勺，从主宾右侧按顺时针方向绕台进行分派<br>3. 分菜时做到一勺准、数量均匀 |

续表

| 服务程序 | | 服务标准 |
|---|---|---|
| 分菜 | 各客式分菜 | 由厨房工作人员根据客人人数在厨房将菜分成一人一份，服务员派送菜肴时，从主宾位开始按顺时针方向送上，主要适用于羹类、汤类、炖品或高档宴会分菜 |

## 二、西餐菜肴服务

### （一）上菜顺序与酒水搭配（见表 3-9-16）

表 3-9-16　上菜顺序与酒水搭配

| 上菜顺序 | 菜肴特点 | 酒水搭配 |
|---|---|---|
| 头盆 | 1. 是西餐中的第一道菜，也称开胃菜。有冷盘和热盘之分<br>2. 以咸和酸为主，数量少，品质高<br>3. 常见的品种有鱼子酱、鹅肝酱、蜗牛等 | 主要选用低度、干型的白葡萄酒 |
| 汤 | 1. 有蔬菜汤、清汤、冷汤、奶油汤之分<br>2. 品种有牛尾清汤、各式奶油汤、海鲜汤、意式蔬菜汤、俄式罗宋汤等 | 汤类一般不用配酒，也可以配较深色的雪利酒和玛德拉酒 |
| 副盆 | 1. 一般为鱼类菜肴，水产类菜肴与蛋类、面包类、酥盒类菜肴均称为副菜<br>2. 品种包括各种淡、海水鱼类、贝类及软体动物类<br>3. 配专用的调味汁 | 主要选用干白葡萄酒、淡味玫瑰葡萄酒或低度干红葡萄酒 |
| 主菜 | 1. 主要是肉类和禽类菜肴，也称为主菜<br>2. 肉类菜肴原料取自牛、羊、猪等各个部位的肉，其中最有代表性的是牛肉或牛排，牛排按其部位又可分为沙朗牛排（也称西冷牛排）、菲利牛排、“T”骨牛排等。采用烤、煎、铁扒等烹调方法。配用西班牙汁、蘑菇汁、浓烧汁、白尼斯汁等调味汁<br>3. 禽类菜肴原料取自鸡、鸭、鹅，通常将兔肉和鹿肉等野味也归入禽类菜肴。禽类菜肴品种最多的是鸡，有火鸡、山鸡、竹鸡，可煮、可炸、可烤。配用黄肉汁、奶油汁等调味汁 | 小牛肉、鸡肉等白色肉类最好搭配酒度不太高的干红葡萄酒，牛肉、羊肉和火鸡等红色肉类最好选用酒度较高的红葡萄酒 |
| 甜品 | 包括主菜后的食物，如冰激凌、布丁、奶酪、煎饼、水果等均称为西餐的甜品 | 配用甜葡萄酒、葡萄汽酒或继续享用主菜酒水 |
| 咖啡、茶 | 1. 咖啡一般配糖或淡奶油<br>2. 茶配香桃片或糖 | 餐后甜酒或白兰地 |

## （二）西餐上菜方式

西餐菜肴常见的服务方式有法式服务、俄式服务、美式服务、英式服务和自助式服务等（见表 3–9–17）。

**表 3–9–17　西餐上菜方式**

| 名称 | 别名 | 服务方法 | 特点 |
|---|---|---|---|
| 法式服务 | 李兹服务 | 1. 法式服务是一种周到的服务方式，由两名服务员共同为一桌客人服务。其中一名为经验丰富的专业服务员，另一名为服务员助手。两人一组，每人各有职责，但必须相互帮助<br>2. 法式服务上菜主要用手推车，服务员在客人面前进行烹制演示或切割装盘。服务员助手用右手从客人右侧送上每一道菜<br>3. 黄油、面包、酱汁和配菜应从客人左侧送上。等一桌的客人都用完后，从客人右侧用右手撤盘 | （1）讲究礼节，注重在客人面前进行切割和燃焰表演，能吸引客人的注意力和烘托餐厅气氛，服务周到，每位客人都能得到充分的照顾<br>（2）服务节奏缓慢，需配备足够的人力，用餐费用较高，空间利用率和餐位周转率比较低 |
| 俄式服务 | 银盘服务 | 1. 通常由一名服务员为一桌客人服务<br>2. 厨房出菜前，服务员先用右手从客人右侧顺时针送上空盘；冷菜用冷盘子，热菜用加温过的餐盘；然后从厨房中将装好菜肴的大银盘托到客人餐桌旁，站立于客人左侧，用右手从客人左侧逆时针分菜<br>3. 服务酒水和撤盘都在客人右侧操作 | （1）讲究优美文雅的风度，服务效率和空间利用率都较高，节省人力，且每位客人都能得到较周到的服务。大量使用银盘能增添餐桌的气氛<br>（2）俄式服务主要用于西餐宴会服务 |
| 美式服务 | 盘子服务 | 1. 食物在厨房由厨师按客人人数分别装盘，每人一份，服务员直接端着送给客人<br>2. 上菜时在客人右侧进行操作，用右手从客人右侧送上，撤盘时也从右侧进行 | （1）服务便捷，效率高，餐具成本低，用工少，空间利用率及餐位周转率都十分高。由于各项成本费用降低，用餐费用也相对较低<br>（2）除了因缺乏表演性而不能烘托气氛外，美式服务是最理想的服务方式 |
| 英式服务 | 家庭式服务 | 1. 服务员先将加温后的空盘放在主人面前，再将装着整块食物的大盘从厨房中拿到餐桌旁并放在主人面前，由主人亲自动手切肉装盘并配上蔬菜<br>2. 服务员把装好的菜肴依次端送给每一位客人<br>3. 调味品和配菜都摆放在餐桌上，由客人自取或相互传递 | 家庭味很浓，许多工作由客人自己动手，且节奏缓慢。不适合酒店西餐厅使用，因此在欧美各旅游酒店已不再使用 |

续表

| 名称 | 别名 | 服务方法 | 特点 |
|---|---|---|---|
| 自助式服务 | | 1、把事先准备好的食物陈列在食品台上，客人进入餐厅后支付一定的餐费，便可自己动手选择符合自己口味的菜点，然后拿到餐桌上用餐<br>2. 自助式服务以客人自我服务为主，故又称为自助餐 | 客人不必等候，菜肴品种丰富，餐位周转率高、节省人力和开支。价格适中，效率高，但给客人的个别照顾较少。自助式服务多用于饭店咖啡厅早餐和午餐高峰 |

### （三）西餐分菜

（1）分菜顺序：按照先宾后主再其他宾客、先女后男的顺序。

（2）分菜方法：西餐宴会多采用几种服务方式结合起来的方法，其分菜方法与服务方式相关。

（3）分菜工具：俄式分菜技术要求较高，服务员用餐叉、餐勺进行分让；法式服务重在切割，有服务车、分割切板、餐刀、餐叉和分调料汁的叉和勺等。

（4）法式切分工具使用方法：分让主料时，将要切分的菜肴放到餐车上的分割切板上，左手拿叉压住菜肴的一侧，右手用刀分切，分让配料、配汁时，用叉勺分让，勺心向上，叉的底部向勺心，即叉勺扣放。

## 任务六　其他相关技能

### 【课前活动】

活动主题：调研现在星级酒店餐饮、社会餐饮的其他相关服务技能。

活动步骤：

1. 查找、走访成都周边的星级饭店和社会餐饮企业；

2. 了解饭店餐饮、社会餐饮其他相关服务技能；

3. 用 PPT 方式分小组展示活动成果。

## 【学习内容】

### 一、电话预订

电话预订比较方便，是目前比较常用的预订方式（见表 3–9–18）。

**表 3–9–18　电话预订**

| 服务程序 | 服务标准 |
| --- | --- |
| 问候客人 | 1. 电话铃响三声内迅速接听，若铃响超过三声应致歉<br>用语："对不起，让您久等了。"<br>2. 主动、热情问候客人，准确报出餐厅名称及自己的姓名。用语："您好！ ×× 餐厅，我是服务员 ××，" |
| 了解需求 | 1. 对已报出姓名的客人，服务员称呼其姓名，以示对客人的尊重<br>2. 询问客人要求。用语："× 先生，请问有什么需要帮助的吗？"<br>3. 仔细聆听客人要求，中餐厅接听订座电话要了解人数、就餐时间、订餐人姓名、联络方式和特别要求等事项并做好记录 |
| 接受预订 | 1. 针对客人需求情况，为客人介绍，并提供建议<br>2. 根据客人要求，安排相应的包房或餐桌，并告知客人包房名称或餐桌号<br>3. 重复客人预订内容，以便确认<br>4. 请客人留下准确的联络方式<br>5. 告知客人餐厅预订餐位最后的保留时间 |
| 礼貌致谢 | 1. 通话结束时应向客人致谢并道别<br>用语："感谢您的来电，欢迎您到时光临！"<br>2. 等客人挂上电话后，再放下电话 |
| 落实预订 | 1. 将客人预订信息记录到预订登记表上<br>2. 及时通知厨房等相关工作人员做好准备 |

**【想一想】**

除电话预订外，还可以通过哪些方式进行订餐服务？

### 二、迎宾接待

引领服务是客人来到餐厅时，迎宾员提供的第一项面对面的服务。询问客情并根据顾客的人数和要求安排相应的位置就座。引领服务表达了对宾客的欢迎，直接体现出酒店餐厅的服务规格与水准。在工作中，迎宾员代表着餐厅的形象，其仪容仪表和服务水平直接影响着客人对酒店餐厅的评价。（见表 3–9–19）

| 服务程序 | 服务标准 |
|---|---|
| 迎客准备 | 1. 了解菜单和预订情况，熟悉餐厅的所有餐位情况<br>2. 事先了解餐厅预订情况，以便提供引领服务<br>3. 准备好菜单，开餐前 5 分钟，站在餐厅门口指定位置等候客人的到来 |
| 问候客人 | 1. 当客人来到餐厅时，5 米微笑致意，3 米热情问好<br>2. 对于常客或知晓其姓氏的客人，要称呼其姓名及职称。如："××，您好，欢迎光临。"<br>3. 明确客人是否预订，如果有预订，问清以什么姓名预订的，如果没有预订应了解其用餐人数等情况 |
| 引领客人 | 1. 右手拿菜单，左手为客人指示方向，四指并拢、手心向上<br>2. 引领时走在客人左前方 1 米处（约 2、3 步），与客人的步伐保持一致<br>3. 注意途中要不断回头招呼客人，有拐弯或有台阶的地方应使用手势提醒客人，如："您这边请"或"注意台阶"等 |
| 拉椅让座 | 1. 引领到适当的座位后，为客人拉椅让座。拉椅让座的要领：服务员站在椅子的正后方，双手握住椅背的两侧，将椅子的后两脚抬起，将椅子拉后半步，在客人即将坐下的时候，服务员双手扶住椅背两侧，用右膝盖顶住椅背，轻轻将椅子推送至适应位置<br>2. 协助客人存放物品，提示客人保管好自己的贵重物品<br>3. 接挂衣帽，并用椅套套住客人的衣物 |
| 展示菜单 | 1. 认真检查菜单，保证菜单干净、整洁<br>2. 根据客人人数，拿取相应数量的菜单，打开第一页，递给主人，如果不清楚谁是主人，可征询宾客意见后，再递上菜单<br>3. 介绍菜单及当日厨师长特别推荐的菜肴<br>4. 与服务员交接，交接事项包括人数、单位、主宾姓名及职称、特殊要求<br>5. 填写迎宾记录表 |

## 三、小毛巾服务

（1）客人入座后，提供第一次小毛巾服务。

（2）将保温箱内折叠好的小毛巾放入毛巾托内，用托盘递上，并道"请用毛巾"。根据餐具摆放和各餐厅的规范，可以将毛巾放在客人右侧、左侧或两个毛巾托并排放在两位客人餐具之间，以避免拿错毛巾。

（3）客人用过后，将小毛巾撤走或换掉。

（4）客人用餐中可随时提供毛巾服务；客人用完餐后，再次提供小毛巾服务。

## 四、茶水服务

不同地区的消费者饮茶习惯不尽相同。中餐厅服务安排客人入座后，首先斟倒免费的欢迎茶或询问客人喝什么茶。不同茶有不同的制备方法。

### （一）红茶制备

红茶的制备按茶水中是否添加其他调味品可分为“清饮法”（茶水中不加调味品）和“调饮法”（茶水中加牛奶、糖或柠檬片等）两种。中餐大都采用“清饮法”。

### （二）绿茶制备

绿茶往往采用瓷质茶杯冲泡，这样便于保温，也可得到比较浓郁的茶汤。制备时，要注意茶具的卫生，水的质量及温度。

### （三）乌龙茶制备

制备乌龙茶时，对茶品、茶水、茶具和冲泡技巧都非常讲究，所用茶叶大多是铁观音、武夷岩茶等上品茶。泡茶时，选用的是干净的溪水、泉水；茶具配套齐全，小巧精致；备有开水壶、火炉、茶壶和茶杯。

### （四）花茶制备

取花茶放于瓷杯内，用沸水冲泡，加盖 4~5 分钟即可饮用；也可将适量的花茶置于壶内，冲泡加盖 5 分钟后，倒入茶碗即可。

## 五、斟茶

用茶壶斟茶时，一般站在客人右侧，右手持壶把、左手轻按壶盖；先给主宾或长辈或女倒七八成，再依次服务其他客人。蓄满开水之后将茶壶放在桌上。壶嘴不可对着客人。

## 六、递铺餐巾

（1）客人入座后，值台服务员应上前为客人递铺餐巾。

（2）一般在客人右侧递铺，如不方便也可在客人左侧操作。

（3）操作时，站在客人右侧拿起餐巾，轻轻打开，并注意右手在前、左手在后，将餐巾轻轻铺在客人腿上。

（4）当需要在客人左侧操作时，应左手在前、右手在后，以免胳膊碰撞客人胸部。

（5）中餐厅还可以将餐巾一角压在骨碟下，以免滑落。

## 七、撤换餐具

### （一）撤换餐具的时机

（1）带壳、带骨的菜肴，如盐水鸭、基围虾和螃蟹等菜肴用后需更换干净的骨碟。

（2）带糖醋、浓味汁的菜肴需更换骨碟。

（3）汤碗应用一次换一次。

（4）上名贵菜肴前应更换餐具。

（5）菜肴口味差异较大时应更换餐具。

（6）上甜品、水果前要更换餐具

### （二）撤换方法（见表 3-9-20）

表 3-9-20 撤换方法

| 服务程序 | 服务标准 |
|---|---|
| 征询 | 1. 观察客人进餐情况，注意要保持餐桌清洁<br>2. 当发现客人需要撤换餐具时，应主动上前询问客人是否可以撤换 |
| 撤去脏餐具 | 1. 换骨碟应酌情而定，服务要及时，汤碗应用一次换一次<br>2. 从主宾位开始绕台进行，站于客人右侧，左手托盘，右手撤下脏餐具，动作要稳、轻<br>3. 对个别客人没有用完的骨碟，可先送上一只干净的骨碟，再根据客人意见撤下前一只骨碟 |
| 送上干净餐具 | 1. 左手托盘，右手将干净的餐具从客人的右侧摆上，餐具上的图案应朝向客人<br>2. 送上干净餐具时，要注意手法卫生，如拿餐碟边缘部分，持酒杯下半部分 |
| 整理台面 | 1. 及时撤去空菜盘及空的饮料瓶，保持台面整洁、美观<br>2. 落在餐台上的食物用夹子拿取，不能用手直接去拿 |

## 八、结账

结账是餐厅对客服务的重要技能之一，其服务质量的高低对客人的心理影响很大，也直接关系到餐饮经营的成果。餐厅常见的结账方式主要有现金结账、信用卡结账、支票结账和签单结账四种。

### （一）现金结账

现金结账时餐厅最常见的一种结账方式，主要适用于酒店外的零散客人和团体客人。在结账过程中注意不主动报账单总金额（见表 3-9-21）。

**表 3-9-21　现金结账**

| 服务程序 | 服务标准 |
| --- | --- |
| 问候客人 | 1. 客人示意结账时，主动问候客人，了解客人有什么需要帮助<br>2. 问清客人台号 |
| 打印账单 | 请客人稍等，为其打印账单 |
| 呈递账单 | 双手递上账单，请客人核对 |
| 询问付款方式 | 询问客人付款方式 |
| 收取现金 | 收取现金，当面识别现金真伪 |
| 开发票 | 询问客人发票要求，迅速为客人打印发票 |
| 递送发票、找零 | 双手递上发票和零钱，请客人当面点清 |
| 致谢并道别 | 1. 再次致谢，感谢客人光临<br>2. 欢送客人 |

## 【案例选读】

某日，一位美籍华人请一个在国内的老同学在酒店的餐厅吃饭。两人进餐厅坐下以后，服务员送上菜谱，美籍华人接过一看，全都是标有价钱的，于是先请老同学点菜。老同学本来想点几样价钱公道便宜的，但感到无从点起，于是说“随便吃什么都可以，上三菜一汤就可以了。”美籍华人也感到为难，于是要服务员介绍些有特色的拿手菜，服务员随口报了三个，美籍华人征询了老同学的意见以后对服务员说：“再来一盘醋熘黄鱼和一碗汤，菜不够再点吧，”两人边吃边谈倒也开心，最后客人说已经吃饱了，不必再加菜了。随后服务员送来账单：“你们两位一共消费 280 元。”

如果是单独或和亲人用餐的情况下，这位美籍华人对服务员的这句话能忍受的，但在老同学（客人）的面前实在感到难以忍受。当时他顾不上那么多，便当着客人的面对服务员说：“你不要大声嚷嚷好不好！”

“在我们这里叫作唱收唱付。”服务员竟理直气壮地回敬了那位美籍华人（主人），弄得他啼笑皆非。

## （二）信用卡结账

为了方便客人安全消费，饭店餐厅都接受各大银行的信用卡和借记卡的结账业务。国内常见的信用卡或借记卡有中国银行的“长城卡”，工商银行的“牡丹卡”，农业银行的“金穗卡”，建设银行的“龙卡”，招商银行的“万事达或维萨信用卡”和“一卡通”借记卡，华夏银行的“华夏卡”，交通银行的“太平洋卡”，上海浦东发展银行的“东方卡”等。国内接待的外币信用卡常见的有：美国运通卡（American Express）、万事达卡（Master card）、维萨卡（Visa）等。信用卡结账适用于零散客人（见表 3–9–22）。

**表 3–9–22　信用卡结账**

| 服务程序 | 服务标准 |
|---|---|
| 问候客人 | 1. 客人示意结账时，主动问候客人，了解客人有什么需要帮助<br>2. 问清客人台号 |
| 打印账单 | 请客人稍等，为其打印账单 |
| 呈递账单 | 双手递上账单，请客人核对 |
| 询问付款方式 | 1. 询问客人付款方式<br>2. 询问客人使用的信用卡种类，并确认是否是本饭店接纳的 |
| 收取信用卡、身份证 | 1. 收取客人信用卡和身份证并向客人致谢<br>2. 核对信用卡有效期、持卡人姓名、身份证<br>3. 确认无误后，刷卡，请客人确认交易金额，输入交易密码 |
| 签名、确认 | 1. 请客人确认刷卡金额，并在签购单持卡人签名处签名<br>2. 核对客人签名是否与信用卡签名相同 |
| 开发票 | 询问客人发票要求，迅速为客人打印发票 |
| 致谢并道别 | 再次致谢，感谢客人光临 |

## （三）支票结账

支票结账适用于大企业或公司的长期包餐或大型宴会、旅游团队用餐。当客人要求支票结账时，要看客人的支票是否是公司准许使用的支票，并请客人在支票后面指定的地方填写姓名工作单位详细地址、电话号码、身份证号码，并要确定客人支票的使用日期、限额、印章等是否清晰（见表 3–9–23）。

表 3-9-23　支票结账

| 服务程序 | 服务标准 |
|---|---|
| 问候客人 | 1. 客人示意结账时，主动问候客人，了解客人有什么需要帮助<br>2. 问清客人台号 |
| 打印账单 | 请客人稍等，为其打印账单 |
| 呈递账单 | 双手递上账单，请客人核对 |
| 询问付款方式 | 询问客人付款方式 |
| 收取支票、身份证 | 1. 收取客人支票和身份证并向客人致谢<br>2. 核对支票有效期、检查支票真伪 |
| 填写支票 | 1. 填写好支票并请客人在签名处签名<br>2. 核对客人签名<br>3. 收取支票，入账到电脑中，保证支票完整无缺地投到财务 |
| 开发票 | 询问客人发票要求，迅速为客人打印发票 |
| 致谢并道别 | 1. 身份证、发票交还客人<br>2. 再次致谢，感谢客人光临 |

## （四）签单结账

为了方便住店客人，高星级饭店一般允许住店客人在餐厅以签单方式结账。客人在办理入住手续后，饭店会给客人“欢迎卡”和钥匙。“欢迎卡”上写明到店和离店日期、房间号码，并请客人在“欢迎卡”上签名。客人每次到餐厅用完餐后，出示“欢迎卡”就可以签单结账，当客人离店时一并结算。

另外，与饭店有长期业务往来的单位、公司，若信誉良好，可以与饭店签订签单结账协议，根据协议饭店定期向协议单位结账（见表 3-9-24）。

表 3-9-24　签章结账

| 服务程序 | 服务标准 |
|---|---|
| 问候客人 | 1. 客人示意结账时，主动问候客人，了解客人有什么需要帮助<br>2. 问清客人台号 |
| 打印账单 | 请客人稍等，为其打印账单 |
| 呈递账单 | 双手递上账单，请客人核对 |
| 询问付款方式 | 1. 询问客人付款方式<br>2. 客人出示“欢迎卡”或“协议签单证明” |

续表

| 服务程序 | 服务标准 |
| --- | --- |
| 收取、核对 | 1. 收取客人“欢迎卡”或“协议签单证明”<br>2. 核对客人“欢迎卡”或“协议签单证明”是否有效 |
| 签名、确认 | 1. 请客人在账单上填写房间号码并用正楷字体签名，或填清协议单位并以正楷字体签名<br>2. 客人签名后须将账单的第一联、第二联盖章<br>3. 将住店客人账单正本留存，第二联交总台，以便客人离店时付清<br>4. 协议客人账单的第二联交财务部，由财务部定期同消费单位结账 |
| 致谢并道别 | 1. 身份证、发票交还客人<br>2. 再次致谢，感谢客人光临 |

【前沿资讯】

### 手机支付

随着智能手机的普及，手机支付也越来越流行。手机支付是指允许移动用户使用手机对所消费的商品或服务进行账务支付的一种服务方式。继银行卡类支付、网络支付后，手机支付俨然成为新宠。

## 项目二　中餐服务

中餐厅服务包含由备餐开始到把客人送出餐厅的全过程。在这个过程中要经过餐前准备、迎宾领位、点菜、餐中服务、结账、送客、清理台面等环节，服务员要根据各环节的不同要求完成作业。既要与顾客进行语言沟通，又要进行形态沟通，还要为顾客提供必要的服务。因此，只有熟练掌握中餐服务程序才能更好地为客人提供全方位的服务。许多饭店中餐厅只提供午餐和晚餐服务。

# 任务一　中餐午晚餐服务

## 【课前活动】

活动主题：了解中餐厅的服务环节

活动步骤：

1. 到餐厅实际观察餐前、迎客、餐中、餐后各时间段服务员所做的工作；
2. 分组分角色演示中餐厅的服务环节。

## 一、餐前准备

（1）按本餐厅的要求着装，按时到到岗，接受任务。

（2）整理和补充工作台。

（3）按中餐零点摆台的规范摆台。

（4）按餐厅卫生要求进行清洁工作。

（5）备好调味品、开水、茶叶、洗手盅、小毛巾等开餐物品。

（6）备好各种服务用具，如点菜单、笔、托盘、服务巾等。领班、主管要仔细检查各项准备工作，并在班前会上检查服务员个人仪容仪表，强调注意事项，进行分工，使员工在思想上进入营业状态。

## 二、迎宾服务

### （一）迎宾注意事项

（1）先到餐厅的客人应尽量安排在靠窗口或靠门口区域的餐位，以便窗外、门外的行人看见，以招待客人。

（2）情侣尽量安排在风景优美的角落，不受打扰。

（3）着装华丽的时髦女性，安排在餐厅中央显眼的位置上。

（4）行动不便的老年人或残疾人，安排在靠门附近；安排残疾人入座应尽量挡住其残疾部位。

（5）接近最后点菜时间才到达餐厅的客人，尽量将其安排在靠厨房的位置，以方便快速上菜。

（6）为带孩子的客人主动提供儿童椅，并保证其安全。

（7）对带宠物来餐厅的客人，应婉言告诉客人宠物不能带进餐厅。

（8）餐厅客满时，请客人在沙发休息区等候，一旦有空位立即按等候顺序安排客人入座。等候时可以提供菜单和酒水服务。如果客人不愿意等候，主动帮助联系本饭店的其他餐厅，尽量安排客人在本饭店就餐。

（9）迎宾员在引领客人进入餐厅各服务区时，还应均匀分配工作量，确保提供优质服务。

### （二）迎宾的方法

（1）迎宾员准备好菜单，开餐前站在餐厅门口指定的位置，恭候客人到来。

（2）当客人进入餐厅时，迎宾员要面带微笑接待客人、问候客人，询问是否有预订。如果有预订，问清以什么姓名预订的；如果没有预订，应了解用餐人数等情况。

（3）引领前问清客人需求，例如吸烟要求（有的餐厅禁止吸烟）、景观要求、灯光要求、私密要求等。

（4）走在客人左前方 1 m 左右，引领客人到适当的座位，注意不断回头招呼客人，提醒客人注意台阶。

（5）引领宾客至合适的餐台就座。拉椅让座，展示菜单。同时，值台服务员主动问候客人并为客人拉椅让座。

（6）迎宾员祝客人用餐愉快，告辞离开。

## 三、餐前服务

（1）在拉椅让座之后，迎宾员为客人递送菜单时，值台服务员应及时递上毛巾，并用敬语："请用毛巾。"

（2）征询客人喝什么茶水饮料，应使用选择疑问句，主动介绍茶水饮料品种。可以边递铺餐巾和去筷套边询问喝什么茶水饮料。一般情况在客人右边操作。

（3）迅速填写点单，准备茶水饮料，在客人右边进行茶水或酒水服务，应使用恰当的敬语。

（4）从主宾开始为客人服务调味酱油或醋。

（5）撤去多余的餐位或加位。

（6）做好点菜的准备工作，站在适当的位置，随时准备帮助客人点菜。

## 四、点菜服务

客人看完菜单，服务员应按规范接受点菜。为了提供优质服务，进行良好的推销，服务员应了解客人的需求，熟悉菜单，主动提供信息和帮助，并按规范安排菜单。

### （一）点菜准备工作

（1）了解菜单上菜肴的制作方法、烹调时间、口味特点和装盘要求。

（2）了解菜单上菜肴的单位，即一份菜的规格和分量等，通常以盘、斤、两、只、打碗等来表示。

（3）掌握不同人数的客人所需要菜肴的组成和分量。

（4）了解客人口味及饮食需求。通过观察客人的言谈举止、年龄和国籍获得信息，同时掌握外籍客源国饮食习惯和菜肴知识，便于做好建议性销售。

（5）能用外语介绍菜着口味特点、烹调方法和原料等。

（6）懂得上菜顺序、时机和佐料搭配。

### （二）点菜步骤

#### 1. 接受点菜

在客人准备点菜时，立即走上前询问："我可以为您点菜了吗？"

#### 2. 提供建议

注意观察了解需求并主动介绍当天的特选菜，多用描述性语言和选择疑问句，不能强行推销。协助客人选择时注意荤素搭配和分量适中。

#### 3. 记录内容

接受客人点菜时，身体微前倾认真清楚地记下客人所点的菜品名、数量和注意事项。

#### 4. 复述内容

为了确保点菜正确无误应重复客人所点的菜品，请客人确认。

#### 5. 礼貌致谢

复述完毕，服务人员应收回菜单并向客人表示感谢。

### （三）填写点菜单

点菜单一式四联，一联交收银员，二、三联由收银员盖章交传菜部，四联服务员自留或放在客人餐桌上以备核查。

点菜单填写要求：

（1）许多餐厅由餐厅领班或高级服务员为客人点菜。写点菜单要填写台号、人数、服务填写点菜单的要求员的姓名和日期。

（2）正确填写菜品数量和菜品名。

（3）空行用笔划掉。

（4）如有特殊要求，用其他颜色笔注明。

（5）冷菜、热菜和点心分单填写，以便厨房分类准备和操作。

（6）点完菜后，主动推销介绍酒水，填写酒水订单。

目前，许多餐厅利用计算机系统和局域网络进行点菜。将前台餐厅计算机终端输入之后以便单填台厨房、打印设备和收银结账终端连接，前台服务员将宾客所点的菜肴品种通过计算机终端将冷菜、热菜和点心按编号输入，按确认键，后台厨房打印机立即将所点的菜肴依冷菜、热菜和点心分别两联，一联用于传菜。二联用于厨房出菜。另外，收银员计算机终端自动生成某台账单，如果取消菜品必须由督导管理员授权。

## 【前沿资讯】

### 餐厅点菜

模式一：很多商场餐厅都已经用微信点餐代替了原先的纸质菜单点餐，只需要扫一扫桌上的扫码，就可以在手机上完成从点菜到付款的整个用餐流程，再也不需要扯着嗓子喊服务员点餐了。现在我们在手机上点餐后，系统直接下单到厨房，速度比人工下单明显快了很多。作为吃客，就安安静静地在手机上查看订单状态、菜品信息即可。就连加餐、付款也能在微信完成，整个流程的体验顺畅无比、体验感爆棚。整个就餐流程变成了：

（1）就座后扫描桌面二维码，查看电子菜单，自助点餐并付款；

（2）后厨自动分单制作；

（3）服务员送餐至对应桌位；

（4）需要加菜时直接扫描二维码继续点餐。至此顾客完成整个用餐流程。

模式二：餐饮引进“互联网+”点菜新方式，消费体验升级。在家用微信点菜，到店直接上菜，餐饮商家引进“互联网+”点菜方式，省去了排号、看菜单纠结的时间，付款用手机扫码，这种“云餐厅”正在改变吃饭点菜的传统步骤。

“在家点好菜直接过来，五分钟之内就上菜了，真快。”陈小姐在某火锅店吃饭时发现，朋友来之前就已经在手机上点好了菜，预约了就餐时间，到了正好不用排队。到店出示点菜订单扫码，服务员扫码确认后即刻上菜，还省去了点菜、等上菜的时间，整个过程一共连五分钟不到。

“互联网+”的概念虽已流行到了餐饮业内，但商家的信息化程度仍有很大提升空间，远程“网上点餐”模式一方面可以节省餐厅人力成本，缩短客人候餐时间，提高翻台率增加收入。但也存在食客下单后违约以及行业竞争者恶意点餐的风险，餐饮商家可根据经营品类设定预订预付费。

## 五、传递菜肴

传菜部是中餐厅前台和后台协作的枢纽，其主要任务是将餐厅服务员所点的菜品通知厨房并将厨房做好的菜肴准确无误地送至餐厅，控制出菜节奏、顺序，传递菜肴数量，一般由传菜部主管或领班进行划单控制。

### （一）传菜部必备的用具物品

传菜部必备的用具物品有台号夹、台号夹隔架、白板以及各种服务用具，如托盘、划单用的红色圆珠笔、透明胶带、洗手盅、保温盖和各种调味品等。

### （二）传菜程序

（1）服务员点菜后，立即将第一联点菜单交收银台，第二联和第三联由收银员盖章后送传菜部。

（2）传菜部在第二联点菜单夹上与菜肴道数相同数量的台号夹，台号夹的餐桌号与点菜单的桌号应相同，并递交冷菜间、热菜切配间或点心间做准备；将第三联贴在白板上以备划单和控制出菜用。

（3）厨房根据用餐习惯先准备冷菜、再出热菜。传菜部负责掌握出菜的节奏，根据出菜台号夹的号码，在白板上相应台号的点菜单上将已出的菜肴划掉，同时检查菜肴数量和质量等。

（4）传菜员迅速将菜肴传交餐厅服务员，由餐厅服务员服务上桌。

（5）第三联点菜单划单结束后妥善保存，以备财务部审核。

## 六、菜肴服务

按照中餐菜肴服务流程和标准为宾客提供菜肴服务。

## 七、席间巡台服务

注意客人进餐情况，勤巡视每桌客人台面。良好的服务体现在服务员的工作做在客人开口之前。一般巡台服务的内容和要求：

（1）烟灰缸里有烟蒂或杂物应马上撤换。

（2）随时添加酒水、饮料。

（3）撤去空盘、空饮料瓶，整理台面，保持台面清洁美观。

（4）客人席间离座，上前帮助拉椅、撤餐巾，回座时再帮助客人拉椅、递餐巾。

（5）客人停筷后主动询问是否需要水果、甜品，并询问客人是否需要将多余的菜肴打包带走，如有需要迅速按规范替客人打包。

## 八、甜品、水果服务

（1）撤走菜盘和吃咸味菜的餐具，只留下牙签和有酒水的杯子。

（2）摆上甜品或水果的餐具后，上甜品和水果。

（3）水果用完后，问茶。

## 九、结账和热情送客

（1）客人示意结账后，上毛巾，并按规范进行结账服务。

（2）客人起身离座，上前拉椅，帮助客人穿外套，提醒客人带上随身物品和打包食品，向客人诚恳致谢并道再见。

## 十、结束工作

（1）客人走后再次检查是否有遗留物品，如有立即交还给客人或交餐厅经理处理。

（2）整理餐椅，清点餐巾和小毛巾，并按规范将所有餐具送至工作台或洗碗间。

（3）换上干净的台布，重新摆台，等候迎接下一批客人或继续服务其他客人。

## 任务二　宴会服务

### 【课前活动】

活动主题：认识中餐厅宴会的服务环节

活动步骤：

1. 实地查看中餐宴会的准备、服务、结束各环节，了解各环节服务员的工作内容；

2. 特别注意了解不同类型宴会的装饰布置和布局设计；

3. 班级报告成果。

### 【学习内容】

中餐宴会服务分为四个基本环节，即宴会前准备、宴会前迎宾、宴会就餐服务和宴会结束工作。

### 一、宴会前准备

宴会前由经理召开宴前会，强调宴会注意事项，检查员工仪容仪表，对宴会准备工作、宴会服务和宴会结束工作进行分工。

对于规模较大的宴会，要确定总指挥。在人员分工方面，根据宴会要求，对迎宾、值台、传菜、酒水供应、衣帽间及贵宾室等岗位进行具体分工，要求所有人员都有具体任务，将责任落实到人，做好人力、物力的充分准备，并保证宴会善始善终。

大型隆重的宴会活动，要求气氛热烈，为了保证活动万无一失，一般都在宴会开始前进行彩排。宴会常采用干冰、焰火或蜡烛等来烘托气氛，如上第一道菜时，服务员列队进场，菜盘中间点燃焰火，同时将宴会厅灯光熄灭，伴以节奏感强烈的进行曲，等服务员走到规定位置后，打开宴会厅灯光，服务员全体向客人鞠躬，再进行菜肴服务；或服务香槟时在香槟酒桶内放入干冰，列队入场，奏进行曲。

## 二、宴会前迎宾

### （一）宴前鸡尾酒会

大型隆重的宴会活动，根据宴会主办者的要求，常为先行到达的客人准备餐前鸡尾酒服务。一般在大宴会厅接待区由服务员托送餐前开胃酒和开胃小食品，不设座位，客人之间可以随意走动交流。

### （二）迎宾

根据宴会的入场时间，宴会主管人员和咨宾提前在宴会厅门口迎接客人，值台服务员站在各自负责的餐桌旁准备服务。客人到达时，要热情迎接，微笑问好。将客人引入休息室就座休息。回答客人问题和引领客人时使用敬语，做到态度和蔼、语言亲切。

## 三、宴会就餐服务

### （一）入席服务

当客人来到席位前时，值台服务员要面带微笑，拉椅帮助客人入座，要先宾后主、先女后男；待客人坐定后，帮助客人打开餐巾、松筷套，拿走台号、席位卡、花瓶或花插，撤去保鲜膜。

### （二）斟酒服务

为客人斟酒水时，要先征求客人意见，根据客人的要求斟倒各自喜欢的酒水。从主宾开始先问斟葡萄酒，再问斟烈性酒，最后问斟饮料；葡萄酒斟七成，烈性酒和饮料斟八成。大型宴会为了保证宾主致辞和干杯的顺利进行，还可以提前斟倒酒水。

客人干杯或互相敬酒时，应迅速拿酒瓶到台前准备添酒；主人和主宾讲话前，要注意观察客人杯中的酒水是否已准备好；在宾、主离席讲话时，服务员应提前备好酒杯、斟好酒水按规范在致辞客人身旁侍立，随时准备供客人祝酒。

### （三）菜肴服务

根据宴会的标准、规格，按照宴会上菜和分菜的规范进行菜肴服务。

菜肴服务的注意事项如下所示。

（1）上菜位置一般要侧对着主人或主宾进行，也有的在副主人右边进行，这样有利于翻译和副主人向来宾介绍菜肴口味、名称，严禁从主人和主宾之间或来宾之间上菜。

（2）在宴会开始前将冷盘端上餐桌；宴会开始，等客人将冷盘用到一半时，开始上热菜。服务员应注意观察客人进餐情况，并控制上菜的节奏。

（3）上菜顺序应严格按照席面菜单顺序进行。

（4）要求手法卫生，动作利索，分量均匀，配好佐料。

### （四）席间服务

宴会进行中，要勤巡视、勤斟酒，并细心观察客人的表情及需求，主动提供服务。

（1）保持转盘整洁。

（2）客人席间离座，应主动帮助拉椅、整理餐巾；待客人回座时应重新拉椅、递铺餐巾。

（3）客人席间站起祝酒时，服务员应立即上前将椅子向外稍拉，坐下时向里稍推，以方便客人站立和入座。

（4）上甜品水果前，送上相应餐具和小毛巾；撤去酒杯、茶杯和牙签以外的全部餐具抹净转盘，端上甜点和水果。

（5）客人用完水果后，撤去水果盘并摆上鲜花，以示宴会结束。

### （五）送客服务

#### 1. 结账服务

上菜完毕后即可做结账准备。清点所有酒水、香烟等包括宴会菜单以外的加菜费用并累计总数。客人示意结账后，按规定办理结账手续，注意向客人致谢。大型宴会结账工作一般由管理人员负责。

#### 2. 热情送客

主人宣布宴会结束时，服务员要提醒客人带齐自己的物品。当客人起身离座时，服务员应主动为客人拉椅，以方便客人离席行走，视具体情况决定是否送客人至门口或目送客人。

衣帽间服务员应根据取衣牌号码，及时、准确地将衣帽取递给客人。

### 四、宴会结束工作

大型宴会的结束工作与准备工作同样重要，要求按宴会前的分工和规范进行，以接率降低损耗。

在客人离席时，服务员要检查台面上是否有未熄灭的烟头或有无客人遗留的物品。在客人全部离去后，立即清理台面。先整理椅子，收餐巾和小毛巾，再按规范清理餐具用品至后台分类摆放。贵重物品要当场清点。

收尾工作结束后，领班要做检查。一般大型宴会结束后，主管要召开总结会。待全部工作检查完毕后，全部工作人员方可离开。

# 项目三　西餐服务

## 任务一　西餐正餐服务

### 【课前活动】

活动主题：初识西餐服务

活动步骤：

1. 网上观看西餐服务视频，主要学习西餐厅环境布局
2. 班级分享交流

### 【学习内容】

### 一、餐前准备

#### （一）餐前准备

（1）开餐前服务员要将各种刀、叉、勺、餐盘、茶杯、咖啡杯、红（白）

葡萄酒杯、香槟杯和白兰地酒杯等餐酒具准备充足。

（2）将酒篮、冰桶、冰桶架、花瓶、烟缸、调味架等用具准备好，并按正餐要求摆台。

### （二）迎宾引座

（1）宾客进入餐厅，要由迎宾员或经理在餐厅门口迎候，面带微笑向宾客问候。

（2）询问宾客是否预订，并按人数将宾客引领到预留或适当的餐台，拉开椅子，按女士优先的原则安排宾客就座。

### （三）开胃酒或鸡尾酒服务

当所有宾客入座后，服务员可以开始接受点开胃酒或鸡尾酒，记下每位客人所点的酒水，并向宾客复述，送酒水时应事先核对以免出差错，未点酒的宾客应为其倒上冰水，服务鸡尾酒时，应用托盘送上，并报出名称。

### （四）呈递菜单和接受点菜

上酒水后，由服务员按先女后男、先宾后主的顺序为每位客人递送一份干净的菜单；递送时打开菜单的第一页在宾客的左边用左手递上；呈递菜单后应离开餐桌一会儿，让宾客从容地选择，5~10 分钟后再回到桌边来接受宾客点菜；接受点菜时，一般在宾客的右边；点菜完毕后，应立即为其复述一遍，确保无误后，开出点菜单。

### （五）铺餐巾

### （六）接受点佐餐酒

在宾客点完菜后，服务员应立即呈递酒单，让宾客选择与自己所点菜肴相配的佐餐酒。因西餐中菜肴与酒水的搭配有一定的规律，所以服务员应向客人介绍、推荐与所点菜肴相匹配的各种酒类。

### （七）面包、黄油服务

服务员将新鲜的面包、黄油按先女后男的顺序放在餐叉左边的面包盘内。

## 二、餐中服务

### （一）头盆

（1）头盆又称开胃品或开胃菜，是开餐的第一道菜，起开胃作用，由冷制食品制成的冷头盆和热制食品制成的热头盆。吃头盆时选用低度干白葡萄酒

（见图 3–9–14）。

（2）送上头菜（开胃菜）：假如配用头菜，则先斟配酒水，后上头菜。上菜时服务员用右手从宾客右边送上。当桌上所有宾客都用完头菜后，撤下菜盘。撤盘时，用右手从宾客的右边按反时针方向依次撤下每位客人的空盘。

图 3–9–14 头盆

### （二）汤

（1）西餐的汤类富含鲜香物质和有机酸等，能刺激胃液的分泌，从而增加食欲，所以，汤在西餐中占有重要地位。汤可分为清汤、奶油汤（浓汤）、茸汤（见图 3–9–15）。

（2）上汤：服务员用手推车或旁桌服务方式上汤，直接放入装饰盘内。用完汤后，将汤盆连同装饰盘一起撤下，餐位上只留下吃主菜的刀叉用具。

图 3–9–15 汤

## （三）副盆

副盆又称中盘，通常作为西餐中的第三道菜（见图 3–9–16）。副菜通常选用各种鱼类、虾类及贝类等海鲜作为菜肴的原料。

图 3–9–16　副盆

## （四）主菜

（1）主菜又称主盆，用海鲜、禽畜原料制成，是一餐的重头戏（见图 3–9–17）。吃主菜时选用干红葡萄酒。

（2）上主菜：主菜上桌时由服务员从宾客右侧上菜，上完后报菜名。牛、羊排要告知几成熟。放盘时，让主菜肉类靠近宾客面前，蔬菜靠桌心方向。

图 3–9–17　主菜

## （五）甜点

甜点是一餐中的最后一道食品，分冷甜点和热甜点（见图 3–9–18）。吃冷甜点前，客人常先吃奶酪。吃奶酪时，选用较甜的葡萄酒。吃甜点时，选用甜白葡萄酒或有汽的葡萄酒。

图 3-9-18 甜点

### （六）咖啡或茶

服务员要先问清宾客喝咖啡还是茶，随后送上糖缸、奶壶或柠檬片，放上咖啡具或茶具，从宾客右边斟上咖啡或茶（见图 3-9-19）。

图 3-9-19 咖啡

## 三、餐后服务

### （一）结账收银

应征询宾客是否需要分单结账；主人示意结账时，服务人员应主动到前台拿账单送至主人面前，待客人过目确认无误后，将款项交到收银台，再将剩余款项和发票交还到顾客手上。有的西餐厅在结账后还给每位客人赠送一块餐厅自制的花式巧克力以示感谢。

**（二）送客**

在送别客人时，应拉椅协助，并礼貌道别。若有衣帽寄存，应主动取递衣帽，并协助穿戴。欢迎再度光临。

**（三）收台整理**

客人离开后，值台员应立即检查有无客人的遗留物品，并准备接待下一批客人的到来或为其他客人服务。值得注意的是，换上干净台布，重新摆台，摆台等操作应尽量轻声，以免影响其他客人就餐，破坏西餐厅的宁静气氛。

## 任务二　西餐宴会服务

### 【课前活动】

活动主题：了解西餐宴会

1. 网上观看西餐宴会视频，观察西餐宴会台型设计、西餐菜肴等；
2. 班级交流分享。

### 【学习内容】

### 一、宴会前服务

**（一）准备工作**

布置宴会场所，摆设餐桌。根据宴会通知单的要求布置宴会厅，摆出台型，铺上台布，按列出的菜单摆放刀、叉等餐具，餐具摆放松紧得当、规格统一，按通知单的酒水要求摆放相应的酒水杯，后面中央放插花、烛台、胡椒盅、盐盅、牙签盅（3~4 人一套）。

准备工作台。临时工作台根据人数、菜肴来准备，台形的摆放一般根据用餐客人人数多少而定。通常在工作台上备有咖啡具、茶具、冰水壶、托盘、干净的烟灰缸、服务用刀叉、勺等。

准备工作间内则备有面包篮、新鲜面包、黄油、酒水等。

### （二）迎宾服务

将餐厅门打开，领位员站在门口迎接客人，服务员站在桌旁，并面向门口方向。当来宾进来后向客人问好，待走进座位时，服务员应面带笑容拉开座椅，按宾主次序引请来宾入座，客人坐下后从右侧为客人铺上口布。宾主座位安排有两种方式：一种是主人和主宾的席位安排在餐台的横向中间，另一种是主人和副主人坐在长台纵向的两端。

## 二、宴会中服务

### （一）摆黄油、派面包

在宴会开始前几分钟摆上黄油，分派面包，面包作为佐餐食品可以在任何时候与任何菜肴搭配进行，所以要保证客人面包盘总是有面包，一旦盘子空了，应随时给客人续添。

### （二）按菜单顺序撤盘上菜

按菜单顺序撤盘上菜，一般顺序是：冷开胃品、汤、鱼类、副盆、主菜、甜食水果、咖啡或茶。其中冷开胃品是用餐前的一道菜，当宾客准备用冷开胃品时，服务员应配倒相应的酒水。在上汤时，首先将汤碗放在汤碟上面，从客人的右侧为客人服务。上主菜时，通常会搭配几样蔬菜、沙司及色拉，盛装主菜用大号餐盘，盛装色拉用生菜盘，此外色拉不用另配刀、叉，主菜上桌前，要为宾客斟倒红葡萄酒，主菜上桌时要跟上沙司；用完主菜后，应将餐桌上的胡椒、盐盅同时收去。上甜食水果之前先撤下桌上除酒杯以外的餐具和主菜餐具、面包碟、黄油盅、胡椒盅、盐盅等，并换上干净的烟灰缸，摆好甜品叉匙；水果要摆在水果盘里，随后上洗手盅，水果刀、叉。上咖啡或茶水之前先放好糖缸、淡奶壶，在每位宾客右手边放咖啡或茶具，然后拿咖啡壶或茶壶依次斟上。

## 三、宴会后服务

（1）宴会结束时，为客人拉椅，提醒客人不要遗忘自己的东西。

（2）宾客在前，服务员引导宾客出门并送宾客至宴会厅门口。

（3）宾客离开后，应及时检查台面及地毯上是否有宾客遗留的物品，有无未熄的烟头等。

（4）开始收台，首先收起餐巾，后用托盘或手推车收餐具，撤掉台布。

（5）整理宴会厅及休息室。

（6）了解下一次餐宴会情况，在下班前准备好下餐宴会的餐桌摆台。

（7）准备完毕后，关上门窗和所有电灯。

## 【知识链接】

### 西餐宴会注意事项

1. 西餐要给客人一种艺术的美感，十分讲究造型，服务时一定重视这一点。上菜时，主造型的一边正对着客人，每位客人都一样。如果是方台，餐盘的位置距离大致相等并成一条直线。

2. 西餐宴会十分注重气氛，但不是中式宴会的热闹，而是在优雅文静的气氛中进行。所以背景音乐要柔和，为客人营造一种美妙的气氛和高雅的情调。

3. 加盖的菜上席后，每一位传菜员负责一位客人，为客人揭盖时要同时进行，动作一致。

4. 虾、蟹等海鲜食品要上洗手盅，一般是在温水里放上一片柠檬片给客人洗手。

5. 客人离开席位时，要将客人的席巾叠好、摆放整齐，放至客人装饰碟的右边。

## 【思考与练习】

**一、判断题**

1. 中餐厅服务包含从客人进入餐厅到把客人送出餐厅的全过程。（　　）

2. 中餐茶水或酒水服务应在客人左边进行，并使用恰当的敬语。（　　）

3. 服务员可以通过观察客人的言谈举止、询问客人的国籍、职业等信息了解客人口味及饮食需求。（　　）

4. 收银台是中餐厅前台和后台协作的枢纽，主要任务是把餐厅服务员所点的菜肴通知厨房，并将厨房做好的菜肴准确无误地送至餐厅。(　　)

5. 西餐宴会服务在上每一道菜之前，应先撤去上一道菜肴的餐具，再上菜，然后斟好相应的酒水。(　　)

## 二、单项选择题

1. 西餐宴会以下服务中，不在左侧进行的是(　　)。

A. 上鱼类菜肴　　B. 分派主菜和蔬菜

C. 分派沙司　　D. 分派奶酪及配食饼干

2. 中餐点菜的顺序，下列(　　)是正确的。

A. 接受点菜→提供建议→记录内容→复述内容

B. 提供建议→复述内容→礼貌致谢→记录内容

C. 记录内容→接受点菜→提供建议→礼貌致谢

D. 礼貌致谢→提供建议→记录内容→复述内容

3. 手写的点菜单一式四联，其中(　　)交收银员。

A. 一联　　B. 二联　　C. 三联　　D 四联

4. 服务员应在客人准备点菜时，立即走上前询问“(　　)”。

A. 请问你们想吃点什么?　　B. 请问可以为您点菜了吗?

C. 请问你们有几位?　　D. 请问你们有什么忌口的?

5. 中餐宴会斟酒时，应先斟(　　)。

A. 烈性酒　　B. 啤酒　　C. 葡萄酒　　D. 饮料

## 三、多项选择题

1. 下列关于茶水服务正确的是(　　)。

A. 冲泡红茶时，用 90 度左右的沸水，加盖 40 秒

B. 冲泡乌龙茶时，茶量占茶壶容量的五六成

C. 铁观音、武夷岩茶、大红袍都是乌龙茶中的上品

D. 花茶冲泡需加盖 4~5 分钟再饮用

E. 斟茶时，站在客人右侧，右手持壶把，左手轻按壶盖

2. 以下酒水中，斟酒量为八成的有(　　)。

A. 烈性酒　　B. 红葡萄酒　　C. 果汁　　D. 茶　　E. 啤酒

3. 以下餐巾花中，属于盘花的是(　　)。

A. 小白菜　B. 香蕉　C. 雨后春笋　D. 美人蕉花　E. 帆船

4. 下列关于小毛巾服务正确的是（　　）。

A. 就餐过程中至少提供两次

B 客人用过后将小毛巾撤走

C. 客人就餐过程中可随时提供毛巾服务

D. 在服务时，将小毛巾放入毛巾托内，用托盘递上，并道“您好，请用毛巾”

E 可以将毛巾放在客人右侧，也可以放在左侧

5. 下列在西餐厅使用的瓷器中，需同时配以垫碟使用的有（　　）。

A. 汤盆　B. 汤盅　C. 咖啡杯　D. 茶杯

**四、拓展作业**

活动一：宴会设计

活动目的：全面梳理宴会服务流程

活动形式：自主完成宴会设计方案

学习任务：

1. 假如要举行毕业晚宴，请你进行宴会设计。
2. 设计要点：活动时间、活动地点、活动主题、活动安排、应急预案。
3. 班级展示成果，相互交流。

# 模块四

# 饭店管理基础

饭店管理是指管理者为了有效实现饭店目标，科学组织并利用其各种要素（人、财、物和互联网等），借助管理手段，完成该组织目标的过程。饭店管理通常运用强制、惩罚、激励、沟通与说服等手段，最终实现提高饭店的社会效益和经济效益这一目标，促进饭店的发展。

# 单元十　探知饭店的“管理策略”

安全事故防范工作是酒店管理工作的重要内容之一，是酒店建设中一项经常性、综合性的工作；服务质量是饭店的生命线，直接影响饭店的声誉；正确对待和处理投诉事件，能赢得宾客的满意度，提高饭店的效益。

## 【学习目标】

**1. 知识目标**

（1）理解饭店安全管理的特点、目标。

（2）掌握饭店服务质量的含义、内容、特点及控制。

（3）投诉的含义、内容及原则。

**2. 能力目标**

（1）能灵活应对饭店常见安全事故。

（2）能按照规定处理一般投诉。

**3. 素质目标**

（1）树立宾客至上的服务理念，养成良好安全责任意识。

（2）具有团结协作、爱岗敬业、吃苦耐劳的品德和良好的职业道德。

# 项目一 饭店安全管理

【课前活动】

活动主题：关注安全

活动步骤：

1. 讲述生活中的安全故事

2. 讨论安全的重要性

## 【学习内容】

## 一、饭店安全管理的含义

饭店安全管理是指为了保障宾客、员工以及饭店的安全而进行的一系列计划、组织、指挥、协调、控制等管理活动。

### （一）饭店安全管理的特点

**1. 政策性**

饭店安全工作具有很强的政策性。饭店安全工作涉及治安管理、外国人管理、保卫业务、消防、交通管理等，要做到依法办事。

**2. 复杂性**

饭店是综合性服务单位，它不仅为宾客提供食宿，还是客人从事商务、社交、康乐等活动的场所。因此，来店客人背景多样且流动性大，人员情况往往难以掌握，这使得饭店安全工作非常复杂。

**3. 预防性**

饭店安全工作的重点不是处理安全事故而是以防范为主。饭店安全部应搭建覆盖整个饭店的安全保卫工作网络，安装各种安全设施，这一系列工作的着眼点就是预防和制止可能出现的各种不安全因素，而不是事后处理或弥补。

**4. 服务性**

饭店是以服务为宗旨，因此确保客人的人身、财产安全和饭店安全是整个对客服务的重要组成部分，也是确保饭店服务质量的重要环节。

### （二）饭店安全管理的目标

#### 1. 确保宾客的安全

包括确保宾客的人身安全、确保宾客的财产安全、确保宾客心理上的安全感。

#### 2. 确保员工的安全

包括确保员工的人身安全、确保员工的合法权益。

#### 3. 确保饭店的安全

包括为维护饭店的形象而进行的一系列工作、保障饭店的财产不受损失。

### 【案例选读】

#### 遗失的包

杨先生来杭州出差，从车站打出租车到某饭店，下车付钱时杨先生随手把包放在副驾驶前的台面上。在总台办理入住登记手续拿身份证时，才想起来把包遗忘在出租车上了，而他又忘记索要出租车发票，心里十分着急，因为包里放有证件和公司的一些重要资料。

总台了解了情况后，立即与行李员联系。刚刚为杨先生开车门的行李员赶了过来，告诉杨先生不要着急，他们登记了车牌号与出租车单位名称，随即联系出租车运管部门与出租车公司，尽力协助杨先生寻找遗失的包。

过了一会儿，行李员得到回复，包已经找到了，他马上告诉杨先生，出租车司机一会儿就把包送过来，杨先生的包因此失而复得。

## 二、饭店常见安全问题及应对

### （一）客人意外受伤和生病

饭店应备有客人受伤和生病的处理预案。如一旦客人受伤或生病，饭店应有处理紧急情况的措施。发生客人在饭店受伤的情况，一般处理措施如下。

1. 保持冷静，立即通知饭店医务人员和上级领导。

2. 饭店负责人及相关部门接到通知，应立即赶到现场，做好管理及救助工作，并根据伤者的情况和意愿，决定是否通知其单位或家属。

3. 对于骨折病人，服务员应尽量稳定客人情绪，并使客人身体尽量保持固定，耐心等待医务人员或医院急救人员的到来，协助医务人员做好相关的服务工作。

4. 对心脏病、高血压和脑出血等突发病人，如果客人昏厥跌倒，饭店员工不能因为客人躺在地上不雅而把客人抬到别处，此时任何运动或移动都可能加重客人的病情。服务员应及时移开客人周围物品，腾出空间，以便抢救。

5. 服务员应认真观察客人病情，帮助客人解开领带、领结或领扣，在客人身下垫柔软织物，等待抢救医生的到来。医生来了之后，按照医生的吩咐，做一些力所能及的事。初步诊断发病人员的病状，若不严重由医务人员就地治疗，若病情严重则采取急救措施后及时送往医院救治。

### （二）食物中毒

食物中毒是指人体摄入有毒的食物而引起的急性疾病的总称。临床表现以恶心、呕吐、腹痛、腹泻、昏迷为主。食物中毒的类型包括：细菌性食物中毒、化学性食物中毒、有毒食物中毒等。

#### 1. 食物中毒的预防

（1）加强对从业人员的卫生宣传教育，养成良好的卫生习惯和安全责任意识，文明生产、科学加工。

（2）加工场所应符合由生到熟的过程，不能交叉污染。厨房、仓库、营业厅等处做好防范老鼠、苍蝇、蟑螂等措施。

（3）禁止在镀锌容器中盛放、煮制、加工酸性食品，做好锌化物的保管工作。

（4）马铃薯应放在干燥阴凉处，发芽则不宜食用，四季豆应煮熟后食用。

#### 2. 食物中毒的处理

饭店一旦发现宾客有食物中毒症状，通常处理措施如下。

（1）报告上级领导，由其通知医生前去诊断。

（2）如果确诊为食物中毒，应及时通知总经理、餐厅经理、厨师长等。饭店若设有医务室，则医生应立即对病人进行紧急救护，没有医务室的则立即拨打 120 或送医院紧急救治。

（3）安抚其他在场用餐客人，观察其他客人的餐后反应，看是否有中毒症状。

（4）餐饮部对客人所用食物或呕吐物取样备检，以检查、确定中毒原因，并及时通知卫生防疫部门。对可疑食品及有关餐具进行控制，以备查验，防止其他客人中毒。

（5）由餐饮部负责、安全部协助，对中毒事件进行调查，并配合卫生防疫部门的工作。

（6）饭店及时通知食物中毒病人家属或单位，并向他们说明情况，协助做好善后工作。

（7）做好整个事件过程的记录工作。

### （三）火灾

火灾是威胁饭店安全的重大因素，因此，饭店应制定科学合理的防火措施。

#### 1. 火灾的预防

（1）贯彻执行国家消防法规，健全防火制度。

（2）普及防火知识教育，落实防火岗位责任制。

（3）定期进行消防安全检查。

### 【知识链接】

## 饭店消防系统与消防警示图

（1）水灭火系统（由水泵、水池、水箱、稳压装置、水泵结合器、供水管网和喷头、消火栓、控制阀门、末端试水等组成）

（2）应急照明系统（包括双电源箱或者EPS电源、应急照明箱、应急灯、疏散标志灯、安全出口）

（3）火灾自动报警系统（由火灾报警主机、探测器、手报、模块等组成）

（4）防排烟系统（包括加压、排烟风机，防火阀，加压、排烟口及管路）

（5）建筑防火分区及防烟分区（包括防火门、防火卷帘门、防火窗、挡烟垂壁和防火墙）

（6）疏散通道（主要包括消防通道、疏散楼梯、消防电梯前室、室外消防

车道、消防登高救援场地等）

7. 灭火器具（主要有灭火器、救援包、防火服等）

饭店消防系统与消防警示图如图4–10–1，图4–10–2，图4–10–3，图4–10–4和图 4–10–5 所示。

图 4–10–1　火警电话

图 4–10–2　报警器

图 4–10–3　安全出口

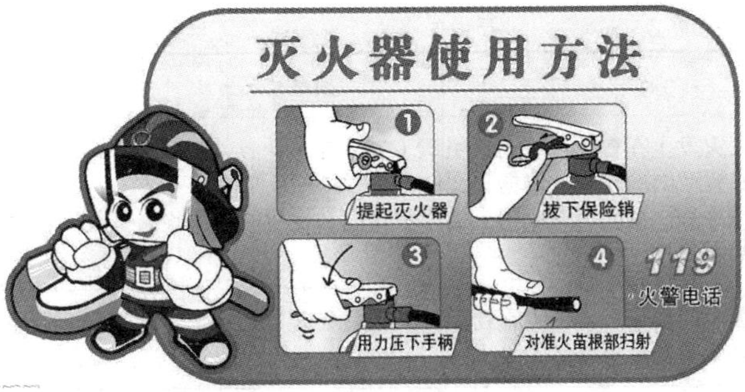


图 4–10–4　灭火器使用

图 4–10–5　火灾知识“四懂四会”

## 2. 火灾事故预案（见表 4–10–1）

表 4–10–1　火灾事故预案

| 部门 | 预案 |
|---|---|
| 工程部 | 1. 逐层检查电梯内是否有人，确认电梯内无人后，将电梯全部沉降至底层<br>2. 确定并赶往火灾现场，视火情决定是否关闭饭店燃气阀门、电器设备、锅炉、制冷设备以及照明电源等 |
| 前厅部 | 1. 迅速打印住店客人登记汇总表，交给饭店灭火指挥部，以便掌握当日住店客情信息<br>2. 保证酒店内部电话畅通，执行上级下达的指令<br>3. 告诫客人不要乘用电梯，并由专人看守；迅速整理行李登记簿并看管好行李，接到撤离指令后将行李转移到安全地点；门童协助大堂副理引导客人疏散<br>4. 大堂副理坚守岗位，答复客人询同并安抚客人，接到疏散指令后，负责疏导客人 |
| 客房部 | 查看火灾是否在本楼层；若是，打开安全通道疏散客人，不得乘电梯；客房服务员拿上万能钥匙、手电筒和粉笔，检查每一间房及卫生间，确认房内无人后将房门关好用粉笔在房门外画上标记 |

续表

| 部门 | 预案 |
| --- | --- |
| 餐饮部 | 1. 若火灾发生在餐厅，应迅速组织（或参与）扑救，疏散客人；若不在餐厅，应整理并看管好餐厅内的现金、票据和文件<br>2. 保持冷静，关闭燃气阀门，关闭炉灶门和通风、排风设备，关闭各种电器开关，处理好油锅和油桶 |
| 安全部 | 保护饭店的现金和其他贵重物品，护送财务人员把现金转移到安全的地方；保护好商场及公共场所的贵重物品 |

### （四）失窃

#### 1. 失窃的类型

（1）外部偷盗。即社会上的不法分子混进饭店进行偷盗。饭店只有依靠加强管理，提高警惕，才能防止此类盗窃行为的发生。

（2）内部偷盗。指饭店员工利用工作之便盗取客人及饭店的财务。

（3）内外勾结。一般由饭店内部员工向社会上的同伙提供“情报”及各种便利，由其同伙作案、销赃。

（4）客人自盗。指不法分子以客人的身份入住，然后利用“地利”的方便伺机行窃。饭店方要加强对电梯、楼层、门窗等区域的监控与巡视，同时提醒客人提高警惕，保管好自己的财物。

#### 2. 失窃事故的处理

当饭店发生失窃事件时，处理程序一般如下。

（1）接到失窃报告，立即通知值班经理、安全部及房务部（或相关部门）。

（2）认真听取并详细记录客人讲述，帮助客人回忆丢失物品经过。

（3）向安全部调出监控系统的录像带，以便进一步调查。

（4）若确定遗失物品无法找到，而客人坚持要报警处理时，立即通知安全部人员。

（5）做好盗窃案件发案、查访过程及破获结果的材料整理归档工作。

注意事项：接到宾客报警后，服务员不得擅自进房查找。宾客入住时，要提醒宾客将贵重物品进行寄存保管或放置在客房保险箱内，以减少盗窃案件的发生。

# 项目二　饭店服务质量管理

## 【课前活动】

活动主题：讨论服务质量

活动步骤：

1. 小组同学讲述生活中关于服务质量的案例选读
2. 小组讨论优质服务有哪些表现

## 【学习内容】

### 一、饭店服务质量的含义

饭店服务质量，是指饭店提供的实物产品和服务在使用价值上适合和满足顾客需要的程度。它是以设施设备为依托，通过劳务服务来实现的，是有形物质和无形服务的结合。

现代饭店服务的宗旨是“宾客至上”，强调客人是上帝。在饭店对客服务过程中，满足宾客的期望是服务质量的核心内容。了解宾客的需求是提高服务质量的前提。宾客的需求主要包括：被尊重和理解的需求、舒适与方便的需求、安全与卫生的需求、高效服务的需求、个性化需求等。

服务质量是饭店的生命线。饭店之间的竞争从本质上讲是服务质量的竞争。以质量求效益是每家酒店发展的必经之路。现代酒店都非常重视服务质量，希望通过质量管理，为客人提供优质服务，满足客人的各种需求并在竞争中立于不败之地。

【案例选读】

## 超乎你的想象

一位朋友因公务经常出差泰国，并喜欢下榻在曼谷文华东方酒店，第一次入住时良好的饭店环境和服务就给他留下了深刻的印象。当他第二次入住时，几个细节更使他对饭店的好感迅速升级。

那天早上，在他走出房门准备去餐厅时，楼层服务生恭敬地问道："于先生是要用早餐吗？"于先生很奇怪，反问："你怎么知道我姓于？"服务生说："我们饭店规定，晚上要背熟所有客人的姓名。"这令于先生大吃一惊，因为他频繁往返于世界各地，入住过无数高级酒店，但这种情况还是第一次碰到。

于先生高兴地乘电梯到餐厅所在的楼层，刚刚走出电梯门，餐厅的服务生说："于先生，里边请。"于先生更加疑惑，因为服务生并没有看到他的房卡，就问："你知道我姓于？"服务生答："上面电话刚刚下来，说您已经下楼了。"如此高的效率让于先生再次大吃一惊。

于先生刚进餐厅，服务小姐微笑着说："于先生还要老位置吗？"于先生的惊讶再次升级，心想"尽管我不是第一次在这里吃饭，但最近的一次也有一年多了，难道这里的服务小姐的记忆力那么好？"看到于先生惊讶的目光，服务小姐主动解释说："我刚刚查过电脑记录资料，您去年的8月8日在靠近第二个窗口的位子用过早餐。"于先生听后兴奋地说："老位子，老位子！"服务小姐接着问："老菜单，一个三明治，一杯咖啡，一只鸡蛋？"听后，于先生已经不再惊讶了，回答道："老菜单，就要老菜单！"于先生之后便成为该酒店的忠实顾客。

**【想一想】**

泰国东方文华酒店如何征服于先生的？

## 二、饭店服务质量的内容及要求

饭店服务质量由硬件质量和软件质量构成。硬件质量指饭店设施设备等可用客观线标度量的实物质量，软件质量是指饭店提供的各种劳务活动的质量。具体内容及要求如图 4-10-6 所示。

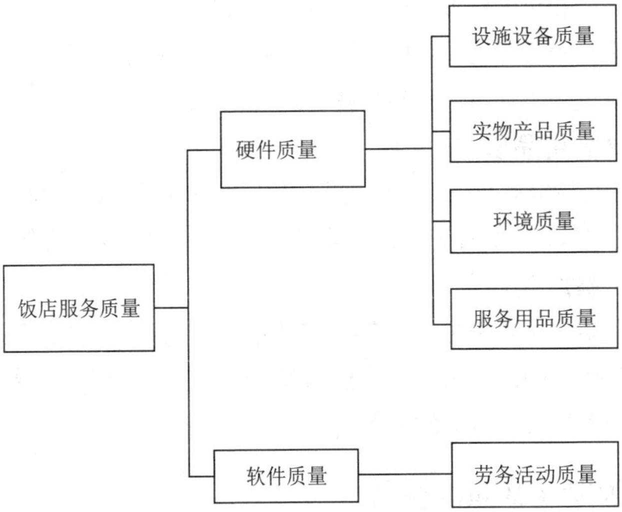


图 4-10-6　饭店服务质量构成

### （一）设施设备质量

饭店的设备设施包括客用设备设施和供应用设备设施。

客用设备设施也称前台设备设施，是指直接供客人使用的设备设施，如餐厅、客房的各种设备设施等。它要求做到设置科学，结构合理；配套齐全，舒适美观；操作简单，使用安全；完好无损，性能良好。供应用设备设施也称后台设备设施，是指饭店经营管理所需的生产性设备设施，如厨房设备设施等。要求饭店做到安全运行，保证供应，否则也会影响服务质量。

### （二）实物产品质量

饭店的实物产品可直接满足宾客的物质消费需要，通常包括：菜点酒水质量、客用品质量（饭店直接供宾客消费的各种生活用品，包括一次性消耗品和多次性消耗品）、商品质量。对饭店实物产品的要求是：与饭店星级相适应，数量充足，供应及时，安全卫生。

### （三）环境质量

服务环境质量是指饭店设施的服务气氛给客人带来感觉上的享受和心理上

的满足。它主要包括独具特色的饭店建筑和装潢，布局合理且便于到达的饭店服务设施和服务场所，充满情趣并富于特色的装饰风格，以及洁净无尘、温度适宜的饭店环境和仪表仪容端庄大方的饭店服务人员等。

通常饭店对服务环境质量的要求是宁静典雅、和谐温馨、有序安全。在此基础上，还应充分体现出一种独具特色的文化品位。

### （四）服务用品质量

服务用品是指饭店在提供服务过程中供服务人员使用的各种用品。对饭店服务用品质量的要求是：品种齐全、数量充裕、性能优良、使用方便、安全卫生。

### （五）劳务服务质量

劳务服务质量主要满足宾客在心理和精神上的需求，使宾客感到愉快和满意。劳务服务质量的内容包括：礼貌礼节、服务态度、职业道德、服务技能与服务方式、服务项目和服务效率等。

## 三、饭店服务质量的特点

### （一）评价标准的主观性

饭店的客人遍布全球，由于他们的国籍、职业、职位、民族、宗教信仰和经济基础等诸多因素的不同，对饭店服务质量的要求也有所不同。因此，他们在评价一项服务工作的质量高低时，通常以自己的主观感受为标准。饭店在服务过程中应了解和掌握顾客的不同需求，提供针对性服务，并不断地改善对客服务，重视服务细节和效果，提高顾客的满意度，从而提高饭店的服务质量。

### （二）服务质量的时效性

饭店服务存在于一定的空间和时间之内，所以饭店服务质量有很强的时效性。物质产品质量出现问题可以进行返修，而服务产品一旦出现质量问题则无法弥补。因此，饭店管理者应督促员工做好每一次服务工作，力争使每次服务都能满足顾客需求，不满足于已取得的成绩，只有这样才能不断提高饭店整体服务质量。

### （三）服务的直接性

饭店产品的生产、销售、消费是同步进行的，因而生产者与消费者之间是当面服务、当面消费。服务的好坏，立即受到客人的当面检验。这种面对面的直接服务和消费的特点，对饭店的物质条件、设备、工艺技术、人员的素质及服务质量等提出了更高、更直接的要求。

### （四）构成的综合性

饭店服务质量的构成内容，包括设施设备质量、实物产品质量、环境质量、服务用品质量、劳务服务质量等多种因素，其中，设施设备与实物产品是饭店服务质量的基础，服务环境和劳务服务是表现形式，而顾客满意程度是最终体现。因此，饭店服务质量的构成具有极强的综合性。这就要求饭店管理者树立系统观念，既要抓好有形产品的质量，又要抓好无形服务的质量，把饭店服务质量管理作为一项系统工程来抓。

### （五）内容的整体性

饭店服务质量的构成内容是多方面的，这是因为顾客在饭店有食、宿、行、游、购、娱等多种需求，也就是说，顾客对饭店服务质量的评价是一个总体感受，是多层次、多方面服务带来满足的总和，如果某一个环节的服务不合格，就会影响饭店的整体服务质量。饭店服务质量管理中有一个流行的公式：100−1=0，因此，饭店的每次服务，在质量上都必须是优质的，只有这样，才能树立饭店整体形象，确保饭店服务全过程和全方位的“零缺陷”。

### （六）对员工素质的依赖性

饭店服务质量是在有形产品的基础上，通过服务人员的劳务服务创造并表现出来的。这种创造和表现能否满足顾客需求取决于服务人员的素质高低和管理者的管理水平高低。所以，饭店服务质量对员工素质有较强的依赖性。提高饭店服务质量，不仅要不断提高服务员的技术水平，还要注意提高其对服务质量的认识，培养全心全意为顾客服务的精神，树立“宾客至上”的思想。

## 【案例选读】

### 一把水果刀

夏日的一个晚上，客房服务员小李到818房间为客人做夜床，当她打开房门时，不禁被眼前的情景吓了一跳：房内一片狼藉，西瓜皮、西瓜子满地，卫生间的毛巾也被拿进房间，而且染上了红色的西瓜汁……

小李正准备整理时，818房的张先生手里捧着一只西瓜回来了，看到小李，微微有点不好意思地说："下午几个朋友来玩，玩得开心，没有水果刀，比赛谁的拳头硬，能砸开西瓜，结果把房间弄得乱七八糟……"小李微笑着对客人说："这是我的工作没有做好，没有看到您带水果进房间。等会儿我给您拿把专门切西瓜的刀来，您用起来会方便些。"说完，小李认真地为客人整理好房间，并换上干净的毛巾，又给客人拿来了水果刀、果盘和一包餐巾纸。客人看着整洁的房间和没有一点抱怨的小李，连忙说道："谢谢。"小李愉快地对客人说："这是我应该做的。"

## 四、饭店服务质量控制

### （一）饭店服务质量控制的基本条件

（1）制定饭店服务质量标准。

（2）做好员工的培训工作。

（3）跟踪收集质量信息。

### （二）饭店服务质量控制的主要内容

一般来说，服务质量的控制主要包括以下三个方面的内容。

#### 1. 预先质量控制

预先质量控制，就是为使服务结果达到预定目标，在服务前所做的一切管理上的努力，其目的是防止餐饮服务中各种资源在质和量上产生偏差。

#### 2. 现场控制

现场控制是指现场监督正在进行的饭店服务，使其规范化、程序化，并迅速妥善处理意外事件。

#### 3. 反馈控制

反馈控制就是通过质量信息的反馈，找出质量差异及其产生的原因，提出有效的改进措施避免过错的再次出现，确保饭店服务质量管理工作的良性循环。

## 【知识链接】

### PDCA 循环法

PDCA 循环法是种科学的质量分析和管理程序，最早由美国贝尔实验室的休略特博士提出，后经戴明博士应用于实践，又称“戴明环”。所谓 PICA，就是按照计划（plan）、执行（do）、检查（heck）、处理（action）这四个阶段进行管理工作。四个阶段周而复始，阶梯式上升，即 PDCA 每循环一次，质量水平和管理水平就会提高一步，以达到持续改进和提高。

## 【前沿资讯】

### 服务方式的变化

饭店服务正从以我为主的“规范化”服务走向以客人为主的“个性化”、“定制化”服务。个性化、定制化服务强调客人的个性需求，要求服务工作做得更细致和周到，服务方式应根据客人需求的变化而变化。现在许多饭店不再苛求规范，而且赋予员工充分的权力以解决客人的问题，这些饭店强调随客人心意提供亲切的面对面的服务，使客人得到及时的服务而不必等待，同时，也更加注重客史档案的建立与充分的利用，以求更好地为客人提供个性化、定制化服务。

# 项目三　宾客投诉处理

## 【课前活动】

活动主题：认知投诉

活动步骤：

1. 结合你的生活经历，讲述因购买商品或服务过程中引发不满的投诉事件

2. 讨论引起投诉的原因

## 【学习内容】

### 一、什么是投诉

投诉是宾客对饭店服务设施设备、项目及服务人员的服务行为表示不满，而提出的批评或控告。

### 二、宾客投诉内容

#### （一）对设施设备的投诉

宾客对饭店服务设备的投诉主要包括：网络、照明、水电、家具等。接到客人对有关设备的投诉时，最好的办法是立即派人前去查看，然后根据情况，采取措施。事后，通过电话联系客人，确认客人的投诉已得到了解决。

#### （二）对服务态度的投诉

宾客对服务员的服务态度的投诉主要包括：粗鲁的语言；不负责任的答复或行为；冷冰冰的态度；若无其事、爱理不理的接待方式；过分的热情；待客不主动、不热情；用语不当，冲撞客人；挖苦、辱骂客人等。

#### （三）对服务质量的投诉

宾客对服务质量的投诉一般包括：服务员没有按照客人要求提供服务，客服电话无人接听，取送物品不及时甚至送错，未经客人同意私闯客人房间，不尊重客人的风俗习惯，忘记或搞错客人交代办理的事情，损坏、遗失客人的物品，房间床铺不干净、不换床单，房间、浴缸内有头发丝或污垢等。

#### （四）对异常事件的投诉

因停电、停水、偷窃、伤病、醉酒、房内反锁等情况引起的投诉，要求服务员尽量在力所能及的范围内帮助解决，做好解释工作、协调工作、善后处理工作。

☞【案例选读】

## 会议客人的投诉

有一个很重要的会议在某高星级饭店举行。会议计划上午九点开始，负责会务工作的吴先生对这次会议非常重视，早上八点就抱着一箱会议资料来到饭店，并想最后再查看一下会议室有没有问题。当他来到饭店门口时，对行李员说："请你帮我把资料搬到会议室。"行李员微笑着对吴先生说："对不起，先生，我们不为会议客人搬资料。"吴先生顿时有些不高兴，将手中的资料往地上一放，对行李员说："行李员不搬，谁搬？"然后便走向总服务台。总服务台的服务员微笑问候客人之后，询问客人："请问我能为您做点什么？"徐先生说："我想再查看一下会议室，麻烦你们带我开一下门。"服务员非常客气地对客人说："抱歉，先生，会议室不归我们管，您打电话到营销部吧。"吴先生说："那么，你们酒店内部电话借给我用一下。"服务员说："对不起，请您使用那边的磁卡电话。"吴先生压住心里的火气，板着脸对服务员说："那么，请你打电话通知他们开门！"服务员看客人有些生气的样子，只得拨了个电话到营销部，然后告诉客人："请您等一会儿。负责会议室的人吃早餐去了。"客人再也按耐不住心头的火气，愤然责问服务员："那么，我来这么早干什么？三分钟之内，让他们到会议室开门，否则……"

这次会议之后，吴先生代表会议主办单位正式向饭店提出投诉，声称以后再也不会把会议放在服务如此糟糕的饭店。

## 三、宾客投诉处理原则

### （一）感谢投诉，不与客人争辩

欢迎客人投诉，客人的投诉有利于饭店发现问题、解决问题，对客人对饭店的关心应表示感谢。一个对服务不满的客人不投诉比投诉更为可怕。站在客人的立场思考，站在客人的立场听取意见，站在客人的立场诚心诚意地解决问题。

### （二）不推卸责任

不找借口，埋怨同事或归咎于其他因素，是饭店的责任。要敢于面对，并真心诚意帮助客人解决。

### （三）维护饭店应有的利益

不可在真相未明之前，急于表态或贬低饭店及其他部门员工，退款与减少收费绝不是处理事件的最佳方法。

## 四、投诉处理的流程

### （一）用语礼貌

客人向服务员询问或投诉时，服务员绝不能推诿，而要积极为客人解决问题，若遇自己解决不了的事，应委婉地请客人稍等并立即向上级或相关负责人询问，给客人以满意的答复。

### （二）认真倾听

认真倾听宾客的叙述，使客人感到企业管理者十分重视他的问题。倾听者要注视着客人，不时地点头示意，并做好记录，以示对客人的尊重及对反映问题的重视。

### （三）保持冷静

在投诉时，客人总是有理的。不要反驳客人的意见，不要与客人争辩。为了不影响其他客人，可将客人请到房间内或者私人区域，最好个别地听客人的投诉，私下交谈容易使客人平静。

### （四）表示同情和歉意

首先要让客人理解，你是非常关心对方的。如果客人在谈问题时表现得十分认真，作为代表企业的领导，处理投诉事件的当事人，要不时地表示对客人的同情，如：我们非常遗憾，非常抱歉地听到此事，我们理解你现在的心情！谢谢您告诉我们这件事！对于发生这类事件，我们感到很遗憾！我完全理解您的心情！等等。如果客人投诉的事情属实，公司要对此负责并要给予一定的补偿，这时我们就要向客人表示歉意并说：我们非常抱歉，先生（女士），我们将对此事负责，感谢你对我们公司提出的宝贵意见！

### （五）机智果断处理

当客人的抱怨和投诉属实，你要表示同情和理解，同时当你决定采取行动纠正错误，你一定要让客人知道并同意你采取的处理决定及具体措施内容。如果客人不知道或不同意你的处理决定，就不要盲目采取行动。首先，你要十分有礼貌地通知客人你将要采取的措施；其次，尽可能让客人同意你的行动计划。这样你才会有机会使客人的抱怨变为满意，并使客人产生感激的心情。

### （六）向客人致谢

任何一位明智的服务性企业的各级领导甚至是服务员要经常感谢那些对企业服务水平或服务设施水准提出批评指导意见的客人，因为这些批评指导意见或抱怨，甚至投诉会协助我们提高管理水平和服务质量。假如客人遇到不满意的服务，他不告诉我们，也不做任何投诉，他可能会告诉给他的朋友和身边的人，这样就会极大地影响企业的未来客源市场，影响企业的声誉。为此，凡是对我们提出批评、抱怨甚至投诉的客人，我们不仅要欢迎，而且还要感谢。

### （七）不转移目标

把注意力集中在客人提出的问题上，不随便引申，不嫁罪于人，不推卸责任，绝不能怪罪客人。

### （八）记录要点

把客人投诉的要点记录下来，这样不但可以使客人讲话的速度放慢，缓和客人的情绪，还可以使客人确信，企业对他所反映的问题是重视的。此外，记录的资料可以作为解决问题的根据。

### （九）快速采取行动

当客人完全同意你所采取的改进措施时，你就要立即行动，一定不要拖延时间。耽误时间只能进一步引起客人的不满，此时，时间和效率就是对客人的最大尊重，也是客人此时的最大需求，否则就是对客人的漠视。

### （十）要落实、监督、检查补偿客人投诉的具体措施

首先，要确保改进措施的进展情况；其次，要使服务水准及服务设施均处在最佳状态；最后，用电话或当面拜访宾客问明客人的满意程度。

## 【思考与练习】

### 一、判断题

1. 饭店安全工作的重点不是处理安全事故而是以防范为主。(　　)

2. 食物中毒的类型包括：细菌性食物中毒、化学性食物中毒、有毒食物中毒等。(　　)

3. 饭店之间的竞争从本质上讲是服务质量的竞争。(　　)

4. 投诉是宾客对饭店服务设施设备、项目及服务人员的服务行为表示不满，而提出的批评或控告。(　　)

5. 一般来说，服务质量的控制主要包括预先质量控制、现场控制和结果控制三方面的内容。(　　)

### 二、单项选择题

1. 饭店安全管理是指为了保障宾客、员工以及（　　）的安全而进行的一系列计划、组织、指挥、协调、控制等管理活动。

A. 饭店　　B. 社会　　C. 制度　　D. 财产

2. 饭店是以服务为宗旨，因此确保客人的人身、财产安全和饭店安全是整个对客服务的重要组成部分，也是确保饭店服务质量重要环节。反映了饭店安全管理的（　　）特点。

A. 复杂性　　B. 预防性　　C. 政策性　　D. 服务性

3. 在饭店对客服务中，(　　) 是服务质量的核心内容。

A. 舒适　　B. 满足宾客的期望　　C. 管理者　　D. 安全

4. 下列选项中，(　　) 是对服务态度的投诉。

A. 待客不主动　　B. 网络故障　　C. 空调不制冷　　D. 浴缸内有发丝

### 三、多项选择题

1. 饭店安全管理的目标是（　　）。

A. 确保宾客的安全　　B. 确保员工安全

C. 确保饭店的安全　　D. 确保社会秩序稳定

2. 下列属于饭店服务质量特点的有（　　）。

A. 服务质量的时效性　　B. 评价标准的主观性

C. 服务的直接性　　D. 对员工素质的依赖性

3. 宾客投诉内容包含（　　）。

A. 对设施设备的投诉　　B. 对服务态度的投诉

C. 对服务质量的投诉　　D. 对异常事件的投诉

4. 下列属于对服务质量的投诉有（　　）。

A. 电话无人接听　　B. 不尊重客人的风俗习惯

C. 忘记或搞错了客人交代办理的事情　　D. 冲撞客人

5. 宾客投诉处理原则是（　　）。

A. 欢迎感谢投诉，绝对不与客人争论，辩解

B. 不能推卸责任

C. 必须共同承担责任

D. 维护饭店应有的利益

**四、拓展作业**

活动一　排查家庭生活中的安全隐患

活动目的：增强安全责任意识。

活动形式：设计并完成安全检查报告

学习任务：

1. 设计一张家庭安全隐患检查表格

2. 逐一检查并做好记录

3. 将检查结果在家庭会上与家人公布并排除安全隐患

活动二　宾客投诉处理

活动目的：掌握投诉处理的流程和技巧。

活动形式：角色扮演。

学习任务：

1. 创设一个宾客投诉案例选读

2. 同学分别扮演大堂经理和宾客，现场模拟投诉的处理

3. 老师和同学们观看并点评

# 附　录

## 附录1　《饭店服务与管理》课程标准

<table>
<tr><td rowspan="2">课程名称</td><td>中文名称</td><td colspan="6">饭店服务与管理</td></tr>
<tr><td>英文名称</td><td colspan="6">Hotel Service And Management</td></tr>
<tr><td>课程代码</td><td></td><td>开课学期</td><td>第 3、4 学期</td><td>适用专业</td><td colspan="3">旅游一类</td></tr>
<tr><td>课程类型</td><td>理论 + 实践 (B)</td><td rowspan="2">计划学时</td><td rowspan="2">160 节</td><td>理论学时</td><td>96</td><td rowspan="2">学分</td><td rowspan="2"></td></tr>
<tr><td>课程性质</td><td>必修课</td><td>实践学时</td><td>64</td></tr>
<tr><td>考核方式</td><td>理论 + 实操</td><td>考核形式</td><td colspan="2">笔试 + 实操</td><td colspan="2">是否核心课程</td><td>是</td></tr>
<tr><td>编制单位</td><td colspan="7">成都天府新区职业学校</td></tr>
<tr><td>编 制 人</td><td colspan="7">林芳、廖建军、舒小朵、李玉梅、张莉、张希、周逻宏</td></tr>
<tr><td>编制时间</td><td>2019 年 3 月</td><td>修订时间</td><td>第 4 次修订</td><td>审核人</td><td colspan="3">林芳</td></tr>
</table>

# 第一部分 前 言

## 一、课程定位

《饭店服务与管理》课程是中等职业学校旅游服务与管理专业的一门核心课程，能帮助学生掌握必备的酒店服务基本知识和技能。

通过对本课程的学习，学生能够了解饭店的发展历史、组织机构，掌握客人从入店到离店的整个服务流程，以餐饮服务、客房服务为重点，熟悉主要岗位基本工作要求，掌握饭店环境布置、服务流程、服务员素质要求、饭店管理基础等基本内容，对饭店有一个全面的认识，为从事饭店服务工作打好基础。

## 二、设计理念

本课程坚持“立德树人”的教育教学理念。立足中高职课程衔接，结合“产教整合、校企合作、工学结合”培养学生专业能力、职业素养和创新精神。

## 三、设计思路

本课程的总体设计思路是遵循“学以致用”原则，以行业专家对饭店服务（主要是客房和餐饮）所涵盖的工作岗位和职业能力分析为依据，结合学生的认知规律设置本课程。课程内容围绕社会主义核心价值观的培养，坚持“立德树人”，培养学生的综合职业能力，成就学生职业生涯发展的需要。本书共分四个模块，十个单元，采取课前活动、学习内容、知识链接、案例选读、前沿资讯等形式，使学生通过学习，了解饭店业的发展历程，掌握饭店餐饮服务、客房服务和管理基础，为从事饭店服务工作打好基础。

## 四、课程衔接

《饭店服务与管理》与《旅游概论》《中国旅游地理》为四川省旅游一类中高职（中职段）衔接课程。通过对《饭店服务与管理》学习，学生能够掌握旅游业支柱产业之一的饭店及其运营与管理基础知识。

# 第二部分　课程培养目标

《饭店服务与管理》课程是中等职业学校旅游服务与管理专业（酒店服务与管理）的一门核心课程，能帮助学生掌握必备的酒店服务基本技能，使学生对饭店有一个全面的认识，为从事饭店服务工作打好基础。

## 一、知识目标

（1）了解中外饭店业发展历程、饭店组织机构。

（2）熟悉饭店主要部门的职责、饭店产品及特点、菜点酒水知识。

（3）理解饭店服务质量、安全及投诉处理等基础管理知识。

（4）掌握四川餐饮文化特色、饭店服务基本技能、餐饮、客房服务流程与标准。

## 二、专业能力目标

（1）能运用饭店服务知识娴熟地完成客房、餐饮对客服务工作。

（2）能运用饭店工作设备的维护与保养知识，完成饭店设备的日常维护。

（3）能运用饭店质量、安全、投诉等知识处理常规问题及一般非常规问题，能应对各种突发状况。

（4）能使用外语（主要是英语）进行一般接待服务。

（5）能熟练使用饭店信息管理系统、应用办公等软件对客服务，处理相关电子资料。

（6）能把握现代服务业发展趋势，创造性地开展服务工作，满足宾客个性化的要求。

## 三、创新创业能力目标

（1）具备查阅信息、收集信息的能力。

（2）具备数据收集、整理、分析能力。

（3）具备团结协作和沟通能力。

（4）具备洞察能力和深入思考能力。

（5）具备简单方案策划的基本能力。

（6）具备批判性思维且具有解决一般性问题的能力。

## 四、职业素质目标

《饭店服务与管理》课程是中等职业学校旅游服务类专业（旅游服务与管理、高星级饭店营运与管理、康养休闲旅游服务等）的一门核心课程，通过学习本课程，培养学生热爱饭店工作，注重礼节礼貌，树立“热情友好，宾客至上”的服务理念，并能在学习中建立团结协作的人际关系，为从事饭店服务工作打好基础。

# 第三部分 课程内容标准

## 一、课时分配

### 1. 课程教学内容及学时建议

| 序号 | 模块（单元）名称 | | 学习任务 | | 建议学时 |
|---|---|---|---|---|---|
| 1 | 模块一 | 单元一 饭店业发展 | 1 | 中外饭店业发展概述 | 4 |
| 2 | | | 2 | 四川饭店业发展沿革 | |
| 3 | | 单元二 饭店概述 | 1 | 饭店产品及其特点 | 6 |
| 4 | | | 2 | 饭店的类型与等级 | |
| 5 | | | 3 | 饭店的组织机构及职能 | |
| 6 | | | 4 | 饭店服务人员职业素养 | |
| 7 | 模块二 | 单元三 认识饭店的“管家” | 1 | 客房产品和种类 | 4 |
| 8 | | | 2 | 客房的功能及设备用品配置 | |
| 9 | | 单元四 知晓客房常见面层材料的清洁保养 | 1 | 认识清洁器具及清洁剂 | 6 |
| 10 | | | 2 | 常见面层材料的清洁保养 | |
| 11 | | 单元五 进行细致的清洁保养 | 1 | 客房清扫准备 | 10 |
| 12 | | | 2 | 客房的清洁整理 | |
| 13 | | | 3 | 客房的计划卫生 | |
| 14 | | 单元六 提供温馨的对客服务 | 1 | 对客服务模式与特点 | 12 |
| 15 | | | 2 | 对客服务的内容和程序 | |

续表

| 序号 | 模块（单元）名称 | | 学习任务 | | 建议学时 |
|---|---|---|---|---|---|
| 16 | 模块三 | 单元七　认知饭店的"美食中心" | 1 | 餐饮产品和种类 | 8 |
| 17 | | | 2 | 餐厅空间设计 | |
| 18 | | | 3 | 餐饮设备 | |
| 19 | | 单元八　储备丰富的餐饮知识 | 1 | 中外菜肴 | 20 |
| 20 | | | 2 | 中外酒类 | |
| 21 | | | 3 | 软饮料 | |
| 22 | | | 4 | 四川餐饮文化 | |
| 23 | | 单元九　提供周到的餐饮服务 | 1 | 餐饮服务基本技能 | 20 |
| 24 | | | 2 | 中餐服务 | |
| 25 | | | 3 | 西餐服务 | |
| 26 | 模块四 | 单元十　探知饭店的"管理策略" | 1 | 安全管理 | 6 |
| 27 | | | 2 | 质量管理 | |
| 28 | | | 3 | 投诉处理 | |
| 合计学时 | | | | | 96 |

## 2. 课程实训项目及学时分配

| 序号 | （单元）名称 | 实训内容 | 校内教师/企业教师 | 建议学时 |
|---|---|---|---|---|
| 1 | 单元二　饭店概述 | 饭店见习，认识饭店各部门 | 校内教师带队，企业教师讲解 | 4 |
| 2 | | 饭店服务人员职业素养培训 | 校内教师、企业教师 | 2 |
| 3 | 单元五　进行细致的清洁保养 | 客房的清洁整理实操训练 | 校内教师、企业教师 | 4 |
| 4 | | 中式铺床实操训练 | 校内教师、企业教师 | 16 |
| 5 | 单元六　提供温馨的对客服务 | 客房对客服务实操训练 | 校内教师、企业教师 | 4 |
| 6 | 单元九　提供周到的餐饮服务 | 餐饮服务基本技能训练 | 校内教师、企业教师 | 16 |
| 7 | | 中餐服务实操训练 | 校内教师、企业教师 | 10 |
| 8 | | 西餐服务实操训练 | 校内教师、企业教师 | 8 |
| 合计学时 | | | | 64 |

注:《饭店服务与管理》总学时为160节

## 二、内容要求

<table>
<tr><th>项目名称</th><th colspan="2">模块一　导论</th><th>建议学时</th><th>16</th></tr>
<tr><td>学习成果</td><td colspan="4">饭店调查报告、作业</td></tr>
<tr><td>学习任务</td><td colspan="2">专业知识目标</td><td colspan="2">职业能力和素质目标</td></tr>
<tr><td>1. 中外饭店业发展概况<br>2. 饭店概述</td><td colspan="2">1. 了解中外饭店业发展历程，知晓中国饭店业现状和发展趋势<br>2. 知晓饭店组织机构、饭店产品及饭店产品特点<br>3. 掌握饭店类型、等级划分方法及饭店各主要组成部门的职责</td><td colspan="2">1. 能简述饭店业发展史<br>2. 能借助网络完成饭店业发展相关学习内容的搜索、整理信息等任务<br>3. 素质目标：热爱饭店业；协作合作意识的养成</td></tr>
<tr><td>创新创业能力目标</td><td colspan="4">1. 具备查阅信息、收集信息的能力<br>2. 具备数据收集、整理、分析能力<br>3. 具备团队协作能力、沟通能力</td></tr>
<tr><td colspan="2">学习重点</td><td colspan="3">学习难点</td></tr>
<tr><td colspan="2">1. 中外饭店业发展的各个时期特点<br>2. 四川饭店业概况<br>3. 饭店产品组成和特点、饭店种类及划分<br>4. 饭店部门与职责以及饭店从业人员职业素养</td><td colspan="3">1. 饭店业发展趋势<br>2. 良好服务意识的建立<br>3. 职业习惯养成</td></tr>
<tr><td colspan="2">教学活动</td><td colspan="3">通过网络和实地参观酒店认识饭店部门、产品、组织机构，了解饭店员工的基本素质</td></tr>
<tr><td colspan="2">评价内容</td><td colspan="3">作业、完成调查报告等</td></tr>
<tr><td colspan="2">教学拓展</td><td colspan="3"></td></tr>
<tr><td colspan="2">教学建议</td><td colspan="3">尽可能使用图片或影视资料，让学生头脑中有直观印象</td></tr>
</table>

<table>
<tr><th>项目名称</th><th colspan="2">模块二　客房服务</th><th>建议学时</th><th>56</th></tr>
<tr><td>学习成果</td><td colspan="4">实训报告</td></tr>
<tr><td>学习任务</td><td>专业知识目标</td><td colspan="3">职业能力和素质目标</td></tr>
<tr><td>1. 认识饭店的“管家”<br>2. 知晓客房常见面层材料的清洁保养<br>3. 进行细致的清洁保养<br>4. 提供温馨的对客服务</td><td>1. 能根据不同类型的饭店客房设施的特点完成客房类型的分类<br>2. 掌握客房清扫操作流程<br>3. 掌握客房对客服务流程和标准</td><td colspan="3">1. 能运用客房清扫知识完成酒店客房的清洁保养工作<br>2. 能运用客房对客服务要求完成住店客人接待工作<br>3. 养成良好的服务意识<br>4. 养成文明操作的工作习惯</td></tr>
</table>

续表

| 项目名称 | 模块二　客房服务 | | 建议学时 | 56 |
|---|---|---|---|---|
| 创新创业能力目标 | 1. 具备查阅信息、收集信息的能力<br>2. 具备团结协作和沟通能力<br>3. 养成善于动脑、勤于思考，及时发现问题并解决问题的学习习惯 | | | |
| 学习重点 | | 学习难点 | | |
| 1. 掌握客房清扫操作流程<br>2. 掌握客房对客服务流程和标准 | | 1. 能运用客房对客服务要求完成住店客人接待工作<br>2. 养成良好的服务意识 | | |
| 教学活动 | 通过学生亲自动手、实验实践等非单一讲授的形式进行开放式教学活动的设计，通过学生之间思维的碰撞、师生之间的互动，学生与社会之间的活动等培养学生的创新创业思维、创新能力 | | | |
| 评价内容 | 作业<br>实训报告等 | | | |
| 教学拓展 | | | | |
| 教学建议 | | | | |

| 项目名称 | 模块三　餐饮服务 | | 建议学时 | 82 |
|---|---|---|---|---|
| 学习成果 | 菜单设计、主题餐饮活动设计方案、实训报告等 | | | |
| 学习任务 | 专业知识目标 | 职业能力和素质目标 | | |
| 1. 认识饭店的美食中心<br>2. 储备丰富的餐饮知识<br>3. 提供周到的餐饮服务 | 1. 理解餐饮产品的分类及其特点、餐厅空间设计的原则及餐用具使用和保养方法<br>2. 掌握中外菜肴、酒水的分类、特点及代表名品<br>3. 掌握四川餐饮文化特色<br>4. 掌握托盘、餐巾折花、摆台的操作要领和方法<br>5. 掌握中西餐酒水服务、菜肴服务以及宴会服务操作流程和标准 | 1. 能运用托盘、餐巾折花、摆台、斟酒、菜肴服务的操作要领和方法，完成托盘、折花、摆台、斟酒、菜肴等工作<br>2. 能运用其他相关服务技能的操作要领和方法，为客人提供席间服务、结账等相关服务<br>3. 能运用中西餐酒水服务、菜肴服务以及宴会服务操作流程和标准完成对客餐饮服务 | | |
| 创新创业能力目标 | 1. 具备查阅信息、收集信息的能力<br>2. 具备数据收集、整理、分析能力<br>3. 具备团队协作和沟通能力<br>4. 具备小型餐饮活动方案的策划能力 | | | |

续表

<table>
<tr><td>项目名称</td><td colspan="2">模块三　餐饮服务</td><td>建议学时</td><td>82</td></tr>
<tr><td colspan="2">学习重点</td><td colspan="3">学习难点</td></tr>
<tr><td colspan="2">1. 掌握中外菜肴、酒水的分类、特点及代表名品<br>2. 掌握四川餐饮文化特色<br>3 掌握托盘、餐巾折花、摆台的操作要领和方法<br>4. 掌握中西餐酒水服务、菜肴服务以及宴会服务操作流程和标准</td><td colspan="3">1. 掌握中外菜肴、酒水的分类、特点及代表名品<br>2. 掌握中西餐酒水服务、菜肴服务以及宴会服务操作流程和标准</td></tr>
<tr><td>教学活动</td><td colspan="4">通过学生亲自动手、实验实践等非单一讲授的形式进行开放式教学活动的设计，通过学生之间思维的碰撞、师生之间的互动，学生与社会之间的活动等培养学生的创新创业思维、创新能力、创业意识</td></tr>
<tr><td>教学评价</td><td colspan="4">菜单设计、主题餐饮活动设计方案<br>实训报告</td></tr>
<tr><td>教学拓展</td><td colspan="4"></td></tr>
<tr><td>教学建议</td><td colspan="4"></td></tr>
</table>

<table>
<tr><td>项目名称</td><td colspan="2">模块四　饭店管理基础</td><td>建议学时</td><td>6</td></tr>
<tr><td>学习成果</td><td colspan="4">调查报告等</td></tr>
<tr><td>学习任务</td><td colspan="2">专业知识目标</td><td colspan="2">职业能力和素质目标</td></tr>
<tr><td>1. 饭店安全管理<br>2. 饭店质量管理<br>3. 投诉处理</td><td colspan="2">1. 理解饭店安全管理的特点、目标<br>2. 饭店服务质量的含义、内容、特点及控制<br>3. 投诉的含义、内容及原则</td><td colspan="2">1. 能灵活应对饭店常见安全事故；能按照规定处理一般投诉<br>2. 树立宾客至上的服务理念，养成良好安全责任意识</td></tr>
<tr><td>创新创业能力目标</td><td colspan="4">1. 具备查阅信息、收集信息的能力<br>2. 具备数据收集、整理、分析能力<br>3. 具备团队协作和沟通能力<br>4. 具备解决常规性问题的能力</td></tr>
<tr><td colspan="2">学习重点</td><td colspan="3">学习难点</td></tr>
<tr><td colspan="2">1. 理解饭店安全管理的特点、目标；饭店服务质量的含义、内容、特点及控制；投诉的含义、内容及原则<br>2. 能灵活应对饭店常见安全事故；能按照规定处理一般投诉<br>3. 树立宾客至上的服务理念，养成良好安全责任意识</td><td colspan="3">1. 能灵活应对饭店常见安全事故；能按照规定处理一般投诉<br>2. 树立宾客至上的服务理念，养成良好的安全责任意识</td></tr>
</table>

续表

| 项目名称 | 模块四　饭店管理基础 | 建议学时 | 6 |
|---|---|---|---|
| 教学活动 | 通过学生亲自动手、实验实践等非单一讲授的形式进行开放式教学活动的设计，通过学生之间思维的碰撞、师生之间的互动，学生与社会之间的活动等培养学生的创新创业思维、创新能力、创业意识 | | |
| 教学评价 | 通过模拟安全或投诉案例考核学生的掌握情况 | | |
| 教学拓展 | | | |
| 教学建议 | | | |

# 第四部分　教学实施建议

## 一、教学建议

本课程建议总学时 160 节，建议开设在第二学年，教学时间 40 周（建议高二年级开设）。

## 二、教材选用（建设）建议

适用于参加四川省对口高职旅游一类和单招考生。

## 三、资源开发与利用

充分利用和开发好精品在线开放课程，做好创新创业教育示范课程建设。

## 四、师资建设

根据教育部颁布的《中等职业学校教师专业标准》和《高等职业院校教师专业标准》的有关规定，进行教师队伍建设，合理配置教师资源。专业教师学历职称结构应合理，至少应配备具有相关专业中级以上专业技术职务的专任教师 2 人；建立“双师型”专业教师团队，其中“双师型”教师应不低于 30%；应有业务水平较高的专业带头人。

专任教师每两年应有不少于两个月的饭店企业实践经历；应有良好的师德，关注学生发展；应为酒店管理或旅游管理专业本科以上学历，具备中等职业学校（或高等职业院校）教师资格证书和职业资格三级以上证书；熟悉教学规律，具备终身学习能力和教学改革意识，能持续吸收行业和教育界新知；对饭店行业有较为全面的了解，有下企业实践或者调研及其他在企业工作的经历。

## 五、校内外实训条件

### （一）校内实训实习室

针对专业课程和校内实践性教学的需要配备校内实训实习场所。校内实训实习必须具备中西餐服务、前厅服务、客房服务等基础实训室，主要设施设备及数量见下表。各表中工具、设施设备及其用品按每年两个平行班，每班40名学生配置，如班级数量增加应相应增加配置。

附：实训室名称及主要工具和设施设备

| 序号 | 实训室名称 | 主要工具和设施设备 | | |
|---|---|---|---|---|
| | | 设备名称 | 配置标准 | 数量 |
| 1 | 前厅实训室 | 总台柜台 | | 1个 |
| | | 计算机显示终端 | | 10台 |
| | | 钥匙卡制作机 | 中号 | 1个 |
| | | 显示电话 | | 2部 |
| | | 信用卡刷卡机 | 小号 | 1个 |
| | | 酒店运行软件系统 | | 1套 |
| | | 复印机 | | 1台 |
| | | 打印机 | 中号 | 1台 |
| | | 电动打字机 | 中号 | 1台 |
| | | 打时机 | | 1台 |
| | | 行李车 | 中号或小号 | 1台 |
| | | 贵重物品保险箱 | 中号 | 1个 |
| | | 验钞机 | | 1台 |
| | | 计算机 | | 2套 |
| | | 世界时钟 | | 1套 |
| | | 传真机 | | 1台 |
| | | 学生椅 | | 40把 |
| | | 各类木质家具 | | 各一件 |
| | | 各部门账单 | | 适量 |
| | | 外币样本 | | 若干 |
| | | 各类耗品 | 选配 | 适量 |

续表

| 序号 | 实训室名称 | 主要工具和设施设备 | | |
|---|---|---|---|---|
| | | 设备名称 | 配置标准 | 数量 |
| 2 | 客房中式铺床实训室 | 床架连床垫 | | 10 张 |
| | | 床单 | 100% 精梳棉高支高密 80 支纱 /400 针 | 30 张 |
| | | 被芯 | | 20 张 |
| | | 被套 | 100% 精梳棉高支高密 80 支纱 /400 针 | 40 张 |
| | | 枕芯 | | 30 块 |
| | | 枕套 | 100% 精梳棉高支高密 80 支纱 /400 针 | 60 只 |
| | | 席梦思保护垫（床褥） | | 20 块 |
| 3 | 客房（标准房）实训室 | 床（床架连床垫） | | 2 张 |
| | | 床头柜 | | 1 个 |
| | | 行李柜 | | 1 个 |
| | | 书桌 | | 1 张 |
| | | 办公座椅 | | 1 把 |
| | | 电话机 | | 2 部 |
| | | 穿衣镜 | | 1 面 |
| | | 卫生间梳妆镜 | | 1 面 |
| | | 单人沙发连小靠垫 | | 2 张 |
| | | 茶几或茶台 | | 1 张 |
| | | 酒柜 | | 1 个 |
| | | 浴缸 | | 1 套 |
| | | 便盆 | | 1 个 |
| | | 洗脸盆 | | 1 个 |
| | | 大理石台 | | 1 张 |
| | | 灯具 | | 盏 / 间 |
| | | 床品 | | 套 / 床 |
| | | 五巾 | | 适量 |
| | | 各类易耗品 | | 适量 |

续表

| 序号 | 实训室名称 | 主要工具和设施设备 | | |
|---|---|---|---|---|
| | | 设备名称 | 配置标准 | 数量 |
| 3 | 客房（标准房）实训室 | 各类备品 | | 适量 |
| | | 保险箱 | | 1个 |
| | | 防火面罩 | | 2套 |
| 4 | 餐厅（中餐）实训室 | 大圆桌 | 直径180厘米，高75厘米 | 8张 |
| | | 中式餐椅 | | 80张 |
| | | 工作台 | 200厘米×100厘米，高75厘米 | 8张 |
| | | 转盘 | 直径90厘米 | 8套 |
| | | 托盘 | 外径32厘米，内径30厘米 | 50只 |
| | | 小方台（配圆台面） | 100厘米×100厘米 | 8套 |
| | | 重托盘（长方形） | 60厘米×40厘米 | 10只 |
| | | 录像机 | | 1台 |
| | | 视频展示台 | | 1台 |
| | | 投影设备（含计算机） | | 1套 |
| | | 消毒柜 | | 1台 |
| | | 餐厅点菜POS系统 | | 1套 |
| | | 储物架 | | 适量 |
| | | 摆台物品（如下） | 按中餐宴会摆台10人位，8桌 | 80套 |
| | | 台布及装饰布 | 台布：正方形，240厘米×240厘米，台布70%棉，30%化纤装饰布：圆形，直径320厘米，装饰布的材质约30%棉，70%化纤 | 8块 |
| | | 餐巾（口布） | 56厘米x56厘米 | 80条 |
| | | 花瓶 | 外径17.5厘米，内径16.5厘米，底径13.5厘米，盆高7.5厘米 | 8个 |
| | | 餐碟（骨碟） | 外径20.3厘米，内径12.5厘米 | 80个 |
| | | 汤碗（翅碗） | 碗口直径11.3厘米，底部直径5厘米，高4厘米 | 80个 |

续表

| 序号 | 实训室名称 | 主要工具和设施设备 | | |
|---|---|---|---|---|
| | | 设备名称 | 配置标准 | 数量 |
| 4 | 餐厅（中餐）实训室 | 味碟 | 碟口 7，3 厘米，底部 4 厘米，高 1.8 厘米 | 80 个 |
| | | 汤勺 | 长 13.4 厘米，宽 4 厘米 | 80 个 |
| | | 筷架 | 长 7.1 厘米，底部长 7.3 厘米；宽 3.1 厘米；底部宽 3.3 厘米；高 1.5 厘米；勺子位长 4.9 厘米，圆形凹口位 2.5 厘米；筷子位顶部 2.2 厘米，凹位 1.3 厘米，高度 1.1 厘米 | 80 个 |
| | | 筷子 | 长 24.5 厘米，筷子头直径 0.4 厘米；带筷套：长 29.5 厘米，宽 3 厘米 | 80 双 |
| | | 长柄勺 | 全长 20.4 厘米，勺子长 6.4 厘米，直径 4.3 厘米 | 80 个 |
| | | 水杯 | 杯口外径 6.5 厘米，杯口内径 6.1 厘米，内高 13.5 厘米，外高 18.7 厘米，杯底直径 6.7 厘米，厚 0.4 厘米 | 80 个 |
| | | 葡萄酒杯 | 杯口外径 5.8 厘米，杯口内径 5.5 厘米，内高 6.9 厘米，外高 14 厘米，杯底直径 5.7 厘米，厚 0.2 厘米 | 80 个 |
| | | 白酒杯 | 杯口外径 3.7 厘米，杯口内径 3.4 厘米，内高 3.3 厘米，外高 8.9 厘米，杯底直径 4.1 厘米，厚 0.2 厘米 | 80 个 |
| | | 牙签 | 长 8.3 厘米，宽 1.5 厘米 | 80 个 |
| | | 菜单 | 长 24.3 厘米，外宽 14.7 厘米，内宽 29.7 厘米，厚 1.4 厘米 | 16 个 |
| | | 桌号牌 | 底座长 10 厘米，宽 4.5 厘米，高 8.1 厘米，底座厚度 0.8 厘米 | 8 个 |
| | | 公用餐具（公筷架、筷子、公勺） | 公筷架全长 9.5 厘米，底座长 5.9 厘米，宽 1.2 厘米，勺座直径 2.5 厘米，筷座长 3.5 厘米，宽 1.2 厘米 | 16 套 |

续表

| 序号 | 实训室名称 | 主要工具和设施设备 | | |
|---|---|---|---|---|
| | | 设备名称 | 配置标准 | 数量 |
| 4 | 餐厅（中餐）实训室 | 折叠餐巾花专用大盘 | 直径 40 厘米 | 8 个 |
| | | 茶杯及茶碟 | | 80 套 |
| | | 茶壶 | | 16 个 |
| | | 汤碗 | | 80 个 |
| | | 各种菜盘 | | 适量 |
| | | 毛巾碟 | | 适量 |
| | | 净手巾 | 30 厘米 ×30 厘米 | 8 条 |
| 5 | 餐饮室（西餐） | 西餐台 | 120 厘米 ×120 厘米，高 75 厘米 | 12 张 |
| | | 椅子 | | 48 把 |
| | | 工作台 | 200 厘米 ×100 厘米，高 75 厘米 | 6 张 |
| | | 餐厅点菜 POS 系统 | 可与中餐合用 | 1 套 |
| | | 客前烹制车 | | 1 辆 |
| | | 服务手推车 | | 1 辆 |
| | | 自助餐保温锅 | | 6 只 |
| | | 录像机 | | 1 台 |
| | | 视频展示台 | | 1 台 |
| | | 投影设备（含计算机） | | 1 套 |
| | | 重托盘（长方形） | 60 厘米 ×40 厘米 | 10 只 |
| | | 装饰布 | 各种类型 | 10 块 |
| | | 托盘 | 外径 32 厘米，内径 30 厘米 | 40 只 |
| | | 台布 | 200 厘米 ×200 厘米 | 12 块 |
| | | 台布 1 | 200 厘米 ×165 厘米 | 12 块 |
| | | 摆台物品 | 按西餐宴会摆台配置 | 48 套 |
| | | 餐巾 | 56 厘米 ×56 厘米 | 48 块 |
| | | 装饰盘 | 7.2~10 英寸 | 48 个 |
| | | 面包盘 | 4.5~6 英寸 | 48 个 |
| | | 黄油碟 | 1.8~3.5 英寸 | 48 个 |
| | | 主菜刀 | | 48 把 |

续表

| 序号 | 实训室名称 | 主要工具和设施设备 | | |
|---|---|---|---|---|
| | | 设备名称 | 配置标准 | 数量 |
| 5 | 餐饮室（西餐） | 鱼刀 | | 48 把 |
| | | 开胃品刀 | | 48 把 |
| | | 汤勺 | | 48 把 |
| | | 甜品勺 | | 48 把 |
| | | 黄油刀 | | 48 把 |
| | | 主菜叉 | | 48 把 |
| | | 鱼叉 | | 48 把 |
| | | 开胃品叉 | | 48 把 |
| | | 甜品叉 | | 48 把 |
| | | 水杯 | | 48 只 |
| | | 红葡萄酒杯 | | 48 只 |
| | | 白葡萄酒杯 | | 48 只 |
| | | 花瓶、花坛或其他装饰物 | | 12 个 |
| | | 烛台 | | 24 个 |
| | | 盐瓶、胡椒瓶 | | 24 套 |
| | | 牙签盅 | | 24 套 |
| | | 咖啡杯、碟、勺 | | 48 套 |
| | | 餐具垫 | | 48 个 |
| | | 特殊餐具 | | 适量 |
| | | 面包篮 | | 12 个 |
| | | 服务叉、服务勺 | | 12 套 |
| | | 菜盘、汤盘等 | | 适量 |
| | | 冰水壶 | | 8 个 |
| | | 折花餐巾花专用大盘 | 直径 40 厘米 | 12 个 |
| | | 净手巾 | 30 厘米 ×30 厘米 | 12 条 |
| | | 设备名称 | 配置标准 | 数量（个） |

续表

| 序号 | 实训室名称 | 主要工具和设施设备 | | |
|---|---|---|---|---|
| | | 设备名称 | 配置标准 | 数量 |
| 6 | 酒吧实训室 | 调酒壶 | 不锈钢 | 2 |
| | | 量杯 | 不锈钢 | 2 |
| | | 调酒机 | 不锈钢 | 2 |
| | | 吧勺 | 金属 | 4 |
| | | 滤冰器 | | 5 |
| | | 冰桶、夹子 | | 5 |
| | | 酒桶架 | | 1 |
| | | 雀嘴量酒器 | | 1 |
| | | 顶压式量酒器 | | 1 |
| | | 酒篮 | | 1 |
| | | 开塞器 | | 1 |
| | | 扳手 | | 1 |
| | | 制冰机 | | 1 |
| | | 煮咖啡机 | | 1 |
| | | 磨咖啡机 | | 1 |
| | | 炒咖啡机 | | 1 |
| | | 爱尔兰咖啡机 | | 1 |
| | | 爱尔兰咖啡机加热酒精炉 | | 1 |
| | | 各式酒杯 | 玻璃 | 适量 |
| 7 | 茶艺实训室 | 授课演示台 | | 1 |
| | | 学生操作台 | | 12 |
| | | 展示柜 | | 2 |
| | | 茶艺器具 | | 12 |
| | | 茶具（盖碗、茶杯、茶海） | | 12 套 |
| | | 玻璃壶（带酒精灯） | | 24 个 |
| | | 茶荷 | | 12 个 |
| | | 茶道组 | | 12 套 |
| | | 随手泡 | | 12 个 |

续表

| 序号 | 实训室名称 | 主要工具和设施设备 | | |
|---|---|---|---|---|
| | | 设备名称 | 配置标准 | 数量 |
| 7 | 茶艺实训室 | 设备名称 | 配置标准 | 数量 |
| | | 茶巾 | | 24条 |
| | | 公道杯 | | 48个 |
| | | 玲珑壶 | | 24个 |
| | | 饮水机 | | 1个 |
| | | 各类茶叶 | | 适量 |

### （二）校外实训基地

本专业应有不少于4个相对稳定的、高水平的饭店作为顶岗实习、课程见习、实训的基地。建设校外实训基地应遵循长期规划、深度合作、互助互信的原则，选择运作比较成熟，经营情况比较理想，专业上有能工巧匠，人才培养、选拔体系比较完善的行业龙头企业，如国际连锁饭店集团、在当地知名度美誉度较高的饭店。校外实训基地应能完成餐饮、前厅、客房、康乐、销售等岗位群核心技能的训练，承担学校综合实训和顶岗实习之需，能满足中等职业学校教学改革要求，配合学校开展订单式培养、模块化教学等人才培养模式的探索。

## 六、考核评价建议

### （一）考核评价理念

以学生能力培养为出发点，注重对综合素质的评价和过程考核，创新考核评价的内容、方式和标准。从评价内容多样性、考核方式多元性，考核标准的职业性等真实反映和促进学生多方面能力的形成。可结合蓝墨云信息化教学手段的使用，采集相应数据形成过程评价资料。

### （二）考核评价内容、方式及标准

#### 1. 考核评价内容

平时学习情况（学习态度、作业完成情况、听课情况等）、理论知识掌握情况、作品效果、实训报告、答辩情况、职业能力素质、创新创业意识和能力等多方面进行。

### 2. 考核评价方式

评价方式可以改为由单一的由任课教师评价为主的方式，引入多元评价，如企业教师、学生评委、其他非专业学生评价等。让学生听取不同角度的意见，培养学生的批判性思维能力和评价能力。

### 3. 考核评价标准

注：学习成果满足学分认定和转换（如已直接转换成商业成果并产生商业价值）的，由教务处按相关要求认定并转换课程学分。

（1）理论考核标准。

<table>
<tr><td>考核时间（分钟）</td><td></td><td colspan="2">开卷/闭卷</td><td></td></tr>
<tr><td colspan="3">考核内容及知识点</td><td>试题类型</td><td>分值及比例</td></tr>
<tr><td colspan="3"></td><td></td><td></td></tr>
<tr><td colspan="3"></td><td></td><td></td></tr>
</table>

（2）项目考核（专业考核范例）。

项目名称：XXXXXX

<table>
<tr><td>考核时长</td><td></td><td>提交的内容</td><td></td></tr>
<tr><td>成绩等级（分）</td><td colspan="3">考核标准</td></tr>
<tr><td>90~100</td><td colspan="3"></td></tr>
<tr><td>80~89</td><td colspan="3"></td></tr>
<tr><td>70~79</td><td colspan="3"></td></tr>
<tr><td>60~69</td><td colspan="3"></td></tr>
<tr><td>0~59</td><td colspan="3"></td></tr>
</table>

（3）实操考核（专业考核范例）。

<table>
<tr><td>操作项目名称</td><td></td><td>操作时间</td><td>分钟</td></tr>
<tr><td>设备要求</td><td colspan="3"></td></tr>
<tr><td>考核要求</td><td colspan="3"></td></tr>
</table>

续表

| | |
|---|---|
| 操作程序 | |
| 操作要求 | |
| 成绩等级（分） | 等级指标 |
| 90~100 | |
| 80~89 | |
| 70~79 | |
| 60~69 | |
| 0~59 | |

# 附录2　常用饭店服务英语

## 一、客房服务英语

1. Housekeeping. May I come in ?
我是客房服务员，可以进来吗?
2. When would you like me to do your room，sir ?
您需要我什么时间来给您打扫房间呢，先生?
3. You can do it now if you like.
如果您愿意，现在就可以打扫。
4. I would like you to get me a flask of hot water.
我想请你给我拿一瓶开水来。
5. I'm sorry that your flask is empty.
很抱歉您的水壶空了。
6. May I do the turn-down service for you now ?
现在可以为您提供夜床服务吗?
7. Oh，thank you. But you see，we are having some friends over.
噢，谢谢，但你知道我们邀请了一些朋友过来聚聚。
8. Could you come back in three hours ?
你能过3小时再来整理吗?
9. Certainly，madam. I'll let the overnight staff know.
当然可以，女士。我会转告夜班服务员。
10. Would you tidy up a bit in the bathroom ?
请整理一下浴室好吗?
11. I've just taken a bath and it is quite a mess now.
我刚洗了澡，那儿乱糟糟的。
12. Besides，please bring us a bottle of just boiled water.

此外，请给我们带瓶刚烧开的水来。

13. It's growing dark. Would you like me to draw the curtains for you？

天黑了，需要帮您把窗帘拉上吗？

14. Is there anything I can do for you？

有什么需要帮助的吗？

15. I'm always at your service.

乐意效劳。

16. But before you start，would you do this for me？

但是在您开始之前，可以帮我一个忙吗？

17. Could you come back in three hours？

您能在 3 小时后回来么？

18. Could you send someone up for my laundry?

请叫人到我的房间收取要洗的衣服，好吗？

19. Certainly，Our room attendant will collect in a minute.

好的，我们的服务员马上就到。

20. Is there anything else I can do for you?

还有什么能为您效劳的吗？

21. Housekeeping，May I help you?

这里是客房部，有什么为您效劳么？

22. I come to collect the laundry.

我是来收衣的。

23. Excuse me，Your clothes are ready.

打扰一下，您的衣服洗好了。

24. I will take it back，and clean it again.

我会把它带回并重新清洁。

25. I'll send someone to your room to check immediately.

我马上派人到您的房间查看。

26. Good morning，sir. May I make up the room now?

先生，早上好，现在可以打扫房间吗？

27. Now is no need，Would you like me to come back?

若您现在不需要，我过一会再来好吗？

28. Sure，When would you like me to come back to clean?

当然可以，您希望我什么时候来打扫？

29. You may make up the room when I go out.

我出去后再打扫。

30. That's fine.

好的。

31. Good evening，Can I help you?

晚上好，有什么需要效劳的吗？

32. Turn down service，My I come in，please?

开夜床服务，我可以进来吗？

33. Good evening. May I do the turn down service for you now please?

晚上好，请问现在可以替你开夜床吗？

34. Not now，Could you come later，please?

现在不行，你一会过来好吗？

35. Certainly，Come in，please.

可以，进来吧。

36. Thank you，It only takes a few minutes.

谢谢，一会就好。

37. Is there anything else I can do for you?

您还需要其他帮助吗？

38. No，Thank you.

没有了，谢谢。

39. You're welcome. It is our pleasure to service our guests.

不用谢，很乐意为您服务。

40. Certainly，I will get them now.

当然可以，我马上就去拿。

41. I will check with my supervisor.

我要请示一下主管。

42. Have a good time.

祝你旅途愉快。

43. You are so helpful. thank you!

您真是帮了我的大忙，感谢您！

44. Let me show you the way.

让我给您指路。

45. This way please.

请这边走。

46. Sorry，We don't have this kind of the service.

对不起，我们没有这种服务。

47. I'll send a room attendant up right away.

我马上就让服务员过去。

48. Is that all right?

这样可以吗？

49. No hot water.

没有热水。

50. The toilet is stopped up.

马桶堵塞了。

51. Yes，go ahead.

是的，可以的。

52. Leaving your laundry in the laundry bag behind the bathroom door.

请把要洗的东西放在浴室门后的洗衣袋中。

53. I hope I'm not disturbing you.

我希望没有打扰您。

54. What is your room number ?

您的房间号码是多少？

55. Sure/ Certainly.

当然可以。

56. One moment，madam. I'll bring them to you right away.

请您稍等片刻，夫人。我马上送来。

57. I'll send for an electrician（ doctor...）.

我给您请电工（大夫……）。

58. I'll be there in a few minutes.

我马上就去。

59. This is a check–out room.

这里是走房。

60. The lines need to be repaired and washed.

需要修补和清洗的部件。

61. We'll send some housemen to your room.

我们会派男客房人员来您房间。

62. I'll send a plumber to your room.

我们会派一名水管工去您房间。

63. I'm the housekeeper，may I help you?

我是客房主任，有什么需要帮助的吗?

64. You can put the DND sign outside your door.

您可以在您的房间外悬挂“请勿打扰”牌。

65. We're responsible for the baby–sitting service，too.

我们也负责提供托婴服务。

66. The turn–down service is necessary for you，sir.

先生，夜床服务是很有必要的。

67. Old and damaged articles in guest rooms.

客房内的物品用旧及损坏。

68. My room is a mess.

我的房间一团乱。

69. It's so noisy right outside my door，I can't sleep.

我的房门外太吵了，我无法入睡。

70. Please contact the front office.

请联系前台。

71. Don't hesitate to contact us if you have anything emergent.

如遇紧急事件，请随时联系我们。

72. For turn–down service，I'll switch on certain lights.

提供夜床服务时，我会打开一些灯。

73. Shall I pay for the damage I made in my room?

我应该赔偿我在房间内造成的损坏么？

74. I'm afraid you have to sir.

我恐怕您不得不这样，先生。

75. One more thing，the minibar needs refilling.

还有件事情，小冰箱空了，需要补充。

## 二、餐厅服务英语

### （一）迎客用语

1. Good morning/ afternoon/ evening，Welcome to our restaurant.

早上 / 下午 / 晚上好，欢迎光临。

2. Do you have a reservation?

您有预订吗？

3. This way，please.

请这边走。

4. How many people in you party，please?

请问你们有几位？

5. Where would you prefer to sit? What about a seat by the window?

您喜欢坐哪儿，靠窗边的座位怎么样？

### （二）服务用语

1. Take a seat，please. Here is our menu list. Please look at it.

请坐，这是我们的菜单，请先看一下。

2. Would you like some tea or beer?

请问您是喝茶还是喝啤酒呢？

3. What kind of tea do you like?

您想喝什么茶呢？

4. We serve Wu Long tea，black tea，green tea，jasmine tea and Chrysanthemum tea.

我们餐厅有乌龙茶、红茶、绿茶、茉莉花茶以及菊花茶。

5. May I take you order now?

现在可以为您点菜了吗?

6. Please take your time.

请慢慢挑选。

7. Could you repeat the order, please?

请重复一次您点的菜，好吗?

8. Will there be anything else?

还要点别的吗?

9. We serve coconut juice, orange juice, pineapple juice, lemon juice, grape juice, watermelon juice and soon.

我们餐厅有椰子汁、橙汁、菠萝汁、柠檬汁、葡萄汁、西瓜汁等饮料。

10. Would you mind serving now?

现在上菜好吗?

11. I'm so sorry. That dish is not available now.

非常抱歉，这道菜卖完了。

12. Can I arrange a snack for you if time is pressing for you?

如果您赶时间的话，我给您安排一些快餐饭菜好吗?

13. Pardon me. I've made a mistake about your dish.

请原谅，我把您的菜搞错了。

14. Sorry, it takes some time for this dish. Could you wait a little bit longer?

非常抱歉，制作这道菜需要一定的时间，您能多等一会儿吗?

15. Would you like some more rice?

给您再添点饭好吗?

16. May I take this plate away?

我可以撤掉这个盘子吗?

17. I will repeat your order.

我复述一遍您点的菜。

18. Here're the dishes your ordered. If you want anything more please call me.

您的菜上齐了，如果还需要点其他菜，请叫我。

19. Take care. The soup is rather hot. Enjoy your self, please!

小心，这汤很烫，请尽情享用。

20. Excuse me. Can I exchange a new bone plate for you?

打扰一下，我给您换个新骨碟好吗？

21. How do you like the food here?

你觉得这里的菜品怎么样？

22. Is this dish to your taste?

这菜合你们的口味吗？

23. How about the food and service here?

您觉得这里的菜品和服务怎么样？

### （三）结账用语

1. May I make out the bill for you now?

现在可以为您结账吗？

2. Would you like to pay in  cash or by credit card?

您愿意用现金付款，还是用信用卡付款？

3. Shall I charge this to your room?

我把这账记在您的房账里，好吗？

4. Would you like the amount on the same bill or separately?

您喜欢把账结在同一账单上，还是分开结？

5. I'm afraid we plus 15% serve charge.

对不起，我们还得加收 15% 服务费。

6. May I have your room card?

能出示您的房卡吗？

7. Could you sign your room number and your name here, please?

请在这里签上您的房号和姓名，好吗？

8. Thank you. Here is your change of ¥18.

这是找您的零钱 18 元，谢谢。

### （四）送客用语

1. Good bye and thank you for your coming.

再见，谢谢您的光临。

2. Hope to see you again.

希望再次见到您。

3. Wish you a most pleasant stay in our hotel.

希望您在酒店过得愉快。

4. Have a nice trip！

祝您旅途愉快!

# 附录3　2018中国酒店集团30强

| 序号 | 集团名称 | 总部所在地 | 客房数（间） | 门店数（家） |
|---|---|---|---|---|
| 1 | 锦江国际酒店集团 | 上海 | 680000 | 6794 |
| 2 | 首旅如家酒店集团 | 北京 | 384743 | 7123 |
| 3 | 华住酒店集团 | 上海 | 379675 | 3746 |
| 4 | 海航酒店集团 | 北京 | 218660 | 1349 |
| 5 | 格美酒店集团 | 上海 | 190807 | 2289 |
| 6 | 尚美生活集团 | 青岛 | 97518 | 1870 |
| 7 | 东呈国际集团 | 广州 | 82378 | 906 |
| 8 | 都市酒店集团 | 青岛 | 78504 | 1368 |
| 9 | 港中旅酒店有限公司 | 香港 | 34977 | 139 |
| 10 | 住友酒店集团 | 杭州 | 33069 | 499 |
| 11 | 开元酒店集团杭州 | 杭州 | 30249 | 1 99 |
| 12 | 逸柏酒店集团 | 上 海 | 27124 | 501 |
| 13 | 上海恭胜酒店管理有限公司 | 温州 | 27063 | 509 |
| 14 | 富力地产 | 广州 | 26365 | 88 |
| 15 | 银座旅游集团 | 济南 | 21204 | 206 |
| 16 | 亚朵生活 | 上海 | 18440 | 159 |
| 17 | 碧桂园集团 | 佛山 | 18280 | 62 |
| 18 | 南京金陵酒店管理有限公司 | 南京 | 15307 | 57 |
| 19 | 石家庄国大酒店 | 石家庄 | 13324 | 212 |
| 20 | 青藤酒店集团 | 宁波 | 11651 | 150 |
| 21 | 天铂酒店管理 | 武汉 | 10896 | 195 |

续表

| 序号 | 集团名称 | 总部所在地 | 客房数（间） | 门店数（家） |
|---|---|---|---|---|
| 22 | 瑞景商旅集团 | 合肥 | 10086 | 128 |
| 23 | 岷山集团 | 成都 | 9850 | 76 |
| 24 | 世纪金源酒店集团 | 北京 | 9686 | 19 |
| 25 | 华天酒店集团 | 长沙 | 9621 | 35 |
| 26 | 中青旅山水酒店集团 | 深圳 | 8636 | 59 |
| 27 | 君澜酒店集团 | 杭州 | 8475 | 37 |
| 28 | 绿地国际酒店集团 | 上海 | 8268 | 29 |
| 29 | 凯莱酒店集团 | 北京 | 8168 | 34 |
| 30 | 雅斯特酒店集团 | 深圳 | 7506 | 91 |

资料来源

第七届中国饭店文化节上中国饭店协会和盈蝶资讯联合发布了“2018 中国酒店集团规模 50 强排行榜”。

# 参考文献


［1］孙家信．饭店发展史［R］. http：//www. 360doc. com. 2011

［2］李晓雨等．中国饭店业发展史［R］. wenku. baidu. com. 2016

［3］张润钢．酒店业的反思与再认识［R］. https：//weibo. com. 2017

［4］刘叶飙．酒店营销学［M］．北京：高等教育出版社，2004.

［5］周志宏．酒店概论［M］．长沙：湖南大学出版社，2009.

［6］方小莉．酒店服务的类型［Z］. http：//wiki. mbalib. com/wiki/.

［7］施伟凤．体验经济下的新住宿时代［J］．销售与市场，2017（11）.

［8］孙坚．中国酒店业的未来发展之路：立足精度和温度［J］．旅游学刊，2018（1）.

［9］黄富斌等．酒店的分类［Z］. https：//wenku. baidu. com/. 2011.

［10］田虎．民宿、客栈变身度假目的地 非标住宿成全域旅游催化剂［Z］．人民网．2017.

［11］袁学娅．新型住宿业态多“非标住宿”一词需商榷［M］．酒店评论

［12］刘桂村．村旅游饭店管理对策——以成都三圣乡百花园乡村酒店为例［M］．湖北经济学院学报（人文社会科学版），2015.

［13］澜心、许行．酒店是怎么分星级的［Z］．知乎 https：//www. zhihu. com/. 2017.

［14］叶予舜．酒店管理瘦身，资源外包［M］. https：//wenku. baidu. com. 2017.

［15］李焕．餐饮服务员职业技能标准培训［M］．北京：中国纺织出版社．

［16］范运铭，陈莹主编．客房服务与管理（第 3 版）［M］．北京：高等教育出版社，2012.

［17］赵历主编．客房服务．北京：清华大学出版社，2011.

［18］朱小彤 主编．客房服务与管理（第 2 版）［M］．北京：旅游教育出

版社，2017.

［19］汝勇健 主编 . 客房服务与管理实务（第 3 版）［M］. 南京：东南大学出版社，2018.

［20］范运铭主编 . 客房实务［M］. 重庆：重庆大学出版社，2009.

［21］王伟主编 . 客房服务与管理创新［M］. 北京：旅游教育出版社，2008.

［22］樊平，李琦主编 . 餐饮服务与管理［M］. 北京：高等教育出版社，2015.

［23］张建国主编 . 饭店服务与管理（第二版）［M］. 北京：高等教育出版社，2014.

［24］陈临蓉，陈修仪主编 . 餐饮服务［M］. 北京：高等教育出版社 .

**项目策划**：段向民
**责任编辑**：段向民　武　洋
**责任印制**：谢　雨
**封面设计**：何　杰

---

**图书在版编目（CIP）数据**

饭店服务与管理 / 成都旅游职业教育集团主编. --
北京 : 中国旅游出版社, 2019.5
四川省中高职衔接旅游类专业系列教材
ISBN 978-7-5032-6236-4

Ⅰ. ①饭… Ⅱ. ①成… Ⅲ. ①饭店－商业服务－高等
职业教育－教材②饭店－商业管理－高等职业教育－教材
Ⅳ. ①F719.2

中国版本图书馆 CIP 数据核字 (2019) 第 060935 号

---

**书　　名**：饭店服务与管理

---

**作　　者**：成都旅游职业教育集团　主编
**出版发行**：中国旅游出版社
（北京建国门内大街甲9号　邮编：100005）
http://www.cttp.net.cn　E-mail:cttp@mct.gov.cn
营销中心电话：010-85166503
**排　　版**：北京旅教文化传播有限公司
**经　　销**：全国各地新华书店
**印　　刷**：三河市灵山芝兰印刷有限公司
**版　　次**：2019年5月第1版　2019年5月第1次印刷
**开　　本**：720毫米×970毫米　1/16
**印　　张**：25.25
**字　　数**：411千
**定　　价**：39.80元
**ISBN**　978-7-5032-6236-4

---